2025

KB052127

1급

사회복지사

핵심요약 ⊕ 적중문제

김광현

지은이 약력 ㅣ 김광현

– Queensland University of Technology(Australia) 석사 졸업
– 숭실대학교 사회복지학과 졸업
– 前 국제기아대책기구 비전트립
– 前 Jabiru Youth Service(Australia) 사회복지업무
– 한양직업전문학교 사회복지학과 외래교수

2025
사회복지사 1급 핵심요약 + 적중문제

인쇄일 2024년 3월 5일 2판 1쇄 인쇄	**발행처** 시스컴 출판사
발행일 2024년 3월 10일 2판 1쇄 발행	**발행인** 송인식
등 록 제17-269호	**지은이** 김광현
판 권 시스컴2024	

ISBN 979-11-6941-365-7 13330
정 가 20,000원

주소 서울시 금천구 가산디지털1로 225, 514호(가산포휴) ㅣ **홈페이지** www.nadoogong.com
E-mail siscombooks@naver.com ㅣ **전화** 02)866-9311 ㅣ **Fax** 02)866-9312

최근 들어 사회복지사 역할의 중요성이 대두되기 시작함에 따라, 그 영역이 아동, 노인, 장애인, 여성 등 다양한 분야로의 양적인 영역 확대가 이루어지고 있으며, 아울러 미래 전문직종으로서의 사회적 인지도, 보수, 작업여건 등 질적 성장도 급속도로 개선되고 있는 실정이다. 또한 각 지방자치단체별로 사회복지 관련 공무원 채용시험과 더불어 사회복지분야가 중요해짐에 따라 사회복지사의 전문성은 더욱 각광받고 있으며, 특히 지방화 시대의 정착과 더불어 폭발적으로 증가하는 복지욕구와 그의 충족을 위해 전문적인 자격을 갖춘 사회복지사의 필요성은 더욱 높아지고 있다. 이러한 시점에서 사회복지사 1급 자격시험은 사회복지사가 되고자 하는 수험생이 거쳐야 할 필수 코스와 같은 것이다.

사회복지사 1급 자격시험은 총 8과목으로 나눌 수 있으나 그 범위는 사회복지학개론을 심층적으로 나누어 놓은 것에 불과하므로 수험생의 입장에서는 다소 부담이 덜할 수 있을 것이다. 하지만 횟수를 더할수록 범위나 내용면에서 심층적이고 응용된 문제가 출제되고 있으므로 철저한 준비가 필요하다.

이에 필자는 기존에 나와 있는 과목별 수험서가 가지는 불필요한 내용 반복을 없애고, 또한 종합본이 갖는 내용 부족의 한계점을 극복하기 위하여 사회복지사 1급 핵심요약 + 적중문제와 사회복지사 1급 1000제 총 2권을 준비하게 되었다. 이 2권을 충분히 숙지한다면 사회복지사 1급 자격시험에 무난히 합격할 수 있으리라 자부한다.

이 2권의 책이 사회복지사 시험을 준비하는 수험생 여러분에게 조금이나마 힘이 된다면 필자로서 더 이상 바람이 없을 것이다.

수험생 여러분의 건투를 빌며 좋은 결실을 빌어 마지 않는다.

지은이 씀

사회복지사 안내

개요

1. 사회복지사란?

| 특성

사회복지사는 청소년, 노인, 여성, 가족, 장애인 등 다양한 사회적 · 개인적 욕구를 가진 사람들의 문제에 대한 사정과 평가를 통해 문제 해결을 돕고 지원한다. 사회적 · 개인적 문제로 어려움에 처한 의뢰인을 만나 그들이 처한 상황과 문제를 파악하고, 문제를 처리 · 해결하는 데 필요한 방안을 찾기 위해 관련 자료를 수집, 분석하여 대안을 제시한다. 재정적 보조나 법률적 조언 등 의뢰인이 필요로 하는 각종 사회복지 프로그램을 기획 · 시행 · 평가하며, 공공복지 서비스의 전달을 위한 대상자 선정 작업, 복지조치, 급여, 생활지도 등을 한다. 또한 사회복지정책 형성과정에 참여하여 정책분석과 평가를 하며 정책대안을 제시하기도 한다.

| 적성 및 흥미

사회복지사는 다른 사람의 욕구와 행동에 적절히 대응할 수 있는 문제해결능력과 협상 · 설득할 수 있는 능력이 필요하다. 인간존중 및 사회정의에 대한 사명의식, 봉사정신이 필요하며 상대방에 대한 배려와 협동심, 원만한 대인관계를 유지시킬 수 있는 의사소통능력이 요구된다. 사회형과 탐구형의 흥미를 가진 사람에게 적합하며, 남에 대한 배려, 사회성, 정직성 등의 성격을 가진 사람들에게 유리하다.

| 정규 교육과정

사회복지사가 되기 위해서는 사회복지사 자격증이 필요하다. 일반적으로 전문대학 및 대학교, 대학원에서 사회복지와 관련된 분야를 전공하며 사회복지사 2급 자격을 취득하게 된다. 사회복지사 1급은 졸업 후 국가시험에 합격해야 취득할 수 있다. 특히 병원이나 학교 또는 연구기관 등에서 근무하고자 한다면 석사 이상의 학위를 취득하는 것이 유리하다.

| 관련 학과

가족복지과, 노인복지학과, 사회복지과, 사회복지학과, 사회학과, 상담심리과, 심리학과, 아동복지과, 아동복지학과, 유아교육과, 유아교육학과, 청소년지도학과, 특수교육학과

| 관련 자격 및 면허

사회복지사 2급, 사회복지사 1급, 정신보건사회복지사 2급, 정신보건사회복지사 1급

| 관련 법규

사회복지사업법 및 동법 시행령

2. 사회복지사의 도입

사회복지에 관한 소정의 전문지식과 기술을 가진 자에게 사회복지사 자격을 부여하고 이들에게 복지업무를 담당하도록 함으로써 아동 · 청소년 · 노인 · 장애인 등 보호가 필요한 사람들에게 전문적이고 체계적인 복지 서비스를 제공하기 위하여 도입되었다. (사회복지사업법 제12조 및 동법시행령 제3조 제2항)

3. 사회복지서비스란?

국가 · 지방자치단체 및 민간 부문의 도움을 필요로 하는 모든 국민에게 상담, 재활, 직업 소개 및 지도, 사회복지시설의 이용 등을 제공하여 정상적인 사회생활이 가능하도록 제도적으로 지원하는 것을 말한다.

4. 사회복지사의 수행 직무

① 사회복지 프로그램의 개발 및 운영

② 시설 거주자의 생활지도 업무

③ 사회복지를 필요로 하는 자에 대한 상담 업무

활동분야

1. 일반영역

| 공적사회복지영역
사회복지사업에 관한 업무를 담당하게 하기 위하여 시도, 시군구 및 읍면동 또는 복지사무전담기구에 사회복지사 자격증을 가진 사회복지전담공무원을 두도록 규정

| 사회복지기관 및 시설 영역
지역복지사업, 아동복지, 노인복지, 장애인복지, 모자복지 등의 민간 사회복지지관 영역

| 보건의료영역
① 의료사회복지사(Medical Social Worker) : 병원이나 진료소에서 임상치료팀의 일원으로 질병의 직·간접적인 원인이 되고 치료에 장애가 되는 환자의 심리·사회적인 문제들을 해결하도록 도와주며, 환자가 퇴원한 후에도 정상적인 사회기능을 발휘할 수 있도록 환자와 그의 가족에게 전문적인 사회복지서비스를 제공하는 사회복지사

② 정신보건사회복지사(Mental Health Social Worker) : 사회복지사 1급 자격증 소지자 중에서 정신보건분야의 전문적인 지식과 기술을 가지고 정신질환자의 개인력 및 사회조사, 정신질환자에 대한 사회사업지도 및 방문지도, 사회복귀 촉진을 위한 생활훈련 및 직업훈련, 정신질환자와 그 가족에 대한 교육·지도 및 상담업무, 정신질환 예방활동 및 정신보건에 관한 조사연구를 하는 사회복지사

2. 확장영역

| 학교사회복지사(School Social Worker)
학생 개개인의 지적, 사회적, 정서적 욕구와 문제해결에 관심을 갖도록 도와주며, 이를 통하여 모든 학생들이 학교에서 공평한 교육기회와 성취감을 제공받을 수 있도록 사회복지의 다양한 실천방법을 활용하는 사회복지사

| 자원봉사활동관리 전문가(Voluntary Activities Coordinator)
자원봉사자들을 모집, 배치, 상담, 훈련하고 자원봉사자 활용 프로그램의 개발과 시행, 평가하는 사회복지사

| 교정사회복지사(Correctional Social Worker)
현행 법무부산하의 교정시설에서 범죄인의 재활과 범죄 예방에 개입하고 있는 사회복지전문직은 교정사회복지사로 통칭

| 군사회복지사(Military Social Worker)
군대 내의 의무직에 속하여 환자의 상담과 복귀를 위한 복지업무를 담당하는 사회복지사

| 산업사회복지사(Industrial Social Worker)
기업체에서 노동자들의 비복지적 문제의 개선을 위해 사회복지학의 전문지식을 활용하여 문제해결을 수행하는 사회복지사

사회복지사 1급 취득 방법

필기시험 ▶ 응시자격 서류심사 ▶ 최종합격자 결정 ▶ 신원조회 (한국사회복지사업협회) ▶ 자격증 교부

1. 합격(예정)자 결정기준

① 필기시험에서 매 과목 4할 이상, 전 과목 총점의 6할 이상을 득점한 자를 합격예정자로 결정한다.

② 합격예정자에 대해서는 한국사회복지사협회에서 응시자격 서류심사를 실시한다. 심사 결과 부적격자이거나, 응시자격 서류를 정해진 기한 내에 제출하지 않은 경우에는 합격예정을 취소한다.

③ 최종합격자 발표 후라도 제출된 서류 등의 기재사항이 사실과 다르거나 응시자격 부적격 사유가 발견될 때에는 합격을 취소한다.

※시험세부일정 및 시험관련 정보는 국가자격시험(www.Q-net.or.kr) 사회복지사 1급 홈페이지에 별도 게시함

2. 응시자격

ㅣ 다음 각 호의 어느 하나에 해당하는 자

① 고등교육법에 따른 대학원에서 사회복지학 또는 사회사업학을 전공하고 석사학위 또는 박사학위를 취득한 자. 다만, 대학에서 사회복지학 또는 사회사업학을 전공하지 아니하고 동 석사학위를 취득한 자는 보건복지부령이 정하는 사회복지학 전공교과목과 사회복지 관련 교과목 중 사회복지현장 실습을 포함한(2004. 07. 31 이후 입학생부터 해당) 필수과목 6과목 이상(대학에서 이수한 교과목을 포함하되, 대학원에서 4과목 이상을 이수하여야 한다), 선택과목 2과목 이상을 각각 이수하여야 한다.

② 고등교육법에 따른 대학에서 보건복지부령이 정하는 사회복지학 전공교과목과 사회복지 관련 교과목을 이수하고 학사학위를 취득한 자

※ 시험 시행년도 2월 28일까지 동등학력 취득자 포함

③ 법령에서 고등교육법에 따른 대학을 졸업한 자와 동등 이상의 학력이 있다고 인정하는 자로서 보건복지부령으로 정하는 사회복지학 전공교과목과 사회복지 관련 교과목을 이수한 자

④ 외국의 대학 또는 대학원(단, 보건복지부장관이 인정한 대학 또는 대학원)에서 사회복지학 또는 사회사업학을 전공하고 학사학위 이상을 취득한 자로서 앞서 언급한 ① 및 ②의 자격과 동등하다고 보건복지부장관이 인정하는 자

⑤ 다음에 해당하는 자로서 시험 시행년도 2월 28일 기준으로 1년(2,080시간) 이상 사회복지사업의 실무경험이 있는 자
- 고등교육법에 의한 전문대학에서 보건복지부령이 정하는 사회복지학 전공교과목과 사회복지관련 교과목을 이수하고 졸업한 자
- 법령에서 고등교육법에 따른 전문대학을 졸업한 자와 동등 이상의 학력이 있다고 인정하는 자로서 보건복지부령이 정하는 사회복지학 전공교과목과 사회복지 관련 교과목을 이수한 자
- 고등교육법에 따른 대학을 졸업하거나 이와 동등 이상의 학력이 있는 자로서 보건복지부장관이 지정하는 교육훈련기관에서 12주 이상의 사회복지사업에 관한 교육훈련을 이수한 자
- 사회복지사 3급 자격증 소지자로서 3년 이상 사회복지사업의 실무경험이 있는 자

3. 결격사유

| 다음 각 호의 어느 하나에 해당하는 자는 사회복지사 1급이 될 수 없다.

① 금치산자 또는 한정치산자
② 금고 이상의 형을 선고받고 그 집행이 끝나지 아니하였거나 그 집행을 받지 아니하기로 확정되지 아니한 사람
③ 법원의 판결에 따라 자격이 상실되거나 정지된 사람
④ 마약 · 대마 또는 향정신성의약품의 중독자

4. 응시자격에 따른 제출서류

응시자격	제출서류
전문대학원 및 대학교에서 사회복지학 전공교과목과 사회복지 관련 교과목을 이수하고 졸업한 자(학위취득자에 한함)	• 졸업증명서 • 성적증명서 • 기본증명서 원본 • 응시자격 서류심사 신청서
학사학위 취득 후 전문대학에 (편)입학하여 사회복지학 전공교과목과 사회복지 관련 교과목을 이수하고 선분내학을 쌓입한 사	• 대학교 졸업증명서 • 전문대학 졸업증명서 • 전문대학 성적증명서 • 기본증명서 원본 • 응시자격 서류심사 신청서
전문대학에서 사회복지학 전공교과목과 사회복지 관련 교과목을 이수하고 졸업한 자로서 학사학위를 취득한 자	• 대학교 졸업증명서 • 전문대학 졸업증명서 • 전문대학 성적증명서 • 기본증명서 원본 • 응시자격 서류심사 신청서

전문대학 또는 대학교에서 사회복지학 전공교과목과 사회복지 관련 교과목 중 일부 교과목을 이수한 후 대학교에 (편)입학하여 사회복지 관련 과목을 이수하고 편입한 대학교를 졸업한 자	• 전적대학 성적증명서 • 편입한 대학교 졸업, 성적증명서 • 기본증명서 원본 • 응시자격 서류심사 신청서
학사학위를 소지하고 학점은행제(시간제등록)를 통해 사회복지학 전공교과목과 사회복지관련 교과목을 이수한 자	• 학사학위증명서(대학교 졸업증명서) • 평생교육진흥원 성적증명서 • 기본증명서 원본 • 응시자격 서류심사 신청서
전문대학에서 사회복지 관련 교과목을 이수하고 졸업하였거나 전문대학 졸업 후 사회복지관련 교과목을 이수한 자로서, 사회복지사업 실무경험 1년 이상인 자	• 졸업증명서 • 성적증명서 • 사회복지시설(법인)신고증 사본 • 사회복지사업 실무경력증명서 • 건강보험납입증명서 • 기본증명서 원본 • 응시자격 서류심사 신청서
사회복지사 양성교육과정 수료자	• 사회복지시설(법인)신고증 사본 • 사회복지사업 실무경력증명서 • 건강보험납입증명서 • 최종학교 졸업증명서 • 양성교육과정 수료증 사본 • 기본증명서 원본 • 응시자격 서류심사 신청서
외국대학(원) 사회복지전공 졸업자	• 졸업증명서(학위증) 사본 • 성적증명서 사본 • 출입국사실증명서 • 유학비자 사본 • 기본증명서 원본 • 응시자격 서류심사 신청서

5. 시험방법 및 시험과목

| 시험방법

시험과목수	문제수	배점	총점	문제 형식
3과목(8영역)	200문제	문제당 1점	200점	객관식 5지선택형

| 시험과목 및 영역

1과목 사회복지기초 (50문항)	2과목 사회복지실천 (75문항)	3과목 사회복지정책과 제도 (75문항)
인간행동과 사회환경(25문항) 사회복지조사론(25문항)	사회복지실천론(25문항) 사회복지실천기술론(25문항) 지역사회복지론(25문항)	사회복지정책론(25문항) 사회복지행정론(25문항) 사회복지법제론(25문항)

※시험관련 법령 등을 적용하여 정답을 구하여야 하는 문제는 시험시행일 현재 시행중인 법령을 기준으로 출제함

6. 수험자 유형별 시험기간

| 일반 수험자

구분	시험과목		입실시간	시험시간
1교시	사회복지기초 (50문항)	• 인간행동과 사회환경 • 사회복지조사론	09:00	09:30 ~ 10:20 (50분)
휴식 10:20 ~ 10:40 (20분)				
2교시	사회복지실천 (75문항)	• 사회복지실천론 • 사회복지실천기술론 • 지역사회복지론	10:40	10:50 ~ 12:05 (75분)
점심시간 12:05 ~ 12:50 (45분)				
3교시	사회복지정책과 제도 (75문항)	• 사회복지정책론 • 사회복지행정론 • 사회복지법제론	12:50	13:00 ~ 14:15 (75분)

| 장애인수험자(응시편의 제공 대상자 1.5배 시간추가)

구분	시험과목		입실시간	시험시간
1교시	사회복지기초 (50문항)	• 인간행동과 사회환경 • 사회복지조사론	09:00	09:30 ~ 10:45 (75분)
휴식 10:45 ~ 11:05(20분)				
2교시	사회복지실천 (75문항)	• 사회복지실천론 • 사회복지실천기술론 • 지역사회복지론	11:05	11:15 ~ 13:10 (115분)
점심시간 13:10 ~ 14:00(50분)				
3교시	사회복지정책과 제도 (75문항)	• 사회복지정책론 • 사회복지행정론 • 사회복지법제론	14:00	14:10 ~ 16:05 (115분)

※해당 수험자는 매 과목 시험시간표와 입실시간을 반드시 확인하여야 하며, 점심시간이 촉박하니 개별 도시락 준비 등 시험응시에 차질이 없도록 해야 함

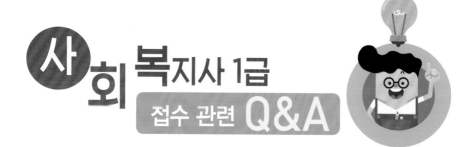

사회복지사 1급
접수 관련 Q&A

Q 인터넷 접수를 하려고 하는데 뭘 준비해야 하나요?

A 먼저 접수하기 위해서는 본인 사진파일이 필요하겠죠? 그리고 접수 시 결제절차가 있으므로 이를 위해서는 신용카드나 은행결제계좌 등 결제할 수 있는 수단이 필요합니다. 타인 명의도 결제가 가능하고요. 또 본인 인적사항도 미리 숙지하셔야 합니다.

Q 접수자 회원정보의 수정 또는 변경은 어떻게 해요?

A 회원정보의 성명과 주민등록번호는 임의변경이 안 됩니다. 회원정보와 수검정보가 연동되기 때문입니다.
회원정보 중 사진은 변경이 가능합니다. 원서접수 합격자 발표일을 기준으로 원서접수내역이 없는 경우에는 마이페이지 → 개인정보관리 → 개인정보수정으로 가시면 변경이 가능합니다. 원서접수 합격자 발표일을 기준으로 원서접수내역이 있는 경우에는 마이페이지 → 사진변경신청에서 변경을 신청하시면 됩니다.
상기한 정보 이외의 기타 정보는 스스로 변경하실 수 있습니다.

Q 인터넷 접수를 했는데 시험장소 또는 종목 변경을 하고 싶어요. 어떻게 해야 하나요?

A 종목, 장소, 일자, 응시계열 등, 이미 접수된 내용의 변경 및 수정은 불가합니다. 반드시 접수를 취소하신 후 다시 접수하셔야 합니다. 접수취소는 마이페이지 → 원서접수관리 → 원서접수내역으로 가셔서 하시면 됩니다. 단, 접수기간 중에만 가능하다는 걸 기억하세요.

Q 응시자격 사전안내제도가 무엇인가요?

A 필기시험 실시 후 합격예정자만을 대상으로 서류심사를 실시하므로 수험자의 원서접수 및 응시자격 서류제출에 도움을 주고자 응시자격 사전안내제도를 운영하고 있습니다.
– 안내기관 : 한국사회복지사협회(www.welfare.net)
– 안내대상 : 사회복지사 1급 응시자격 해당여부 확인 희망자
 ※응시자격 사전안내는 응시자격 사전 확인 희망자에 대한 단순안내로서 사전안내 시에 응시자격이 있는 것으로 통지받았다고 하더라도, 합격예정자 발표 이후에 반드시 적격한 응시자격 관련 서류를 제출하여야 하며 미제출 시에는 합격예정이 취소됩니다.
– 사전안내기간 : 시험공고일부터 시험일 이전까지
 ※세부사항은 한국사회복지사협회 홈페이지를 통해 별도 안내

차   례

구성과 특징

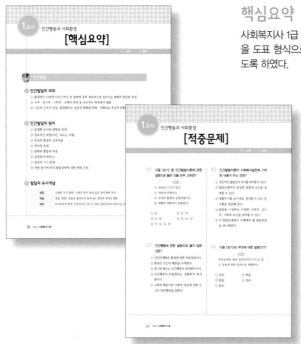

핵심요약

사회복지사 1급 자격시험을 준비하는 수험생들을 위한 알짜코너, 핵심내용을 도표 형식으로 구성해 명쾌한 이론정리로 최고의 학습효과를 볼 수 있도록 하였다.

적중문제

적중문제는 실제 시험에 가장 가까운 내용과 형식을 다루고 있다. 최근 출제된 기출문제의 분석을 토대로 유사한 유형의 문제를 반복학습함으로써 학습효과를 높이도록 구성했다. 상세한 〈해설〉은 수험생의 이해를 돕기 위한 보충학습 역할을 하고 있다.

사회복지사 1급 자격시험 안내

사회복지사 1급 자격시험을 치르는 수험생들을 위해 응시자격 및 관련 서류 등에 대한 내용을 상세하게 수록하였다.

접수관련 Q&A

접수와 관련하여 수험생들이 궁금해 하는 내용을 Q&A 형식으로 수록하여 한눈에 알아볼 수 있도록 하였다.

사회복지기초

1과목 · 인간행동과 사회환경
2과목 · 사회복지조사론

01

인간행동과 사회환경

1과목 | 인간행동과 사회환경

[핵심요약]

☑ 1 과목 ☐ 2 과목

 인간발달

1 인간발달의 의의

① 출생에서 사망에 이르기까지 전 생애에 걸쳐 연속적으로 일어나는 변화의 양상과 과정

② 지적 · 정서적 · 사회적 · 신체적 측면 등 전인적인 측면에서 변화

③ 기능과 구조가 성장, 발달해가는 상승적 변화와 위축 · 약화되는 하강적 변화를 포함

2 인간발달의 원리

① 일정한 순서와 방향성 존재

② 연속적인 과정(다만, 속도는 다름)

③ 유전과 환경의 상호작용

④ 개인차 존재

⑤ 분화와 통합의 과정

⑥ 점성원리(에릭슨)

⑦ 결정적 시기 존재

⑧ 연령 증가에 따라 발달경향에 대한 예측 곤란

3 발달과 유사개념

성장	신체의 크기 증대, 근력의 증가 등과 같은 양적 확대 의미
학습	경험, 훈련, 연습의 결과로써 일어나는 개인의 내적인 변화
성숙	부모로부터 받은 유전인자가 지니고 있는 정보에 따라 일어나는 변화

④ 인간발달의 단계

① 인간은 어떤 과제를 성취하면서 특정한 측면이 발달하는데 이를 삶의 기간으로 구분한 것을 말한다.

② 발달단계는 각 단계마다 고유한 특징이 있다.

③ 새로운 발달단계는 바로 이전 단계까지의 발달을 통합한다.

④ 발달단계는 특정한 나이를 전후로 발달이 전환되는 것을 의미한다.

⑤ 발달단계는 연속적이며, 한 단계에서 성취한 발달은 그 이후 모든 단계에 영향을 미친다.

⑥ 프로이트의 심리성적 발달단계 : 구강기, 항문기, 남근기, 잠복기, 생식기

⑦ 에릭슨의 심리사회발달단계 : 유아기, 초기 아동기, 학령 전기, 학령기, 청소년기, 성인 초기, 성인기, 노년기

⑧ 피아제의 인지발달단계 : 감각운동기, 전조작기, 구체적 조작기, 형식적 조작기

⑤ 인간발달과업

① 발달과업은 특정연령이나 발전단계마다 수행해야 할 역할이나 해결해야 할 중요한 과업을 말한다.

② 발달과업은 연령에 따라 변하며, 인간이 환경을 점차 지배하도록 하는 기술과 능력으로 구성한다.

⑥ 인간발달이론

지그문트 프로이트의 정신분석이론	원초아, 자아, 초자아, 리비도
안나 프로이트의 자아심리학	방어기제
에릭슨의 심리사회이론	정체성 위기
아들러의 개인심리이론	열등감 보상, 우월성 추구, 생활양식, 사회적 관심, 창조적 자아
칼 융의 분석심리이론	페르소나, 아니마와 아니무스, 음영(그림자), 개성화
스키너의 행동이론	환경에 의한 반복된 강화를 통해 행동을 배움(강화이론)
반두라의 사회학습이론	모방과 모델링의 역할 강조, 자기효과 개념 강조
피아제의 인지이론	도식, 동화, 조정, 균형
콜버그의 도덕이론	하인즈 딜레마를 사용하여 도덕성 발달단계 추론
로저스의 현상학적 이론	무조건적 긍정적 관심
매슬로우의 욕구위계이론	생리적인 욕구 → 안전의 욕구 → 소속과 애정의 욕구 → 자아 존중감의 욕구 → 자아실현의 욕구

프로이트의 정신분석이론

1 이론의 의의

① 정신분석이론 또는 정신역동이론

② 인간의 마음속에서 일어나는 서로 다른 다양한 힘들의 역동적인 상호작용을 강조하는 이론

2 기본전제

① 심리결정론에 기초

② 무의식을 가정

③ 어린시절의 경험 중요시

④ 인간 내부에서도 내적 갈등 발생

⑤ 인간의 무의식적 동기 중에서 성적 욕구가 중요함

3 주요개념

무의식	소망, 공포, 충동, 억압된 기억 등이 저장되어 있는 것으로 인간행동의 주된 원인
전의식	현재 의식되지는 않지만 전에 의식했던 것이 저장된 것
의식	현재 느끼거나 알 수 있는 모든 경험과 감각
원초아	무의식 세계에 존재하는 본능적인 충동을 자극하는 정신체계
자아	개인이 객관적인 현실세계와 상호작용할 필요성이 있을 때 원초아에서 분리
초자아	사회의 전통적 가치와 이상으로 구성됨, 이상적인 것과 완전을 추구하는 속성, 성격의 도덕적 부분
리비도	인초히기 깊고 있는 생물학적인 본능에너지, 1차적인 성적 에너지

4 발달단계

구강기	출생에서부터 1세까지로 유아는 입에서 쾌락을 얻는다.
항문기	대변을 가리는 훈련이 시작되는 1부터 3세까지를 말한다.
남근기	3세부터 6세까지 아동이 자신의 성기를 만지고 자극하는 데서 쾌감을 느끼는 시기이다.
잠복기	6세에서 12세까지의 시기로 리비도의 신체적 부위는 특별히 한정된 데가 없다.
생식기	사춘기부터 성적으로 성숙되는 성인기 이전까지의 시기로 심한 생리적 변화가 특징이다.

 **방어기제**

합리화	수용할 수 없는 행동을 그럴듯하게 정당화시키는 방어기제이다. 예 어떤 사람을 속인 후 "다른 사람들도 다 속인다."는 식으로 합리화하여 자신의 죄책감을 경감시킨다.
억압	가장 기본적이며 사람들이 가장 많이 사용하는 방어기제이다. 억압이란 불쾌한 사고나 갈등을 무의식에 묻어두는 것으로, 사람들은 죄책감을 야기하는 욕구, 불안을 유발하는 갈등, 고통스러운 기억 등을 억압하는 경향이 있다. 억압은 '동기화된 망각'이라고도 한다. 예 치과에 가야 할 사람이 약속시간을 잊어버리거나 싫어하는 사람의 이름을 기억하지 못하는 것
투사	자신의 생각, 감정, 동기 등을 다른 사람의 탓으로 돌리는 방어기제이다. 다른 사람에 대한 투사는 때때로 죄책감을 유발한다. 예 여자 동료에게 성적 충동을 느낀 남성은 그로 인해 죄책감을 느낄 것이고, 죄책감을 없애기 위해 그 여자 동료가 자신을 유혹한다고 믿을 수 있다. 이는 자신의 성적 충동을 여자 동료에게 투사한 결과이다.
치환	어떤 대상에게 느낀 감정을 다른 대상에게 전환시키는 방어기제이다. 치환 현상은 원래의 대상과는 무관한 대상에게 감정을 표출하는 것이다. 예 직장상사에게 굽실거리고 기를 펴지 못하는 남자사원이 집에서는 자녀나 아내에게 큰소리를 친다.
반동형성	자신의 실제 감정과 상반되게 행동하는 것을 말한다. 흔히 성적 욕구에 대한 죄책감 때문에 반동형성이 작용할 수 있다. 예 동성애를 지나치게 비난하는 것은 자신의 동성애적 충동을 방어하기 위한 것이다.
퇴행	미숙한 행동양식으로 되돌아가는 것을 말한다. 예 어른들은 자신의 가치에 대해 불안을 느낄 때, 마치 어린아이처럼 허풍을 떨거나 유치할 정도로 자랑한다.
동일시	어떤 사람이나 집단과 실제적 또는 상상적으로 닮아감으로써 자존심을 고양시키려는 것을 말한다. 예 유명한 가수, 배우, 운동 선수들을 동일시함으로써 자신의 자존심을 높이려 한다.
부정	스트레스를 주는 현실이 너무 괴로워 감당하기 힘들 때, 위협이 되는 상황의 존재 자체를 인정하지 않는 것을 말한다. 예 아들이 치명적인 병에 걸려 죽어간다는 사실을 알았을 때 아이의 부모는 그 사실을 감당하기어려워 아예 그 현실을 믿으려 하지 않는다.
승화	욕구가 좌절되었을 때, 욕구 충족을 위해 보다 가치 있는 방향으로 나아가는 것이다. 예 욕구의 좌절이 학력부족인 경우, 야간학교에 진학하는 등 더 노력하여 차기 승진을 기대한다.
보상	부족한 점을 감추기 위해 자신의 약점을 지각하지 않거나 어떤 정적 특성을 발전시키는 것을 말한다. 예 지적 열등을 느끼는 사람들이 신체 강화에 지나치게 에너지를 사용하는 것이다.

에릭슨의 심리사회이론

1 이론의 특징

① 인간행동의 기초는 자아

② 심리사회적 환경 중요시

③ 문화와 사회가 인성 발달에 가장 중요한 결정요인

2 주요개념

점성원리	한 단계의 발달이 이전 단계의 사건에서부터 시작되고 생물학적 계획에 의해 발달이 추진된다는 원리
자아정체감	자아의 자율적인 기능을 강조하여 자아가 일생동안 외부환경에 대처하면서 형성된다고 보았는데 이러한 형성과정에서 변하는 자신과 이제까지의 자신을 같은 존재로 지각하고 수용함

3 성격의 발달

① 성적 충동은 약하고 사회적 충동이 강함

② 사회적 상호작용에 기반

③ 성격발달의 심리사회적 측면 강조

④ 원초아보다 자아를 더 강조

⑤ 성격형성에 영향을 미치는 것은 과거만이 아니라 미래도 중요함

⑥ 자아는 원초아와는 독립적으로 기능함

⑦ 개방적 에너지 체계

4 발달단계

유아기 (출생 ~ 18개월)	기본적 신뢰감 대 기본적 불신감	청소년기 (12 ~ 20세)	자아정체감 대 역할혼란
초기 아동기 (18개월 ~ 3세)	자율성 대 수치와 의심	성인 (20 ~ 40세)	친밀감 대 고립감
유희기 (3 ~ 5세)	주도성 대 죄의식	장년기 (40 ~ 65세)	생산성 대 침체기
학령기 (5 ~ 12세)	근면성 대 열등감	노년기 (65세 이후)	자아통합 대 절망

칼 융의 분석심리이론

1 이론의 의의

① 양성론적 입장 : 인간은 태어날 때부터 본질적으로 양성을 가지고 태어났다.

② 성격발달 : 자기를 실현하는 과정

③
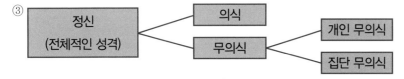

2 주요개념

원형	표상 불가능한 이미지를 말하며, 과거의 기억과 같은 완전한 심상이 아닌 현실 속의 부합되는 대상들과 동일시됨으로써 의식적 실재가 된다.
페르소나	자아의 가면으로 개인이 외부 세계에 내보이는 이미지로, 개인이 사회적 요구에 대한 반응으로 내보이는 사회적 모습이다.
그림자	인간의 어둡거나 사악한 측면을 나타내는 원형
아니마	무의식에 존재하는 남성의 여성적 측면
아니무스	무의식에 존재하는 여성의 남성적 측면
집단 무의식	개인적 경험과는 상관없이 조상 또는 종족 전체의 경험 · 생각과 관계있는 원시적 감정 · 성향, 공포, 사고 등을 포함하는 무의식

3 발달단계

아동기	의식적 자아가 발달하기 이전
청년기	신체적 · 정서적 변화가 급격히 일어나는 시기
성인기	자아와 외부세계에 대처하는 능력이 발달하고 외양적으로 팽창하는 시기
중년기	외향적 목표와 야망은 그 의미를 잃기 쉬운 시기
노년기	인생의 마감을 앞두고 생의 본질을 이해하려고 애쓰는 시기

아들러의 개인심리이론

1 이론의 의의

① 인간은 성적 만족보다는 우월감을 추구
② 부모와 자녀와의 관계, 가족의 크기, 형제와의 관계, 가족 내에서의 아동의 출생순위 등 다양한 요소들이 성격발달에 영향을 줌

2 주요개념

열등감	인간의 열등감은 근본적으로 무언가를 추구할 수 있는 동기가 되며, 그 형태는 각자의 생활양식과 일치된 방식으로 매우 다양하다.
보상	잠재력을 발휘하도록 인간을 자극하는 건전한 반응이다.
우월성 추구	열등감을 보상하려는 욕구에서 나오며, 자기완성 혹은 자아실현이라는 맥락에서 이해된다. 인간생활의 궁극적인 목적은 바로 우월하게 되는 것이다.
생활양식	인생목표뿐만 아니라 자아개념, 타인에 대한 감정, 세상에 대한 태도를 포함한 한 개인의 독특한 특징을 포괄한다.
사회적 관심	각 개인이 이상적인 공동사회의 목표를 달성하고자 할 때 사회에 공헌하려는 성향이다. 사회적 관심의 발달에 가장 큰 영향을 주는 것은 어머니이다.
자아의 창조적인 힘 (창조적 자아)	개인은 생의 의미를 제공하는 자아의 창조적 힘으로 자신의 생활양식을 발달시킨다.

3 출생순위별 자녀 특성

맏이	쫓겨난 황제에 비유
둘째	맏이보다 더 유리한 위치
막내	항상 가족의 아기
외동자녀	응석받이 가능성

스키너의 행동주의이론

① 이론의 의의

① 인간의 행동은 환경의 자극에 의해 동기화되며 강화에 의해 전적으로 결정됨
② 인간의 행동은 내적 충동보다 외적 자극에 의해 동기화됨
③ 인간은 보상과 처벌에 따라 유지되는 기계적 존재
④ 모든 인간의 행동이 예측 가능하므로 통제 가능
⑤ 모든 인간의 행동은 법칙적으로 결정

② 주요개념

조작적 조건화	유기체가 원하는 결과를 얻기 위해 선택적으로 환경에 작용하는 과정
변별자극	특정한 반응이 보상받거나 혹은 보상받지 못할 것이라는 단서 혹은 신호로써 작용하는 자극
강화	• 이전 행동의 빈도를 즉각 늘리는 것 • 정적 강화 : 특정행동을 강화하는 결과를 제시함으로써 행동의 빈도를 증가시키는 것 • 부적 강화 : 부정적인 결과를 제거함으로써 행동의 빈도를 증가시키는 것
벌	어떤 행동을 했을 때 혐오스러운 결과를 주거나 긍정적 강화물을 제거함으로써 특정 행동의 빈도를 줄이는 것으로서 행동수정의 한 방법
소거	어떤 반응에 대한 강화를 중지하는 것
행동 형성	기대하는 반응이나 행동을 학습할 수 있도록 목표로 삼는 바람직한 행동에 대해 강화하여 점진적으로 행동을 만들어가는 과정

③ ABC 패러다임(인간행동 기본가정)

선행요인(A)	행동 이전에 일어나는 사건
행동(B)	관찰 가능하고 측정 가능한 행동
결과(C)	특정 행동의 직접적인 결과물

반두라의 사회학습이론

1 이론의 의의

① 대부분의 학습은 다른 사람의 행동을 관찰하고 모방한 결과로 이루어진다고 본다.

② 관찰하고 모방함으로써 배우는 사회적 학습의 경험이 성격을 형성한다고 본다.

③ 인간의 행동 또는 성격의 결정요인으로 사회적 요소를 중시한다.

2 주요개념

모델링(모방)	다른 사람이 행동한 것을 관찰하고 그 행동을 따라 하는 것을 말한다.
인지	사회적 학습은 인지적 과정이라고 한다.
자기조정(규제)	자기행동에 대해 스스로 자부심을 가지는 것으로 수행과정, 판단과정, 자기 반응 과정으로 구성된다.
자기강화	자기행동을 유지하거나 바꾸는 과정을 말한다.
자기효능감(효율성)	어떤 행동을 잘 수행할 수 있다는 신념을 말한다.
상호결정론	사람, 행동, 환경 등의 요소들이 지속적으로 상호작용을 하며 발달한다.
관찰학습과정	주의집중과정, 보존과정(파지과정), 운동재생과정, 동기화 과정

피아제의 인지발달이론

1 이론의 의의

① 인간은 성장하는 과정에서 다양한 단계를 거치며 생각하고 배우는 능력을 갖춘다.

② 인간의 감정이나 행동이 인지 혹은 생각에 의해 통제될 수 있다.

③ 인간은 주관적인 존재로서 객관적인 현실을 존재하지 않는다.

2 인지이론의 기본가정

① 인간은 똑같은 방법으로 생각하는 방법을 배운다.

② 성장하면서 사고는 더욱 복잡하고 추상적이 된다.

③ 발달은 일반화와 분화의 과정이다.

③ 인지발달의 기본요인 : 유전, 신체적 경험, 사회적 전달

④ 주요개념

보존	질량은 모양이 다를 수 있지만 양적 차원에서는 동일하다.
도식	인간이 자신의 인지 발달수준에 따라 개념을 생각하고 이를 조직화하는 방식이나 틀이다.
적응	자기조정적인 구조로 정의하며, 이 구조는 동화와 조절의 평형화 과정에 의해 발달한다.
조직화	상이한 도식들을 자연스럽게 서로 결합하는 것이다.

⑤ 인지발달단계

감각운동기(0 ~ 2세)	간단한 반사반응을 하고 기본적인 환경을 이해하는 시기, 대상영속성 개념 획득
전조작기(2 ~ 7세)	상징놀이, 물활론, 자기중심성 등이 대표적 특징, 상징적 표상 사용
구체적 조작기(7 ~ 12세)	분류, 연속성, 보존개념 획득, 자아중심성 극복, 집중성 향상, 비가역성 극복
형식적 조작기(12세 이후)	추상적 사고발달, 체계적인 사고능력, 가설적 수준의 문제에서도 체계적으로 사고할 수 있는 능력, 논리적 조작에 필요한 문제 해결능력 발달

칼 로저스의 현상학이론

① 이론의 의의

① 인간은 통합적 유기체로서 행동하므로 전체론적인 관점에서 접근해야 한다.
② 인간행동의 궁극적인 목표는 자기실현이다.
③ 자기를 중요시하며, 인간의 의식과 자기인식의 성격을 설명한다.

2 인간관

① 인간의 성격유형은 다양한 주관적 경험들을 통해서 형성된다.

② 미리 정해진 성격발달의 유형은 없으므로 삶의 경험에 따라서 성격이 달라질 수 있다.

③ 인간의 본성은 선천적으로 선하며, 자아실현의 동기가 있다.

3 주요개념

① 자기 : 주체로서의 나, 객체로서의 나의 특징을 지각하여 구성한 것

② 현상학의 장 : 인간의 경험적 세계 또는 주관적인 경험

③ 자기실현 경향성 : 인간은 자신의 모든 능력을 개발하려는 강한 성향을 가짐

④ 충분히 기능하는 사람

매슬로우의 욕구이론

1 욕구이론의 의의

① 인간은 건강, 창의성, 통찰과 같은 상위의 수준을 향하고자 하는 경향성을 가진다.

② 인간의 행동을 활성화시키고 이끄는 5가지 욕구를 제시하였다.

2 욕구이론의 기본전제

① 각 개인은 통합된 전체로 간주한다.

② 창조성이 인간의 잠재적 본성이다.

③ 인간의 본성은 본질적으로 선하다.

3 욕구의 특징

① 욕구위계에서 하위에 있는 욕구가 더 강하고 우선적이다.

② 욕구위계에서 상위의 욕구는 전 생애의 발달과정에서 후반에 점차 나타난다.

③ 욕구위계에서 상위 욕구의 만족은 지연될 수 있다.

④ 하위욕구는 생존에 필요하고, 상위욕구는 성장에 필요하다.

④ 욕구체계

생리적 욕구	가장 기본적이고 강렬하며 분명한 욕구
안전의 욕구	조직화되고 정돈되고 예측할 수 있는 환경을 원하는 욕구
소속과 애정의 욕구	남과 어울려 애정을 나누고 싶어하는 욕구
자기존중의 욕구	자기자신과 다른 사람에게 존경받고 싶은 욕구
자기실현의 욕구	자신의 잠재능력을 성취하고 싶은 욕구

태아기

① 태아기 개념

① 태아의 발달기간은 수정에서부터 출생까지 약 266일(9개월 정도)

② 임신 초기(임신 1 ~ 3개월) : 가장 중요한 시기, 임산부의 영양상태, 약물복용의 영향이 큼

③ 임신 중기(임신 4 ~ 6개월) : 손가락, 발가락, 피부, 지문, 머리털 등이 형성

④ 임신 말기(임신 7 ~ 9개월) : 태아 발달의 완성

② 태아에게 영향을 주는 요인

① 임산부의 영양상태

② 약물복용과 치료

③ 알코올 및 흡연

④ 임산부의 사회 · 경제적 요인, 질병, 정서상태 등

③ 태아검사

초음파검사	가장 일반적인 방법으로 태아의 이미지를 스크린에 형상화하기 위해 초음파 사용
양수검사	임산부의 복강을 통해 자궁에 바늘을 삽입하여 양수를 채취, 염색체 이상, 태아의 성별 등을 감별
융모생체표본검사	태아의 선천성 기형을 진단하는 방법
산모 혈액검사	산모의 피를 뽑아서 혈액형이나 질병 등을 검사함

4 태내 발달단계

발아기	배아기	태아기
수정 후 약 15일간	수정 후 3주째부터 2개월간	수정 후 2개월 말부터 출생시까지

 유아기(영아기;출생~2세)

1 신체적 발달

① 머리가 전신의 약 $\frac{1}{4}$ 크기

② 머리부터 발가락으로 발달이 전개됨

③ 프로이트의 구강기, 에릭슨의 유아기(기본적 신뢰감 대 불신감 획득시기), 피아제의 감각 운동기에 해당

2 주요 반사운동

빨기반사	신생아가 음식을 받아 먹을 수 있는 능력 촉진
탐색반사	자극에 대한 자동적인 움직임
모로반사	갑작스런 큰소리를 듣게 되면 그때마다 자동적으로 팔, 다리 등을 펴는 것
걷기반사	바닥에 아이의 발이 닿으면 자연스럽게 한 다리를 들어올리는 경향
쥐기반사	신생아의 손바닥에 무엇을 놓으면 손가락을 쥐는 것과 같은 반응
바빈스키 반사	발바닥을 간지럽히면 발가락을 발등 위쪽으로 부채처럼 펴는 경향

3 인지 및 지적 발달

① 대상 영속성 이해

② 정보를 받아들이며 다양한 감각을 배움

4 정서 및 애착형성

정서	흥미 · 혐오 · 불쾌감 〉 놀램 · 분노 · 슬픔 〉 공포 〉 질투 · 자부심 · 수치심
애착형성	양육자 〉 친숙한 성인 〉 가족 〉 협력관계

걸음마단계(유아기;2~3세)

1 신체의 발달

| 운동능력 발달 | → | 점차 하부발달 | → | 대근육과 소근육 활동 |

2 인지 및 지적 발달

① 자아의 발달 및 초자아 발달

② 프로이트의 항문기

③ 에릭슨의 자율성 대 수치심과 의심이 획득되는 시기

④ 피아제의 전조작기 초기에 해당(모방, 상징놀이, 언어기술 획득)

초기 아동기(학령 전기;3~6세)

1 신체적 발달

① 신체적 양적 성장은 감소하지만 운동기능이 더욱 발달

② 유치(乳齒)가 빠짐

2 성격발달

① 이성보다 동성과의 친밀감 강조

② 오이디푸스 콤플렉스, 엘렉트라 콤플렉스 경험

③ 프로이트의 남근기 : 리비도가 성기로 집중

④ 에릭슨의 주도성 대 죄의식이 형성되는 시기

3 인지발달

① 전개념적 사고 : 모방, 심상, 상징화, 상징놀이, 언어기술 등 표상기술 발달

② 직관적 사고단계 : 부분적 추론

③ 수개념의 발달
④ 피아제의 전조작기 초기

후기 아동기(학령기;7~12세)

❶ 성격발달
① 친구와의 관계에서 자기주체성 확립
② 프로이트의 잠재기와 생식기 초기
③ 에릭슨의 근면성 대 열등감의 시기

❷ 인지발달
① 보존개념의 획득
② 피아제의 구체적 조작기와 형식적 조작기 초기

❸ 정서의 발달 : 공포감, 불안감, 분노, 애정, 질투 등

❹ 사회성 발달
① 성역할에 대한 인식
② 도덕성의 발달
③ 자기개념 형성
④ 또래친구와의 관계형성 등

청소년기(13~18세)

1 신체의 발달

① 급격한 신장의 증가

② 성의 발달

③ 남녀의 발달이 다름

④ 신체의 내부 발달

2 청소년기의 특징

① 또래집단에 몰입하며, 감정의 기복이 심하고 과격해짐

② 질풍노도의 시기

③ 제2의 반항기

④ 주변인(아노미현상)

⑤ 에릭슨의 자아정체감 대 정체감 혼란

3 인지 및 지적 발달

① 개인 가치관과 사회규범의 이해

② 자율성 획득

③ 피아제의 형식적 조작기

청년기(청소년 후기, 성인 초기;19~29세)

1 신체발달

① 신체적 발달 최고

② 근육의 발달

③ 감각기관이 최고 민감

2 청년기의 특징

① 자율성이 발달하여 부모로부터 독립하기 시작

② 자기신뢰와 자기수용으로 선택하는 과정

③ 에릭슨의 친밀감 대 고립감의 시기

3 사회성 발달 : 직업선택과 결혼의 시기

중년기(장년기;30~65세)

1 신체적 변화

① 신체기능의 저하 및 감각기관의 변화

② 생리적 변화와 외모의 변화 등

③ 신진대사의 저하

④ 에너지의 변화

2 중년기의 특징

① 통합적 사고능력 향상

② 자녀양육 및 노인부양

③ 창조적 생산성

④ 에릭슨의 생산성 대 침체

3 중년의 위기(Marmor)

① 신체적 노화

② 경제적 스트레스

③ 사회적 문화에 대한 스트레스

④ 이별과 상실감으로 인한 정신적 스트레스

노년기(65세 이후)

① 노년기의 특징

① 심리적 조절

② 생애에 관한 회고

③ 하위 지위와 연령 차별

④ 영성과 종교의 특성

⑤ 에릭슨의 통합성 대 절망

② 노년기 사회체계적 변화

① 조부모되기

② 지위와 역할의 상실

③ 비애 관리 및 죽음에 대한 교육

④ 큐블러의 비애 과정 : 부인 〉 격노와 분노 〉 협상 〉 우울 〉 수용

사회체계

① 사회체계

① 규칙적인 상호작용이나 상호의존성에 의해 통합된 조직

② 외부환경과의 지속적인 교류가 이루어짐

③ 비교적 안정된 구조를 지니며, 다양한 수준에 걸쳐서 존재한다.

② 사회체계 관련 주요이론

사회체계이론	다양한 체계들 간에 상호작용을 강조
인간생태학이론	인간은 생물학적 유기체인 동시에 사회적 존재로서 환경 간의 적합성과 상호작용 한다는 데에 초점을 둔다.
생태체계이론	사회체계이론과 생태학적 관점을 합한 것으로, 인간은 환경의 다양한 체계들과 지속적인 상호작용

③ 체계수준

미시체계	개인
중범위체계	가족, 직장, 여러 사교집단 등
거시체계	문화, 지역사회, 제도, 조직

가족

① 가족의 유형

핵가족	부부와 미혼인 직계자녀로 구성(2세대)
확대가족	한 집에 여러 세대 거주
노인가족	노인만으로 구성된 가족
편부모가족	이혼과 배우자 사망 등이 원인
계부모가족	재혼으로 서로 다른 가족원이 함께 사는 경우
복합가족	인척이나 혹은 인척이 아닌 사람들이 함께 동거하면서 가족역할 수행
수정확대가족	핵가족과 확대가족이 현대화된 가족형태

② 가족의 역할

① 개인발달에 가장 큰 영향력이 있는 사회환경

② 전반적인 사회생활에 필요한 역할

③ 성별, 사회화, 의사소통능력, 가치관 등을 학습시킴

집단

1 집단의 의의

집단의식이 있고, 공동목적이나 관심사가 있으며, 이 목적을 성취함에 있어서 상호의존적이며, 의사소통 · 인지 · 반응을 통하여 상호작용하는 2인 이상의 사회적 집합체를 말한다.

2 집단의 성립요건

① 상호작용하는 2인 이상의 사람
② 구조의 안정성
③ 소속감
④ 공동의 목표

3 집단의 종류

치료집단	지지집단, 교육집단, 성장집단, 사회화집단
과업집단	과업달성, 성과물 산출, 명령 수행을 위한 집단
자조집단	공동쟁점에 대해 뜻을 같이하는 집단

4 사회적 관계에 의한 집단의 분류

① 공동사회와 이익사회
② 1차집단과 2차집단

5 집단의 발전과정

① 집단은 환경에 적응한다.
② 집단은 목표지향적인 행동으로 활동, 감정, 상호작용을 발전시킨다.
③ 집단의 내적 체계에 따라 집단구성원의 기능을 수정한다.

6 노던(H. Northen)의 집단발달단계

준비단계 → 오리엔테이션 단계 → 탐색과 시험단계 → 문제해결단계 → 종료단계

조직

1 조직의 의의

① 구조화된 통합적인 활동체계

② 특정한 목적을 갖고 존재하는 목표지향적

③ 사회환경 내 체계들과 지속적으로 상호작용하면서 외부환경과 연관성을 가짐

2 조직의 구분(에치오니)

강제적 조직	조직구성원의 의사와 관계 없이 강제적으로 참여하는 조직 예 군대, 교도소 등
자발적 조직	자유롭게 가입하거나 탈퇴할 수 있는 조직 예 종교단체 등
공리적 조직	조직원이 실리적 목적을 위해 가입·탈퇴할 수 있는 조직 예 회사 등

지역사회

1 지역사회 의의

지역사회 의의	지역성에 의한 특수성과 분리성을 강조한 지역사회
기능적 지역사회	관심과 기능을 함께 하는 사람들의 집단들이 동질성에 의한 심리적인 측면을 강조하는 지역사회

2 지역사회 기능

① 생산·분배·소비의 기능(경제제도)

② 사회화의 기능(가족제도)

③ 사회통제의 기능(정치제도)

④ 사회통합의 기능(종교제도)

⑤ 상부상조의 기능(사회복지제도)

③ 로스만의 지역사회조직 유형

지역사회개발	지역사회의 자기결정을 기본으로 하여 외부의 원조와 결합하며 변화를 통한 지역 사회의 자발성과 지도력을 중시하는 문제해결활동의 단위로서 지역사회 전체에 의존한다.
사회계획	보건, 주택, 고용, 레크리에이션 등과 같은 규모나 복잡성으로 인한 문제해결은 지역사회의 민주적 과정에 의존할 수 없다. 그러므로 전문적 지식을 갖춘 전문가에 의해 문제해결을 도모하는 활동의 전반을 말한다.
사회행동	지역사회에 있어서 권력 관계의 재편성을 필요로 하는 사람들에게 현물 및 서비스를 제공하는 것을 활동의 목표로 삼는다.

01 다음 〈보기〉 중 인간발달이론에 관한 설명으로 옳은 것을 모두 고르면?

> 보기
>
> 가. 최적의 시기가 있다.
> 나. 연속적 과정이다.
> 다. 유전과 환경의 상호작용이다.
> 라. 퇴행적 변화까지 포함한다.

① 라
② 가, 다
③ 나, 라
④ 가, 나, 다
⑤ 가, 나, 다, 라

02 인간행동에 관한 설명으로 옳지 않은 것은?

① 인간의 행동은 환경에 대한 적응과정이다.
② 환경은 인간의 행동을 규제한다.
③ 동기와 태도는 인간행동의 매개변수이다.
④ 인간행동의 독립변수는 생물학적 특성 뿐이다.
⑤ 사회적 행동이란 사회적 대상에 대한 인간의 반응행동을 말한다.

03 인간발달이론이 사회복지실천에 기여한 내용이 아닌 것은?

① 개인적인 발달상의 차이를 파악할 수 있다.
② 발달단계마다 동일한 발달적 요인을 설명할 수 있다.
③ 생활주기를 순서대로 정리할 수 있는 준거틀을 제공해 준다.
④ 발달을 구성하는 다양한 신체적, 심리적, 사회적 요인을 파악할 수 있다.
⑤ 각 발달단계에서 수행해야 할 발달과업을 제시해준다.

04 다음 〈보기〉는 무엇에 대한 설명인가?

> 보기
>
> 부모로부터 받은 유전인자가 지니고 있는 정보에 따라 일어나는 변화이다.

① 성장
② 학습
③ 발달
④ 성숙
⑤ 발전

05 에릭슨(E. Erikson)의 심리사회적 이론의 기본가정에 관한 설명으로 옳지 않은 것은?

① 발달은 점성원칙을 따른다.
② 인간의 공격성과 성적 충동의 영향력을 강조한다.
③ 인간을 합리적이고, 이성적이며, 창조적인 존재로 간주한다.
④ 인간행동은 의식 수준에서 통제 가능한 자아(ego)에 의해 동기화된다.
⑤ 발달단계에서 외부 환경에 대처하고 적응하는 과정을 중요하게 다룬다.

06 방어기제란 심리적 불균형이 초래될 때 심리 내부에서 무엇을 유지하려는 상태인가?

① 부정   ② 회피
③ 항상성   ④ 억압
⑤ 동일시

07 융(C. Jung) 이론에 관한 설명으로 옳은 것은?

① 개인의 성격형성은 과거와 무관함을 주장하였다.
② 4가지 정신기능으로 사고, 감정, 판단, 인식을 주장하였다.
③ 자기(Self)는 개인무의식 내에 존재하는 핵심적인 원형이다.
④ 자기실현(self-actualization)은 인간발달의 궁극적 목표이다.
⑤ 생애주기에서 중년기와 노년기보다 유년기와 청년기를 강조하였다

08 프로이트의 정신분석이론에서 다음 단계로 진행하지 못하고 특정단계에 머무르게 되는 것을 무엇이라고 하는가?

① 욕망   ② 리비도
③ 고착   ④ 충동
⑤ 자기애

09 "저기 높은 선반 위에 포도 바구니가 있는데 손에 닿지 않아서가 아니라 먹기 싫어서 안 먹는다."라는 말과 관련된 방어기제는?

① 투사   ② 전이

③ 승화   ④ 합리화

⑤ 동일시

10 개인이 내적 혹은 외적으로 스트레스를 주는 것이나, 위험에 대한 인식과 불안에 대해 개인을 보호하기 위해 자동적으로 나타나는 정신적 과정은?

① 양가감정   ② 부정

③ 방어기제   ④ 합리화

⑤ 투시

11 다음 설명과 관계 깊은 학자는?

- 성격은 생물학적 요인과 개인의 심리·사회문화의 상호작용에 의해 결정된다.
- 성장하는 모든 것은 기본 계획이 있다.
- 인간의 행동은 사회적 관심에 대한 욕구, 유능성에 대한 욕구에서 비롯된다.

① 프로이트   ② 에릭슨

③ 융   ④ 스키너

⑤ 로저스

12 에릭슨(E. Erikson)의 심리사회적 위기와 프로이트(S. Freud)의 심리성적 발달 단계의 연결이 옳은 것은?

① 자율성 대 수치심 – 생식기

② 근면성 대 열등감 – 남근기

③ 신뢰감 대 불신감 – 구강기

④ 친밀감 대 고립감 – 항문기

⑤ 정체감 대 정체감 혼란 – 잠재기

13 다음 〈보기〉 중 에릭슨의 심리사회이론의 주요개념을 모두 고른다면?

● 보기 ●

가. 점성원리　　　나. 자아정체감
다. 사회적 상호작용　라. 방어기제

---

① 가, 나, 다　　② 가, 다
③ 나, 라　　　　④ 라
⑤ 가, 나, 다, 라

14 아들러(A. Adler) 이론에 관한 설명으로 옳지 않은 것은?

① 인간행동의 객관성과 보편성을 강조한다.
② 인간을 하나의 통합된 유기체로 인식한다.
③ 출생순위는 생활양식 형성에 영향을 미친다.
④ 사회적 관심은 선천적이지만 의식적인 개발을 필요로 한다.
⑤ 개인의 성장과 발달은 열등감을 극복하려는 시도에서 나온다.

15 반두라(A. Bandura) 이론을 설명하는 개념으로 옳은 것은?

① 고전적 조건형성(classical conditioning)
② 소거(extinction)
③ 자발적 회복(spontaneous recovery)
④ 모방(imitation)
⑤ 중립 자극(neutral stimulus)

16 다음 〈보기〉 중 반두라의 사회학습이론의 주요개념을 모두 고른다면?

● 보기 ●

가. 모방　　　나. 인지
다. 자기조정　라. 조작적 행동

---

① 가, 나, 다　　② 가, 다
③ 나, 라　　　　④ 라
⑤ 가, 나, 다, 라

17 학자와 주요개념의 연결이 옳은 것을 모두 고른 것은?

> 가. 융 – 원형
> 나. 로저스 – 무조건적 긍정적 관심
> 다. 스키너 – 조작적 조건화
> 라. 엘리스 – 자동적 사고

① 가, 나, 다   ② 가, 다
③ 나, 라   ④ 라
⑤ 가, 나, 다, 라

18 반두라의 행동학습이론에서 어떤 행동을 성공적으로 수행할 수 있다는 신념을 말하는 개념은?

① 모방   ② 인지
③ 자기규제   ④ 자기효율성
⑤ 자기조정

19 스키너의 행동주의적 학습이론의 주요개념이 아닌 것은?

① 반응행동   ② 조작적 행동
③ 고전적 조건화 ④ 변별자극
⑤ 강화

20 반두라의 사회학습이론에서 직접적 훈련과 관찰학습을 통해 획득되는 것으로 자아개념 형성에 주된 역할을 한다고 본 것은?

① 상징적 환경   ② 경험
③ 직접적 훈련   ④ 자기강화
⑤ 정서적 반응

21 스키너의 강화계획 중 행동이 나타날 때마다 제시되는 강화자극은?

① 고정비율 강화계획

② 연속적 강화계획

③ 간헐적 강화계획

④ 고정간격 강화계획

⑤ 가변비율 강화계획

22 피아제(J. Piaget)의 이론에 관한 설명으로 옳은 것은?

① 발달에 순서가 있지만 단계를 뛰어넘을 수 있다.

② 단계별 성취연령에는 개인차가 존재하지 않는다.

③ 발달이 완성되면 낮은 단계의 사고로 전환하지 않는다.

④ 발달단계는 감각운동기, 전조작기, 형식적 조작기, 구체적 조작기의 순으로 진행된다.

⑤ 성인기 이후의 발달을 다루고 있지 않다.

23 다음 피아제의 인지발달이론에서 구체적 조작기에 나타나는 특징을 〈보기〉 중에서 모두 고른다면?

┌─────────── 보기 ───────────┐

가. 보존개념의 획득

나. 논리적 · 가역적 사고

다. 분류 및 서열조작

라. 추상적 사고 가능

└──────────────────────────┘

① 가, 나, 다   ② 가, 다

③ 나, 라   ④ 라

⑤ 가, 나, 다, 라

24 사물의 외형이 변하더라도 그 사물이 가지고 있던 속성이 변하지 않는다는 것을 알게 된다면 어떤 개념이 형성된 것으로 볼 수 있는가?

① 추상적 사고

② 탈중심화

③ 자기중심적 조망

④ 비가역적 사고

⑤ 보존개념

25 학자와 인간관의 연결이 옳지 않은 것은?

① 에릭슨 – 인간은 합리적이고 창조적인 존재이다.
② 아들러 – 개인이 지닌 창조적 힘이 인간의 본성을 결정한다.
③ 피아제 – 인간은 환경과의 상호작용을 통하여 변화하고 발달하는 능동적 존재이다.
④ 스키너 – 인간은 환경적 자극이 없어도 동기화가 가능한 자율적 존재이다.
⑤ 엘리스 – 인간은 자기보존적이며 성장 및 변화하는 존재이다.

26 다음 중 칼 로저스의 현상학적 이론의 특성에 대해 틀린 것은?

① 인간의 사고과정은 합리적이다.
② 클라이언트의 자기결정권을 존중한다.
③ 클라이언트의 사회적 권리와 책임을 강조한다.
④ 미리 정해진 성격발달 패턴은 없으며 삶의 경험에 따라 각 개인의 성격은 달라진다.
⑤ 창조성이 인간의 잠재적 본능이다.

27 다음 〈보기〉에서 인본주의적 성격이론의 주요개념을 모두 고른다면?

> **보기**
> 가. 인간의 본질적 추구
> 나. 내적 본성
> 다. 욕구
> 라. 모방

① 가, 나, 다   ② 가, 다
③ 나, 라   ④ 라
⑤ 가, 나, 다, 라

28 다음 〈보기〉 중 인간행동이론에서 인간중심의 접근을 시도한 학자를 모두 고른다면?

> **보기**
> 가. 칼 로저스   나. 프로이트
> 다. 매슬로우   라. 스키너

① 가, 나, 다   ② 가, 다
③ 나, 라   ④ 라
⑤ 가, 나, 다, 라

29 태아기의 유전적 요인에 의한 발달장애의 설명으로 옳지 않은 것은?

① 혈우병은 X염색체의 열성유전자에 기인한다.
② 터너증후군은 X염색체를 하나만 가진 여성에게 나타난다.
③ 클라인펠터증후군은 X염색체를 더 많이 가진 남성에게 나타난다.
④ 다운증후군은 23번 염색체가 하나 더 있어서 염색체 수가 47개이다.
⑤ 페닐케톤요증은 아미노산을 분해시키는 효소가 결핍된 열성유전자에 기인한다.

30 다음 〈보기〉 중 유아의 사회성 발달에 관한 설명을 모두 고르면?

> 가. 유아가 애착하는 사람으로부터 격리되는 것에 대한 불안을 분리불안이라고 한다.
> 나. 유아들은 생후 6 ~ 8개월이 되면서 애착관계를 형성하게 된다.
> 다. 유아기의 자율성은 대소변 훈련과 밀접한 관련이 있다.
> 라. 자아개념을 형성하기 시작한다.

① 가, 나, 다　　② 가, 다
③ 나, 라　　　④ 라
⑤ 가, 나, 다, 라

31 다음 〈보기〉에서 설명하는 개념은?

> 어떤 사물이 눈앞에 보이지 않아도 여전히 존재한다는 것을 아는 개념으로, 생후 9~10개월 정도에는 조금 형성되고, 만 2세 정도가 되면 확립되는 개념이다.

① 상징성　　　　② 대상영속성
③ 자아개념　　　④ 자기중심성
⑤ 비가역적 사고

32 초기 아동기(학령 전기)의 인지발달에 관한 것을 모두 고른다면?

> 가. 피아제의 전조작기
> 나. 언어습득
> 다. 상징적 표상능력
> 라. 개념적 사고 시작

① 가, 나, 다　　② 가, 다
③ 나, 라　　　④ 라
⑤ 가, 나, 다, 라

33 유아기(3~6세)에 관한 설명으로 옳지 않은 것은?

① 콜버그의 후 인습적 도덕발달단계에 해당하며 타인과 좋은 관계를 맺는 데 치중하는 시기이다.
② 프로이트(S. Freud)의 남근기에 해당하며 이성부모에게 관심을 갖는 시기이다.
③ 피아제의 전조작기에 해당하며 상징적 사고가 활발한 시기이다.
④ 에릭슨의 주도성 대 죄의식 단계에 해당하며 책임의식이 고취되는 시기이다.
⑤ 융의 아동기에 해당하며 자아가 형성되는 시기이다.

34 학령기(후기 아동기 7~12세)의 특징을 모두 고른다면?

가. 에릭슨의 근면성 대 열등감
나. 프로이트의 항문기
다. 친구와의 관계에서 자기주체성 확립
라. 상징놀이와 물활론

① 가, 나, 다　　② 가, 다
③ 나, 라　　　　④ 라
⑤ 가, 나, 다, 라

35 다음 중 아동기(7, 8~12세)의 발달특성에 관한 설명으로 맞는 것은?

① 자기중심적 시각 조망을 형성한다.
② 가설을 통한 연역적 사고 및 여러 가지 가능성을 놓고 논리적 추론을 하는 시기이다.
③ 자아정체감이 형성된다.
④ 주로 학교의 집중적인 학습을 통해 여러 측면이 발달한다.
⑤ 대상영속성 개념이 발달하기 시작한다.

36 청소년기의 사회적 발달의 특성을 모두 고른다면?

가. 분리개별화
나. 또래집단
다. 위기와 혼란
라. 자율성 대 수치심

① 가, 나, 다　　② 가, 다
③ 나, 라　　　　④ 라
⑤ 가, 나, 다, 라

37 헤비거스트의 청년기 발달과업과 거리가 먼 것은?

① 경제적 독립의 필요성
② 동성이나 이성의 친구와 새로운 관계형성
③ 결혼과 가정생활 준비
④ 직업을 선택하고 준비
⑤ 근면성 대 열등감

38 다음 〈보기〉에서 청년기의 사회성 발달을 대표하는 것을 모두 고른다면?

> 가. 직업선택　　　나. 애착형성
> 다. 결혼　　　　　라. 자녀양육

① 가, 나, 다　　　② 가, 다
③ 나, 라　　　　　④ 라
⑤ 가, 나, 다, 라

39 중년기(40~46세)의 설명으로 옳은 것은?

① 왕성한 직업활동을 수행하고 있으므로 직업전환에 필요한 기술습득을 위한 교육은 필요하지 않다.
② 폐경기 여성은 여성호르몬인 안드로겐의 감소로 인하여 관상동맥질환과 골다공증이 발생하는 경우가 많다.
③ 자아통합이 완성된 시기이므로 자신의 삶과 미래를 평가하려고 한다.
④ 어휘력과 언어능력이 저하되므로 학습과 경험을 통합하여 사고하는 능력이 저하된다.
⑤ 결정성 지능은 중년기에도 계속 발달한다.

40 다음 〈보기〉에서 장년기의 사회적 특성을 모두 고른다면?

> 가. 부부관계 유지
> 나. 사회환경과 상호작용
> 다. 자녀의 양육
> 라. 역할변화

① 가, 나, 다　　　② 가, 다
③ 나, 라　　　　　④ 라
⑤ 가, 나, 다, 라

41 노년기(65세 이상)의 특징으로 옳은 것은?

① 연령이 증가함에 따라 수면시간이 증가한다.
② 장기기억은 약화되지만 단기기억과 최근기억은 강화된다.
③ 우리 사회는 노년기 연령규범에 대한 명확한 합의가 있다.
④ 제도적 지위와 역할은 늘어나며 비공식적 역할은 축소된다.
⑤ 중년기부터 나타나기 시작한 시각기능의 원시현상이 더욱 뚜렷해진다.

43 다음 〈보기〉에서 설명하는 가족은?

> 가. 가족을 기능적인 측면에서 보는 개념이다.
> 나. 가족의 관계는 혈연이나 법적으로 아무런 관계가 없을 수도 있다.

① 핵가족　　　　② 확대가족
③ 편부모가족　　④ 계부모가족
⑤ 혼합가족

42 생태체계 관점에 관한 설명으로 옳지 않은 것은?

① 맥락적 사고를 한다.
② 다체계적 접근을 한다.
③ 인간과 환경 간의 균형을 강조한다.
④ 사회구조 개선을 위한 개입방법을 제시한다.
⑤ 문제에 대한 포괄적인 이해의 틀을 제공한다.

44 공동목적이나 관심을 가지고 모인 두 명 이상의 모임으로 서로 인지하고, 감정을 공유하며, 규범과 목표를 수립하여 응집력을 발휘하는 사회체계는?

① 집단　　　　② 조직
③ 가족　　　　④ 지역사회
⑤ 제도

45 다음 〈보기〉의 집단 중 쿨리의 1차적 집단에 속하는 것을 모두 고른다면?

> 가. 자연적으로 형성된 집단
> 나. 회사조직
> 다. 가정이나 어린시절 또래집단 같은 범주
> 라. 정치적인 모임

① 가, 나, 다   ② 가, 다
③ 나, 라   ④ 라
⑤ 가, 나, 다, 라

46 다음 〈보기〉 중 집단의 역동성에 영향을 미치는 요인을 모두 고른다면?

> 가. 집단기준   나. 집단기술
> 다. 집단분위기   라. 집단관찰

① 가, 나, 다   ② 가, 다
③ 나, 라   ④ 라
⑤ 가, 나, 다, 라

47 조직에 대한 관점으로 조직을 상호작용하는 관련 부분과 외부환경의 집합으로 보는 관점은?

① 개방체계관점   ② 행동주의 관점
③ 경제적 관점   ④ 문화적 관점
⑤ 이론적 관점

48 지역사회모델 중 지역사회개발모델과 관련이 깊은 것을 모두 고른다면?

> 가. 민주적인 절차와 합의
> 나. 자발적 협조
> 다. 토착적인 지도력 개발
> 라. 자조

① 가, 나, 다   ② 가, 다
③ 나, 라   ④ 라
⑤ 가, 나, 다, 라

49 다음 중 힘과 자원의 재분배를 요구하는 지역사회모델은?

① 지역사회개발모델
② 사회계획모델
③ 사회행동모델
④ 사회사업모델
⑤ 사회복지모델

50 문화에 관한 설명으로 옳지 않은 것은?

① 인간의 생활양식은 세대 간에 전승된다.
② 삶의 모든 영역에 영향을 미치며 지속적으로 변화한다.
③ 생득적이기보다는 사회 속에서 성장하며 학습을 통해 습득된다.
④ 개인의 행동에 대한 규제와 사회통제의 기능을 수행하지 않는다.
⑤ 문화변용(Acculturation)은 둘 이상의 이질적인 문화가 접촉한 결과 한 쪽 또는 쌍방의 원래 문화형태에 변화를 일으키는 현상이다.

02

사회복지조사론

[핵심요약]

과학 및 과학적 연구

① 과학의 정의

과학은 지식을 얻는 방법 중의 하나로, 일반적으로 우주와 우주의 내용에 대한 사실적 지식을 체계적으로 연구·조사하는 것이다.

② 과학의 특성

① 과학은 논리적이고 결정론적이다.
② 과학은 일반적이고 간결하다.
③ 과학은 특정적이다.
④ 과학은 검증이 가능하다.
⑤ 과학은 가치중립적이다.

③ 과학의 대상

모든 자연현상과 사회현상은 과학의 대상이 될 수 있으나 가치관이나 철학 혹은 사회현상이나 자연현상이 무작위적이거나 예측 불가능한 혼란의 연속일 경우 과학의 대상이 아니다.

④ 과학의 목적

기술(description)	관찰된 사실을 일반적인 수준에서 요약·기록함으로써 현상 자체의 속성을 있는 그대로 보여주는 것
설명(explanation)	관심 있는 현상에 대한 기술 현상이 일어나게 된 이유 또는 원인을 밝히는 것
예측(prediction)	이론의 기초적인 명제로부터 보다 복잡한 명제를 추론하는 것으로, 미래 사회 현상의 특정한 측면에 관한 예상이나 기대를 진술하는 것
통제(control)	현상을 결정하는 사건을 조작하는 것으로, 현상의 원인이나 선행조건을 조작하여 현상을 바람직한 방향으로 유도하는 것

⑤ **과학적 지식을 얻는 방법**

① **과학적 방법** : 의문을 제기하고 가설을 설정하여 이를 과학적으로 증명하는 것으로, 다수결의 원리나 일반회의론과 구별된다.

② **비과학적 방법** : 관습에 의한 방법, 직관에 의한 방법, 권위에 의한 방법

과학적 연구방법

① **과학적 지식의 특징** : 재생가능성, 경험성, 객관성, 간주관성, 체계성, 변화가능성

② **과학적 방법의 가정**

① 자연에는 질서와 규칙성이 있다.

② 모든 사건에는 원인이 있다.

③ 현상은 이해될 수 있다.

④ 자명한 지식은 없다.

⑤ 진리는 상대적이다.

⑥ 경험과 관찰은 지식의 원천이다.

③ **과학적 연구방법의 필요성**

① 연구목적상 필요한 자료수집 및 분석의 기준과 방향을 제시

② 연구결과를 객관화시키고 이론화시킴

③ 연구결과의 체계적인 보고 · 기술 · 설명 · 예측 가능

④ 사회현상에서 규칙적 · 반복적인 법칙 발견

④ **과학적 연구방법의 논리**

연역적 방법	기존의 이론이나 일반적인 원리를 이용하여 새로운 가설을 도출하고 이를 실증적으로 검증하여 가설 현상을 적절히 설명하는 방법
귀납적 방법	경험의 세계에서 관찰된 많은 사실들이 모두 공통적인 유형으로 전개되는 것을 발견하고 이들의 유형을 객관적인 수준에서 증명하는 방법

 과학철학

연역주의	이론으로부터 가설을 설정하고 가설 내용을 현실세계에서 관찰한 다음, 관찰에서 얻은 자료가 어느 정도 가설에 부합되는가를 판단하여 가설의 채택 여부를 결정짓는 방법이다.
귀납주의	경험의 세계에서 관찰된 많은 사실들이 공통적인 유형으로 전개되는 것을 발견하고 이들의 유형을 객관적인 수준에서 증명하는 것이다.
경험주의	명제로 이루어진 연역적 사고를 통해 얻을 수 있는 지식과 경험적 사실을 귀납적으로 추론하여 얻게 되는 지식을 비교하고 2가지 추론양식을 조화롭게 적용함으로써 더욱 합리적인 지식을 얻을 수 있다고 주장하였다.
논리적 실증주의	과학의 통일성을 주장하며, 자연과학적 방법이 사회과학을 포함하는 모든 과학에 적용될 수 있다고 주장하였다.
논리적 경험주의	유일한 관찰에 의해서 완전한 진리의 규명이 이루어진다는 입증이라는 개념 대신에, 경험을 바탕으로 구축된 일반적인 문장들이 추가적인 관찰로 연속적인 경험적 증명에 의하여 점차 진리로 확인되어 간다는 확증이라는 개념을 사용할 것을 주장하였다.
반증주의	포퍼는 과학이란 이론에서 출발한다고 보고 진리란 증거를 통하여 확실한 틀을 다지는 입증이나 점차적으로 만들어가는 확증이 아니라, 과학의 발전은 기존의 이론과 상충되는 현상을 관찰하는 데서 출발하는 반증임을 주장하였다.

 과학적 조사방법의 분류

1 연구 성격에 따른 분류

순수조사	이론을 구성하거나 경험적 자료를 토대로 그 이론을 검증하고자 하는 연구
응용조사	실제적인 문제해결을 목적으로 수행하는 연구
평가조사	응용조사의 특수한 형태로서 현재 진행 중인 행동 프로그램이 의도한 효과를 가져왔는지를 평가하는 조사

② 연구목적에 따른 분류

탐색적 조사	연구문제의 발견, 변수의 규명, 가설의 도출을 위해서 실시하는 조사로, 주로 본조사를 위한 예비조사로서 실시한다.
기술적 조사	현상이나 모집단의 특성에 대한 분포, 발생빈도 등의 특성파악을 위하여 행하는 조사를 말한다. 어떤 현상에 대한 탐구나 명백화가 주목적이지만 설명적 조사를 위한 자료를 제공하거나 지침적 역할을 하기도 한다.
설명적 조사	기술적 조사연구의 결과 축적된 자료를 통해 어떠한 사실 간의 인과관계를 파악하거나 규명 결과를 토대로 미래를 예측하는 조사를 말한다.

③ 연구방법에 따른 분류

질적 연구	인간의 상호주관적 이해를 바탕으로 인간의 행위를 그 행위자가 부여하는 의미 파악을 통해 이해하려는 주관적·해석적 사회과학의 연구방법이다.
양적 연구	연구하고자 하는 연구대상의 속성을 가능한 양적으로 표현하고 통계분석을 통해 밝히는 연구방법으로 형태주의의 등장 이후 발전하였다. 양적 연구의 종류로는 실험과 서베이를 포함한다.

사회과학과 자연과학

사회과학	자연과학
사고의 가능성이 제한되어 있다.	사고의 가능성이 무한정이다.
사고의 도식화에 관한 타당성에 의문을 제기한다.	수학 공식과 같은 분석방법에 의한 사고의 도식화를 강조한다.
누적적이 아닌 독창적이고 유일한 성격의 학문이다.	누적적인 성격을 가진 학문이다.
사회·문화적 특성에 의해 영향을 받는다.	사회·문화적인 특성에 의해 영향을 받지 않는다.
연구자 개인의 심리상태나 개성 또는 가치관이나 세계관에 의해 영향을 받는다.	연구자의 개성이나 사회적 지위에 의해 영향을 받지 않는다.
명확한 결론을 내리기 어렵다.	명확한 결론을 내릴 수 있다.
새로운 이론이라도 기존의 이론과는 단절되지 않은 성격을 가진다.	기존의 이론과는 전혀 다른 새로운 이론이 빈번히 대두한다.

조사연구의 요소

개념	• 일정하게 관찰된 사실들에 대한 추상적 표현을 말하며 연구문제가 선정되면 그 문제에 포함된 추상적인 개념을 구체화하게 되는데 이 과정을 개념화라고 함 • 재개념화 : 사회조사에서 중심개념을 찾아내어 그 중심요소의 제요소를 분석 · 설명하고, 유사개념, 상 · 하위개념을 구하여 그 내용을 구체적으로 정밀하게 재규정하는 것
정의	• 어떤 용어를 다른 용어로 대치시킨 것 또는 한 용어를 다른 일련의 동의어로 그 내용을 밝힌 것 • 조작적 정의 : 어떤 개념 · 변수를 가시적으로 측정하기 위하여 그 측정하고자 하는 개념 · 변수가 갖는 특성을 빠짐없이 대표할 수 있는 경험적 지표를 풀어서 정의하는 방법
변수	• 연구대상의 경험적 속성을 나타내며 그 속성에 계량적인 수치를 부여할 수 있는 개념 또는 경험적으로 측정 가능한 개념 • 변수의 속성 : 일정한 경험적 현실을 전제, 현상의 특수한 속성의 지시, 속성의 강도에 따른 계량화 가능, 속성(가치)의 연속성 등
사실	• 현상 자체와는 다르며, 현상을 증명하여 주는 것으로 우리의 감각에 의해서 받아들여진 것을 의미 • 사실을 타인에게 전달할 때는 각종 언어나 문자를 사용하여 전달함 • 사실은 논리적 결합이므로 사실을 객관적으로 이해하기 위해서는 개념에 대한 정확한 규정이 필요 • 사실은 현상을 의미하는 것이 아니고, 그 현상에서 감각기관이 받아들인 의미 • 사실은 과학적 조사의 근원이 되며 개념의 연결에 의해 사실을 이해함
이론	• 이론은 사실과 사실 간의 관계에 관한 논리적 연관성을 말하는 것 • 이론은 체계적으로 상호연결된 일련의 명제 • 함축적이며 연역 가능성이 있는 관계에 의해 구조화된 일련의 가설 • 경험적 통일성을 가지고 논리적으로 상호연결된 일련의 관계 • 관찰된 데이터에서 변수들 간의 관계에 대한 확률적 진술
가설	• 누 개 이상의 변수나 현상 간의 특별한 관계를 검증한 형태로 서술하여 변수들 간의 관계를 예측하려는 진술이나 문장 • 가설은 실증적인 확인을 위해 구체적이어야 하고, 현상과 관련성을 가져야 하며, 아직 진실 여부가 확인되지 않은 사실
모형 (모델)	• 어떤 이론이나 현상들을 가능한 한 그대로 모방하여 만들어진 유질 동형의 형성물 • 은유, 유추와 같은 성격을 갖기도 함 • 의식적 · 외연적 · 한정적인 특징

분석단위 및 분석시 오류

① 분석단위의 의의 : 분석단위는 분석수준이라고도 부르며, 연구과정의 한 요소로서 연구의 대상이 되는 요소를 말한다.

② 분석단위의 특징

① 표본추출의 대상이 되는 모집단의 최소단위이며 개인, 집단, 혹은 특정조직이 될 수 있다.

② 여러 개가 결합되어 사용될 수 있다.

③ 분석단위를 변환할 때 생태학적 오류가 발생한다.

③ 분석시의 오류

생태학적 오류	집단의 자료를 바탕으로 개인의 특성을 추리할 때 저지를 수 있는 오류
환원주의 오류	인간의 사회적 행위를 지나치게 한정된 변수로 귀착시키려는 오류
개인주의 오류	개인의 특성에서 집단이나 사회의 성격을 규명하고자 할 때 발생하는 오류
과도한 일반화	소수의 사례를 가지고 일반적인 사실로 받아들일 때 발생하는 오류

조사연구의 과정

조사문제의 형성	조사의 주제, 목적, 이론적 배경, 중요성 등을 파악하고 이를 체계적으로 정립하는 과정
↓	
가설의 형성	선정된 조사문제를 조사 가능하고 실증적으로 검증 가능하도록 구체화하는 과정
↓	
조사설계	조사연구를 효과적·효율적·객관적으로 수행하기 위한 논리적인 전략
↓	
자료수집	관찰, 면접, 설문지 등 여러 가지 방법을 통해 수집
↓	

자료분석	수집된 자료의 편집과 코딩과정이 끝나면 통계기법을 이용
↓	
보고서 작성	연구결과를 객관적으로 증명하고 경험적으로 일반화시키기 위해 일정한 형식으로 기술하여 타인에게 전달하기 위한 보고서를 작성

조사의 방법

① 탐색적 조사
① 사회조사의 초기단계에서 조사에 대한 아이디어와 통찰력을 얻기 위한 조사이다.
② 연구문제의 발견, 변수의 규명, 가설의 도출을 위해서 실시하는 조사로, 주로 본조사를 위한 예비적 조사로서 실시한다.
③ **종류** : 문헌조사, 전문가 의견조사, 표적집단면접, 사례조사

② 기술적 조사
① 현상이나 모집단의 특성에 대한 분포 · 발생빈도 등의 특성파악을 위하여 행하는 조사이다.
② 어떤 현상에 대한 탐구나 명백화가 주목적이지만 설명적 조사를 위한 자료를 제공하거나 지침적 역할을 하기도 한다.
③ **종류** : 종단조사, 횡단조사

③ 설명적 조사
① 기술적 조사연구의 결과 축적된 자료를 통해 어떠한 사실 간의 인과관계를 파악하거나 규명결과를 토대로 미래를 예측하는 조사이다.
② **목적** : 일반적 사실을 설명하기 위한 것이다.

④ 통계적 조사
① 양적 기술방법을 사용하는 과학적 조사기법이다.
② **통계조사의 종류**
　　㉠ **전수조사** : 조사대상 전부를 조사하는 것으로 그 범위가 한정되어 있더라도 조사대상의 최종단위를 전부 조사하는 한 전수조사에 해당된다.

ⓛ 표본조사 : 통계학적 원리에 의하여 표본을 추출하여 전체를 추정하는 방법으로서 대표성 있는 표본의 추출이 표본조사의 성패를 좌우한다.

⑤ 실험적 조사

① 인과관계에 의한 가설을 테스트화함으로써 조사를 진행시키는 방법이다.

② 목적 : 인과관계의 규명 또는 자극 효과의 측정에 두고 있다.

③ 실험설계의 유형

진실험설계	순수 실험설계라고도 하며 실험설계의 3가지 조건을 비교적 충실하게 갖추고 있는 설계
준실험설계 (유사실험설계)	무작위 배정에 의한 방법 대신에 매칭 등 다른 방법을 통하여 실험집단과 유사한 비교집단을 구성하려고 노력하는 설계유형
비실험설계 (원시실험설계)	인과적 추론의 3가지 조건을 모두 갖추지 못한 설계이다. 즉, 진실험, 준실험을 제외한 인과관계의 추론방법
사후실험설계	독립변수의 조작없이 변수들 간의 관계를 검증하고자 할 때 이용되는 설계유형

 측정

① 측정의 의의

① 추상적 · 이론적 세계를 경험적 세계와 연결시켜 주는 수단이다.

② 이론을 구성하고 있는 개념이나 변수들을 현실세계에서 관찰이 가능한 자료와 연결시켜 주는 과정이다.

③ 스턴(Stern)의 정의 : 측정이란 특정법칙에 따라서 사건이나 사물에 숫자를 배분하는 것이라고 하였다.

② 측정의 기능

일치 · 조화의 기능	경험적인 현실세계와 추상적인 개념의 세계를 조화 · 일치시키는 기능
객관화 · 표준화 기능	관찰을 객관적인 것이 되도록 하는 기능
계량화의 기능	사건이나 현상을 세분화시키고 통계적 분석에 활용할 수 있는 정보를 제공하는 기능
반복 · 의사소통의 기능	다른 사람에 의한 반복, 확인, 반증이 가능하도록 하는 기능

3 사회과학에서 측정이 어려운 이유

① 측정하려는 대상이 대부분 추상적인 개념
② 측정하려고 하는 개념이 다른 개념과 복합화
③ 측정을 위한 규칙이나 표준화된 도구의 부족 등

 신뢰성

1 신뢰성의 의의

① 신뢰성은 시간적 간격을 두고 동일한 조건 아래 있는 측정대상을 반복하여 측정하였을 때 각
반복 측정치들 사이에 나타나는 일관성 정도를 의미한다.
② 신뢰성은 측정에 있어서 신빙성, 안정성, 일관성, 예측성 또는 정확성을 가져야 한다.
③ 신뢰성은 측정의 오차와의 관계를 고려해야 한다.

2 신뢰도 측정방법

재검사법	동일한 측정도구를 동일한 상황에서 동일한 대상에게 일정한 기간을 두고 반복 측정하여 최초의 측정치와 재측정치를 비교하는 방법이다.
복수양식법	동일한 개념에 대해 2개 이상의 상이한 측정도구를 개발하고 각각의 측정치 간의 일치 여부를 검증하는 방법이다.
반분법	측정도구를 임의로 반으로 나누어 각각을 독립된 척도로 보고 이들의 측정결과를 비교하는 방법이다.
내적 일관성 분석법	동일한 개념에 대해 여러 개의 항목으로 구성된 척도를 이용할 경우 해당 문항을 가지고 할 수 있는 가능한 한 모든 반분신뢰도를 구하고 그 평균치를 산출하여 신뢰도를 측정하는 방법이다.

3 신뢰도 제고방안

① 측정도구의 모호성 제거 : 측정도구를 구성하는 문항을 분명하게 작성한다.
② 다수의 측정항목 : 측정항목을 늘린다. 즉, 문항 간 상관관계가 유사한 경우 항목의 수를 늘리면 측정도구의 신뢰도는 높아진다.
③ 측정의 일관성 유지 : 측정자의 태도와 측정방식의 일관성이 유지되어야 한다.

④ 표준화된 측정도구 이용 : 사전에 신뢰성이 검증된 표준화된 측정도구를 이용하는 것이 바람직하다.

⑤ 측정자가 무관심하거나 잘 모르는 내용은 측정하지 않는 것이 좋다.

4 신뢰성에 영향을 주는 요인

① 시간의 안정성 : 시간의 변화에 따라 검사점수가 달라진다.

② 문항표준의 적부성 : 학습한 내용 중에서 골고루 출제될 때 신뢰도가 높다.

③ 문항의 동질성 : 검사문항이 동질적일 때 신뢰도가 높다.

④ 집단의 특징 : 동질집단의 신뢰성은 이질집단보다 높다.

타당도

1 타당성의 의의

① 타당성이란 연구자가 측정하고자 하는 개념이나 속성을 정확히 측정했는지를 나타내 주는 개념이다.

② 검사점수가 검사의 사용목적에 얼마나 부합하느냐가 적합성과 관련된 문제이다.

2 타당성의 종류

기준관련 타당성 (criterion–related validity)	어느 개념이나 속성에 대한 측정값이 그와 관련된 개념이나 속성의 변화와 관련된 타당성을 말한다.
내용 타당성 (content validity)	설문지의 각 항목이 측정하고자 하는 개념이나 속성을 잘 대표하고 있는지에 관한 적절성을 말한다.
구성 타당성 (construct validity)	설문지의 내용들이 조사하고자 하는 개념이나 속성을 제대로 측정하고 있는지에 관한 타당성을 말한다.

3 신뢰성과 타당성의 관계

① 타당성 있는 측정은 항상 신뢰성이 있다.

② 타당성이 없는 측정은 신뢰성이 있을 수도 있고 없을 수도 있다. 즉, 타당성이 낮다고 해서 반드시 신뢰성이 낮다는 것은 아니다.

③ 신뢰성이 있는 측정은 타당성이 있을 수도 있고 없을 수도 있다.
④ 신뢰성이 없는 측정은 타당성이 없다.

척도

1 척도의 의의

① 논리적 또는 경험적으로 서로 연관되어 있는 여러 개의 문항 또는 지표로 이루어진 복합적 측정도구를 말한다.
② 관찰된 현상에 대해 일정한 규칙에 따라 수치를 부여하는 것을 측정이라고 한다면, 척도는 이러한 측정을 위한 도구라고 할 수 있다.

2 척도의 필요성

① 하나의 문장이나 지표로 제대로 측정하기 어려운 복합적인 개념을 측정
② 여러 개의 지표를 하나의 점수로 나타냄으로써 자료의 중복성 감소
③ 척도의 단일 차원성 검증
④ 측정의 오류 감소 및 타당성과 신뢰성 제고

3 이상적 척도의 기준

단순성	척도의 계산과 이해가 용이해야 한다.
유용성	척도가 유용하다는 것은 적용하는 데 적합하고 실용적이어야 함을 의미한다.
신뢰성	어떤 상황을 달리해서 측정하더라도 항상 똑같은 결과가 나와야 한다.
타당성	조사자가 측정하고자 하던 것을 실제로 측정하였는가의 문제이다. 즉, 척도가 측정하고자 하는 것을 정확하게 측정하는가의 문제이다.

4 척도의 측정방법

명목척도	명목수준의 측정은 측정대상의 속성을 단순히 분류하거나 확인할 목적으로 수치를 부여하는 것 예 남자는 1, 여자는 2라는 수치를 부여하거나 운동선수의 등번호 등
서열척도	서열수준의 측정은 측정대상을 그 속성에 따라서 서열이나 순위를 매길 수 있도록 수치를 부여하는 것

등간척도	등간격수준의 측정은 측정대상을 속성에 따라 서열화하고 서열 간의 간격이 동일하도록 수치를 부여하는 것 [예] IQ, 주가지수, 온도 등
비율척도	비례수준의 측정은 측정대상의 속성에 대한 절대적인 영, 자연적인 영을 가진 척도로 수치를 부여할 수 있어서 가감승제를 의미 있게 할 수 있는 척도

⑤ 척도의 종류

서스톤 척도	어떤 사실에 대하여 가장 우호적인 태도와 가장 비우호적인 태도를 나타내는 양극단을 등간격으로 구분하여 여기에 수치를 부여하는 등간척도
거트만 척도	척도를 구성하는 과정에서 문항들의 단일 차원성이 경험적으로 검증되도록 설계된 척도
리커트 척도	여러 개의 문항으로 응답자의 태도를 측정하고 해당 항목에 대한 측정치를 합산하여 평가대상자의 태도점수를 얻어내는 척도
보가더스 척도	사회 제 집단 간의 거리, 즉 사회관계에 있어서 인간 상호 간에 느끼는 이해와 친근 정도를 측정하는 데 사용되는 척도
소시오메트리	J. L. Moreno가 발전시킨 인간관계의 측정방법으로 집단구성원 간의 친화와 반발을 조사하여 그 빈도와 강도에 따라 집단구조를 이해하는 척도
평정척도	평가자가 측정대상 또는 피조사자의 어떤 속성을 단일연속선 상에 배열하기 위하여 일정기준에 입각하여 대상의 속성에 일정수치를 속성의 강도에 따라 부여하여 만든 척도
어의차 척도	일직선으로 도표화된 척도의 양극단에 서로 상반되는 형용사로 배열하여 양극단 사이에서 해당 속성에 대한 평가를 하는 척도로 여러 차원에 대한 평가를 하고 비교하는 데 편리한 척도

조사설계

조사설계의 의의	조사설계란 가설을 평가하기 위한 구조, 계획 및 전략이다.
조사설계의 목적	조사설계는 조사문제에 대한 정확한 해답을 제공하고 이러한 해답을 얻는 데 있어서 일어날지 모르는 분산이나 일탈을 방지하는 것을 목적으로 한다.
조사설계의 분류	• 자료수준에 따른 분류 : 탐색적 조사설계, 기술적 조사설계, 설명적 조사설계 • 실험조건의 충족 정도에 따른 분류 : 실험설계, 준실험설계, 전실험설계, 비실험설계 • 시간의 범위에 따른 분류 : 횡단조사설계, 종단조사설계, 유사종단조사설계

실험조사연구방법

① 의의

실험조사연구란 실험을 통하여 자료를 수집하고 분석하는 연구를 말하며, 인과관계에 대한 가설을 검증하기 위해 변수를 조작 · 통제하여 그 조작의 효과를 관찰하기 위한 방법이다.

② 구성

① 실험조사는 실험집단과 통제집단 및 자극의 3가지 요소로 이루어진다.
② 실험조사시 조사대상을 실험집단과 통제집단으로 나누기 이전에 보고자 하는 변수를 찾아내야 한다.
③ 변수를 찾기 위해서는 문헌조사, 경험자 조사, 조작적 정의와 재개념화의 방법을 사용하여 어떤 변수가 개입하였는가를 찾는 방법, 사회이론과 연관시켜 변수를 찾는 방법, 예비조사를 통하여 변수를 찾아내는 방법 등을 사용한다.

③ 종류

진실험설계	실험설계의 3가지 조건을 비교적 충실하게 갖추고 있는 설계, 즉 엄격한 외생변수의 통제하에서 독립변수를 조작하여 인과관계를 밝힐 수 있는 설계이다. 진실험설계는 순수한 독립변수 효과의 측정, 변수 간의 인과관계를 검증하려 할 때 가설의 검증, 가설의 수정 및 새로운 가설을 도출하려 할 때 사용된다.
준실험설계	무작위배정에 의하여 실험집단과 통제집단의 동등화를 꾀할 수 없을 때 사용하는 것으로 무작위배정에 의한 방법 대신에 다른 방법을 통하여 실험집단과 유사한 비교집단을 구성하려는 설계이다.
비실험설계	인과적 추론의 3가지 조건을 모두 갖추지 못한 설계, 즉 진실험, 준실험을 제외한 인과관계의 추론방법이다. 가설의 검증보다는 문제의 도출을 위하여 순수한 실험설계 전에 시험적으로 실시하는 탐색조사의 성격을 띠게 된다.

단일사례연구

1 의의

① 변수 간의 관계규명을 위한 것이라기보다는 사회사업가의 의도적인 개입이 표적행동에 효과를 나타내었는가를 평가하기 위해 적용하는 설계이다.

② 단일사례연구설계는 개인 및 가족, 소집단 등을 대상으로 문제를 해결하기 위한 개입의 효과를 과학적으로 입증하는 것이다.

③ 단일사례연구는 인과관계의 검증보다는 개입의 효과성을 입증하는 데 그 초점이 있다.

2 특성

① 사례가 하나이다. 즉, 개인 1명이 될 수도 있고, 한 집단 또는 한 가족이 될 수 있다.

② 단일사례연구의 1차적인 목적은 가설의 검증에 있는 것이 아니라 어떤 표적행동에 대한 개입의 효과를 관찰하여 분석하는 것이다.

③ 단일사례연구는 경향과 변화를 알 수 있도록 시계열적으로 반복적인 관찰을 한다.

④ 개입 전 · 후의 상태를 비교한다.

⑤ 개입 도중에 자료를 검토하여 개입의 효과를 판단할 수 있으므로, 개입의 효과가 없는 것으로 판단되면 새로운 개입방법을 수립하거나 개입방법을 수정함으로써 효과적인 개입을 할 수 있다.

3 기본개념

기준선(기초선)	실천가와 조사연구가가 개입활동을 실시하기 전에 표적행동의 상태를 관찰하는 기간을 말하며 개입 전의 국면이다. 일반적으로 'A'로 표시한다.
개입국면	표적행동에 대한 개입활동이 이루어지는 기간으로 'B'로 표시한다.
표적행동	개입을 통해 변화시키려는 행동이다.

4 유형

기본(AB)설계	개입 전 · 후에 측정하는 평가설계
ABA설계	개입의 영향을 테스트하기 위해 일정기간 이후에 개입을 중단하는 평가설계
반전(ABAB)설계	기초선이 측정된 후에 특정기간 동안 개입을 하고, 그 후 잠시 동안 멈춘 후에 다시 개입을 하는 평가설계

선개입(BAB)설계	곧바로 개입해서 기초선 수립을 위해 개입을 중지했다가 개입을 다시 시작한다. 즉, 처음에는 기초선 기간을 설정하지 않고 바로 개입단계로 들어가는 설계
복수요소(ABCD)설계	하나의 기초선 자료에 대하여 여러 개의 각기 다른 방법으로 개입하는 방법
복수기초선 설계	개입중단의 문제점을 개선하면서 AB설계를 여러 문제·상황·사람에게 적용하여 같은 효과를 얻음으로써 개입의 인과적 효과의 확신을 높이는 것

자료수집방법

1 관찰법

① 관찰방법은 조사대상의 특성, 언어적 행위, 비언어적 행위 등을 감각기관을 통해서 자료를 수집하는 방법이다.

② 주로 실험적 연구에서 많이 이용한다.

③ 관찰자의 주관과 편견이 개입될 우려가 높으므로 이를 배제할 수 있는 과학적 관찰을 해야한다.

2 면접법

연구자와 응답자 간의 언어적 상호작용을 통하여 필요한 자료를 수집하는 방법이다.

3 질문지법

① 질문서는 연구자가 조사하고자 하는 조사항목을 체계적으로 배열하여 인쇄한 문서이다.

② 질문서는 조사문제의 해결을 위해서 상호 연관된 다수의 문항으로 구성되며 질문의 형식은 문항마다 다를 수 있다.

③ 연구자는 연구목적이 되는 주제들을 특정한 질문항목으로 바꾸어 그에 대한 응답자의 응답을 가설검증을 위한 자료로 사용한다. 그러므로 질문항목들은 응답자로부터 필요한 정보를 얻어낼 수 있도록 구성하여야 한다.

4 질문지법의 유형

대인면접법	면접자가 응답자를 1 대 1로 만나서 질문서에 따라 질문하고 응답을 기록하는 방법
전화면접법	긴급하게 조사를 실시하고자 할 때, 질문내용이 짧을 때, 전화를 이용하여 피조사자에게 직접 질문하는 방법
우편조사법	질문지를 표출된 피조사자에게 우편으로 우송하여 기록·회수하는 방법
집합조사법	일정한 장소에 피조사자를 모아 놓고 질문지를 배포하여 응답을 구하는 방식
배포조사법	직장 또는 가정에 질문서를 전달하고 응답자로 하여금 직접 기입하게 한 다음 나중에 질문서를 회수하는 방법
ARS조사법 (자동응답기시스템)	사전에 입력된 전화번호에 자동적으로 전화를 걸어 녹음되어 있는 내용을 들려 준 후에 응답자가 자신의 의견과 일치하는 항목의 번호를 누르게 하여 자료를 집계하는 방법
인터넷 조사법	인터넷상의 이용자를 대상으로 실시하는 조사로 이는 홈페이지상에서 질문에 대한 답을 클릭함으로써 자료를 수집하는 방법

표본조사와 표집오차

1 표본조사

① 정의 : 어느 집단의 특성을 알고자 할 때 집단의 일부를 조사함으로써 집단 전체의 특성을 추정하는 방법이다.

② 특성

ㄱ 전수조사에 비해 시간과 비용이 절약된다.

ㄴ 표본조사는 전수조사보다 더 정확한 자료를 얻을 수 있다.

ㄷ 전수조사를 실시하기 어려운 경우가 있다.

2 표집오차

① 정의 : 모집단으로부터 선정된 표본집단을 기초로 표본을 추출할 때, 이 표본집단이 모집단을 정확하게 반영해 주지 못해서 발생하는 오류이다.

② 특성 : 일반적으로 표집의 크기가 클수록, 표본의 분산이 작을수록 표집오차는 작아지며, 표본에 근거한 모집단의 추정이 보다 정확하게 된다.

③ 비표집오차

① 정의 : 표본추출 과정에서 유발되는 오차가 아니라 자료를 수집하는 과정에서 발생되는 오류인 측정오차이다.

② 특성

    ㉠ 조사자나 응답자가 질문항목을 이해하지 못하거나 인터뷰과정에서 발생하는 오류, 자료집계나 자료를 분석하는 과정에서 발생하는 오류, 선정된 표본 중에서 접촉이 되지않거나 응답 거부자들이 응답자들과 특성에 차이가 있는 경우 등에서 발생된다.

    ㉡ 비표집오차는 실사과정에서 많이 발생한다.

확률 표본추출(표집)방법

단순무작위 표본추출방법	일정한 크기의 모든 표본이 알려진 동일한 기회를 갖고 선정되도록 무작위로 추출하는 방법이다.
계통적(체계적) 표본추출방법	추출단위에 일련번호를 부여하고 이를 등간격으로 나눈 후 첫 구간에서 하나의 번호를 랜덤으로 선정한 다음 등간격으로 떨어져 있는 번호들을 계속하여 추출해 나가는 방법이다.
층화적 표본추출방법	모집단이 특성에 따라 층화된 곳에서 각 층마다 표본을 랜덤하게 추출하는 방법이다.
집락(군집) 표본추출방법	모집단을 소집단들로 나누고 일정수의 소집단을 무작위적으로 표본추출한 다음 추출된 소집단 내의 구성원들을 모두 조사하는 방법이다.

비확률 표본추출(표집)방법

편의 표본추출방법	가장 간단한 형태의 표본추출방법으로서 임의로 표본을 선정하는 방법이다.
판단(유의) 표본추출방법	모집단의 의견을 반영할 수 있는 특정집단(전문가 집단)을 표본으로 선정하는 방법으로 유의 표본추출법이라고도 한다.
할당 표본추출방법	미리 정해진 기준에 따라 전체 표본을 여러 집단으로 구분하고 각 집단별로 대상을 추출하는 방법이다.

 **욕구단계**

1 매슬로우의 욕구단계

1단계 : 생리적 욕구	따뜻함이나 거주지, 먹을 것을 얻고자 하는 욕구
2단계 : 안전욕구	근본적으로 신체적 및 감정적인 위험으로부터 보호받고 안전해지기를 바라는 욕구
3단계 : 소속감 및 애정욕구	집단을 만들고 싶고 동료들과 친교를 나누고 싶다는 욕구
4단계 : 존경욕구	내적으로 자존 · 자율을 성취하려는 욕구(내적 존경욕구) 및 외적으로 타인으로부터 주의와 인정을 받고 집단 내에서 어떤 지위를 확보하려는 욕구(외적 존경욕구)
5단계 : 자아실현욕구	자신이 이룰 수 있는 것 혹은 될 수 있는 것을 성취하려는 욕구

2 브래드쇼의 욕구 구분

규범적 욕구	전문가, 행정가 또는 사회과학자 등이 욕구의 상태를 규정하는 것
감촉적 욕구	욕구상태에 있는 당사자의 느낌에 의하여 인식되는 욕구
표현된 욕구	감촉적 욕구가 실제로 표현되어 나타나는 욕구(= 수요)
비교적 욕구	각기 다른 인구집단에 존재하는 서비스 수준상의 차이를 설명하기 위해 도입된 개념

프로그램 평가

1 목적에 따른 평가

형성평가	프로그램 운영 도중에 이루어지는 평가로서 프로그램의 형성에 초점을 둔 평가, 서비스 전달체계 향상 및 서비스의 효율성 증진을 도모
총괄평가	프로그램의 종료 후 실시하는 평가로 프로그램의 지속, 중단, 확대 등에 관한 총괄적인 의사결정을 할 경우 사용
통합평가	형성평가와 총괄평가를 합친 것으로 총괄평가적 접근으로 평가를 한 후 과정평가적 접근을 통해 평가

② 평가규범에 따른 평가

효과성 평가	프로그램의 목적달성 정도의 평가
효율성 평가	투입과 산출을 비교평가
공평성 평가	프로그램의 효과와 비용이 사회집단 간에 공평하게 배분되었는지 평가

내용분석

① 의의

인간의 상징적 기호로 표시된 의사소통 기록물의 내용적 특성을 체계적으로 기술하고 나아가 동기, 원인, 결과나 영향을 체계적으로 추리하려는 사회과학의 분석기법을 말한다.

② 특징

① 메시지를 분석대상으로 한다.
② 문헌연구의 일종으로 근래에는 미술작품, 사진, 만화 등으로 확대되고 있다.
③ 메시지의 현재적 내용뿐만 아니라 잠재적 내용도 분석대상이다.
④ 객관성, 체계성, 일반성을 요건으로 한다.

③ 종류

① 특성분석 : 단지 커뮤니케이션의 특성만을 기술하는 방법으로 이 방법에 의해서 무엇, 왜, 누구에게 등의 질문이 분석된다.
② 원인분석 : 커뮤니케이션의 원인에 관하여 추론하기 위한 방법으로 왜, 누구 등의 요소를 분석하는 것이다.
③ 효과분석 : 커뮤니케이션의 접하는 내용이 어떤 효과를 미치는가를 분석하는 것으로 누구에게, 어떠한 효과를 등의 질문이 분석된다.

④ 단위

단어	내용분석에 있어서 최소의 단위로서 복합단위도 포함된다.
명제	단위로서 가장 간단한 것은 단문인데, 주어와 술어로 된 것을 말한다.

인물	소설이나 연극, 전기 같은 것을 분석할 때 또는 역사적 인물이나 픽션의 인물을 중심으로 이야기가 전개될 때 단위가 분석의 기초로서 가장 적합하다.
항목	소재의 제작자가 자연의 단위 전체를 말하는 것으로서 내용분석에서 가장 많이 이용된다.
지면 및 횟수	항목에 의한 분석이 아니라 인쇄물의 경우 난의 길이, 면수, 행수, 절 등이고, 영화의 경우 필름의 길이, 라디오의 경우라면 할당시간 등에 의하여 분류 · 연구할 수 있다.

조사보고서 작성

제목	조사의 제목, 조사를 의뢰한 기관명, 조사를 수행한 기관명, 보고서 작성일자 등을 기록한다.
목차	조사보고서를 읽는 사람의 편의를 도모하기 위하여 일련번호, 제목명, 페이지 수를 기록하고 뒷부분에 부록을 삽입한다.
요약	보고서의 전체를 읽어보려면 상당한 기간과 노력이 필요하므로 조사의뢰자가 빠르게 전반적인 윤곽을 파악하기 위하여 요약본을 읽고 전체의 흐름을 알 수 있게 해 준다. 보통 요약은 조사가 이루어진 배경 및 상황을 설명하고 조사의 결과를 제시하여 그 결과를 토대로 결론을 도출할 수 있게 한다.
서론	보고서의 내용을 이해하는 데 필요한 조사의 목적과 연구가설을 포함시켜야 한다. 보통 연구에 필요한 기본적 개념 정의와 기존연구들을 간략하게 서술할 수 있으며, 서론을 봄으로써 어떤 연구를 하려고 하는 것을 개괄적으로 파악할 수 있게 해야 한다.
방법론	연구에 대한 가설이나 검증을 하기 위해 조사결과를 어떤 방법으로 분석하였는가를 기술하는 것이다.
연구결과	조사의 목적에 맞게 분석된 결과를 논리적으로 알기 쉽게 해석해 놓아야 한다.
한계	조사결과에 대한 조사자의 평가를 기술하게 된다. 모든 조사에서는 미비점이 있기 때문에 솔직한 의사결정자의 편견을 예방할 수 있고 한계점을 명시해야 한다.
결론 및 제언	결과로부터 논리적으로 도출되는 것으로 결과와 정보요구를 연계시켜 의견을 제시할 수 있다. 제언은 의사결정자의 경험이나 판단에 의해 조사결과를 검토하여 나올수 있다.
부록	본문에 필요하지는 않지만 참고가 되는 자료를 수록하는 부분으로, 복잡하고 기술적인 면에서 관심이 있는 사람을 위해서 수록되어야 한다. 부록에는 질문지, 본문에 수록하지 않은 자료, 표나 그림, 색인 등을 첨부한다.

2과목 | 사회복지조사론

[적중문제]

정답 및 해설 293p

□ 1 과목 ☑ 2 과목

01 지식탐구방법 중 사회적인 습관이나 관습에 의해 비판 없이 그대로 수용하여 지식을 형성하는 방법은?

① 관습에 의한 방법
② 권위에 의한 방법
③ 직관에 의한 방법
④ 논리에 의한 방법
⑤ 합의에 의한 방법

02 과학적 지식의 특징으로 올바르게 짝 지어진 것은?

① 재생 가능성, 창조성, 반복성
② 창조성, 경험성, 객관성
③ 재생 가능성, 경험성, 객관성
④ 추상성, 반복성, 창조성
⑤ 창조성, 주관성, 경험성

03 귀납법과 연역법에 관한 설명으로 옳은 것은?

① 귀납법과 연역법은 상호 배타적이다.
② 귀납법은 이론에서 조작화와 관찰로 이어진다.
③ '모든 사람은 죽는다'와 같은 명제에서 시작하는 것은 귀납법이다.
④ 연역법은 개별 사례의 관찰에서 출발한다.
⑤ 경험적 관찰에서 보편적 유형을 찾는 것은 귀납법이다.

04 연역법의 특징이 아닌 것은?

① 전통적인 과학적 조사의 방법이다.
② 일반적인 것으로부터 특수한 것을 추론해 내는 접근방법이다.
③ 경험주의자들이 주로 사용하는 방법이다.
④ 연역법의 대표적인 예로는 삼단논법이 있다.
⑤ 연구주제를 가설의 형태로 만들어 실증적으로 증명할 수 있다는 가정에서 출발한다.

05 다음 〈보기〉에서 설명하는 과학철학은?

가. 일반적인 진술과 명제는 경험적으로 검증될 때 의미가 있다.
나. 형이상학적 명제나 진술을 배제하고 검증 가능성의 원리에 적용될 수 있는 프로토콜 명제만을 추구한다.

① 귀납주의
② 연역주의
③ 논리적 실증주의
④ 경험주의
⑤ 반증주의

06 사회과학의 한계와 관계없는 것은?

① 시간적, 지리적 제한성
② 윤리적 문제
③ 통제, 조작의 제한성
④ 연구자의 가치중립성
⑤ 인간에 대한 예측의 제한성

07 조사자가 원하는 방향으로 사회적 상황을 변화시키는 현상을 무엇이라고 하는가?

① 피델리론 효과
② 호손 효과
③ 할로 효과
④ 패러다임
⑤ 방법론

08 가설의 유형 중 인과관계를 밝히는 가설은?

① 일반 가설
② 지엽적 가설
③ 식별가설
④ 설명적 가설
⑤ 영가설

09 두 변수의 중간에 놓여서 징검다리와 같이 두 변수를 연결해 주는 변수는?

① 독립변수   ② 종속변수
③ 매개변수   ④ 외생변수
⑤ 왜곡변수

10 다음 〈보기〉에서 조사문제의 선정기준으로 옳은 것을 모두 고른다면?

> ● 보기 ●
>
> 가. 독창성
> 나. 경험적 검증가능성
> 다. 윤리적 배려
> 라. 현실적 제한

① 가, 나, 다   ② 가, 다
③ 나, 라   ④ 라
⑤ 가, 나, 다, 디

11 조사의 유형에 관한 설명으로 옳은 것은?

① 질적조사는 평가연구에 활용될 수 없다.
② 시계열설계 유형은 평가연구에 활용될 수 없다.
③ 내용분석은 인간의 의사소통기록을 분석한다.
④ 코호트(Cohort)조사는 구축된 패널을 매회 반복 조사한다.
⑤ 종단연구로는 특정 현상의 추이를 분석할 수 없다.

12 다음 〈보기〉 중 탐색적 조사의 연구유형에 속하는 것을 모두 고른다면?

> ● 보기 ●
>
> 가. 문헌조사   나. 경험자 조사
> 다. 특례조사   라. 설명적 조사

① 기, 니, 다   ② 가, 다
③ 나, 라   ④ 라
⑤ 가, 나, 다, 라

13 사전조사에 대한 설명으로 옳지 않은 것은?

① 본 조사를 수행하는 데 필요한 정보를 수집할 수 있다.
② 질문지의 언어구성상 문제를 수정하는 데 도움이 된다.
③ 본 조사의 핵심문항으로 구성된 약식 질문지로 수행한다.
④ 사전조사의 대상자는 본 조사의 표본이 될 수 없다.
⑤ 본 조사에 들어가기 전에 시범 적용하는 것이다.

14 횡단연구와 종단연구에 관한 설명으로 옳은 것은?

① 일정기간에 걸쳐 발생하는 변화에 관한 연구는 종단연구이다.
② 횡단연구는 상대적으로 비용이 많이 든다.
③ 종단연구는 한 시점에서 대상을 관찰한다.
④ 동일대상을 반복 관찰하는 것은 횡단연구이다.
⑤ 특정 집단의 변화에 대한 횡단연구는 경향연구(trend study)이다.

15 다음 중 종단적 조사의 특징이 아닌 것은?

① 시간의 흐름에 따라 조사대상이나 상황의 변화를 측정하는 방법이다.
② 장기간에 걸쳐 자료수집이 가능하다.
③ 패널조사, 경향조사, 동년배 조사 등이 있다.
④ 조사결과 얻어진 자료는 변화분석에 의해 분석된다.
⑤ 일정시점에서 측정하므로 정태적인 성격을 갖는다.

16 다음 〈보기〉 중 현지조사방법에 해당하는 것을 모두 고른다면?

보기

가. 관찰방법　　　나. 면접방법
다. 사례연구방법　　라. 통계조사방법

① 가, 나, 다　　　② 가, 다
③ 나, 라　　　　　④ 라
⑤ 가, 나, 다, 라

17 다음 〈보기〉 중 기술적 조사로 구분된 것을 모두 고른다면?

━━━━ 보기 ━━━━

가. 문헌조사   나. 횡단적 조사
다. 특례분석   라. 종단적 조사

① 가, 나, 다   ② 가, 다
③ 나, 라   ④ 라
⑤ 가, 나, 다, 라

18 다음 〈보기〉 중 종단적 조사의 종류를 모두 고른다면?

━━━━ 보기 ━━━━

가. 패널조사   나. 경향조사
다. 동년배 조사   라. 표본조사

① 가, 나, 다   ② 가, 다
③ 나, 라   ④ 라
⑤ 가, 나, 다, 라

19 측정오류를 최소화하는 방법으로 옳은 것은?

① 표본의 수를 늘린다.
② 측정도구에 대한 사전교육을 충분히 한다.
③ 측정도구 내의 항목들을 포괄적으로 표현한다.
④ 측정시간을 최소한으로 줄인다.
⑤ 측정문항을 최소한으로 줄인다.

20 리커트(Likert) 척도에 관한 설명으로 옳은 것은?

① 비율척도이다.
② 개별문항의 중요도는 동등하지 않다.
③ 단일 문항으로 측정하는 장점이 있다.
④ 질적 조사에서 보편적으로 사용된다.
⑤ 척도나 지수 개발에 용이하다.

21 한 가지 현상을 설명하기 위해서 단일 현상을 여러 가지 현상으로 세분하는 방법은?

① 소시오메트리 척도
② Q분류 척도
③ 리커트 척도
④ 서스톤 척도
⑤ 거트만 척도

22 다음 〈보기〉의 (   ) 안에 들어갈 말로 적당한 것은?

> ● 보기 ●
>
> (   )란, 측정도구에 의해 도출되는 특정값들이 얼마나 일정하게 산출되는지를 나타낸다.

① 타당성   ② 신뢰성
③ 지수   ④ 지표
⑤ 척도

23 모든 항목들에 대해 동일한 가치를 부여하는 단순 합에 의한 합산법 척도방법은?

① 서스톤 척도
② 보가더스 척도
③ 거트만 척도
④ 리커트 척도
⑤ 어의 구별 척도

24 신뢰도의 평가방법 중 비슷하지만 다른 두 개의 측정도구로 동일한 대상을 차례로 측정하는 방법은?

① 검사 - 재검사법
② 반분법
③ 대안법
④ 크론바흐 알파계수법
⑤ 요인분석법

25 다음 〈보기〉 중 리커트 척도의 장점을 모두 고른다면?

> 가. 용이성
> 나. 일관성
> 다. 객관성
> 라. 표본의 대표성 확보의 용이

① 가, 나, 다
② 가, 다
③ 나, 라
④ 라
⑤ 가, 나, 다, 라

26 다음 〈보기〉 중 서열척도의 예를 모두 고른다면?

> 가. 지능지수
> 나. 지체장애등급
> 다. 운동선수 등번호
> 라. 소득수준

① 가, 나, 다   ② 가, 다
③ 나, 라   ④ 라
⑤ 가, 나, 다, 라

27 모레노가 발전시킨 인간관계의 측정 방법으로, 집단구성원 간 친화와 반발을 조사하여 그 빈도와 강도에 따라 집단구조를 이해하는 척도는?

① 리커트 척도화
② 거트만 척도화
③ 보가더스 척도화
④ 소시오메트리
⑤ 서스톤 척도화

28 거트만 척도의 장점이 아닌 것은?

① 예측성이 있다.
② 경험적 관측을 토대로 척도가 구성됨으로써 이론적으로 우월하다.
③ 복잡한 계량적 과정없이 쉽게 서열적으로 척도화할 수 있다.
④ 단일차원적이다.
⑤ 두 개 이상의 변수를 동시에 측정하는 다차원적 척도로서 사용되기에 적합하다

2과목 | 사회복지조사론

29 실험조사설계 중 실험대상의 무작위 할당과 실험변수의 조작이 모두 불가능한 경우는?

① 순수실험설계
② 준실험설계
③ 전실험설계
④ 비실험설계
⑤ 유사실험설계

30 실험설계에서 종속변수에 미치는 독립변수의 효과를 무엇이라고 하는가?

① 주시험효과
② 상호작용 시험효과
③ 상호작용효과
④ 외생변수효과
⑤ 주효과

31 단일사례연구에 관한 설명으로 옳지 않은 것은?

① 단일사례로서 개인, 가족, 단체 등이 분석대상이다.
② 여러 명의 조사대상들에게 개입시기를 다르게 하면 우연한 사건효과를 통제할 수 있다.
③ 기초선으로 성숙효과를 통제할 수 있다.
④ 측정을 위한 비관여적 관찰도 가능하다.
⑤ 비반응성 연구의 한 유형이다.

32 동일문제와 대상에 대해 각기 다른 개입방법을 적용하는 단일사례 설계방법은?

① 복수기초선 설계
② 복수요소설계
③ ABAB설계
④ ABA설계
⑤ BAB설계

33 동일 사례와 개입방법이 각기 다른 환경들에서 어떻게 나타나는지 혹은 동일 사례와 동일 환경을 두고서 각기 다른 표적행동들에서는 어떤 효과가 나타나는지를 확인하는 데 적절한 단일사례 연구설계는?

① 기본설계
② 복수요인설계
③ 반전설계
④ 복수기초선설계
⑤ 선개입설계

34 각기 다른 사회복지서비스들의 효과성을 측정하는 데 실용적인 단일사례 연구는?

① AB디자인   ② ABC디자인
③ ABAB디자인   ④ BA디자인
⑤ ABCD디자인

35 정해진 관찰기간 동안 일어난 표적행동의 빈도를 기록하는 것은?

① 시간간격 기록
② 빈도기록
③ 지속시간 기록
④ 정도기록
⑤ 간헐점검 기록

36 자기기입식 설문조사에 비해 면접설문조사가 갖는 장점을 모두 고른 것은?

보기

가. 자료입력이 편리하다.
나. 응답의 결측치를 최소화한다.
다. 조사대상 1인당 비용이 저렴하다.
라. 개방형 질문에 유리하다.

① 가, 나, 다   ② 가, 다
③ 나, 라   ④ 라
⑤ 가, 나, 다, 라

37 다음 〈보기〉 중 비구조화된 면접의 장점을 모두 고른다면?

가. 융통성이 있다.
나. 높은 타당도를 가진다.
다. 의미의 표준화가 가능하다.
라. 시간, 인력, 비용이 절감된다.

① 가, 나, 다 　　② 가, 다
③ 나, 라 　　④ 라
⑤ 가, 나, 다, 라

38 다음 〈보기〉 중 폐쇄형 질문의 장점을 모두 고른다면?

가. 신뢰성 있는 응답의 확보 가능
나. 어떤 상황에 대한 기본적인 쟁점이 무엇인지 탐색하려고 할 때 유용
다. 소득수준과 같이 구체적으로 밝히기 어려워하는 질문에 유용
라. 응답자의 감정을 개인적으로 진술하는 데 압력을 가하지 않음

① 가, 나, 다 　　② 가, 다
③ 나, 라 　　④ 라
⑤ 가, 나, 다, 라

39 일반적으로 질적 연구에서 사용되는 표집방법이 아닌 것은?

① 극단적 사례(extreme case)표집
② 전형적 사례(typical case)표집
③ 눈덩이(snowball)표집
④ 편의(convenience)표집
⑤ 체계적(systematic)표집

40 표본조사설계를 할 때 표집설계에서 가장 먼저 해야 할 것은?

① 모집단 설정
② 표집틀 설정
③ 표집방법 결정
④ 표집도구 설정
⑤ 표집크기 결정

41 확률표본추출방법 중 모집단으로부터 일정한 순서에 따라 표본을 추출하는 방법은?

① 층화표집
② 단순무작위 표집방법
③ 계통표집
④ 유의표집
⑤ 집락표집

42 모집단을 일정기준에 따라 하위집단으로 구분한 후 각 하위집단별로 표본을 추출하는 방법은?

① 집락표집
② 층화표집
③ 단순무작위 표집
④ 계통표집
⑤ 편의표집

43 다음 중 표집의 장점이 아닌 것은?

① 비용의 절감
② 조사시간을 단축
③ 모집단 전체조사가 불가능한 경우 유용
④ 일반화 가능성이 높음
⑤ 조직적 반발의 방지

44 모집단을 명확히 확정하기 위한 주요 요소들로 묶여진 것은?

> **보기**
>
> 가. 연구대상   나. 표본단위
> 다. 범위   라. 시간

① 가, 나, 다   ② 가, 다
③ 나, 라   ④ 라
⑤ 가, 나, 다, 라

45 욕구조사의 방법으로 각각 바르게 짝 지어진 것은?

─● 보기 ●─

가. 기존자료를 활용하는 방법

나. 전문가를 대상으로 직접 수집하는 방법

다. 지역의 일반주민을 대상으로 직접 수집하는 방법

    가 – 사회지표조사
① 나 – 델파이조사
    다 – 지역사회 서베이

    가 – 서비스이용기록분석
② 나 – 주요정보제공자 조사
    다 – 이차적 자료분석

    가 – 델파이조사
③ 나 – 주요정보제공자 조사
    다 – 공청회

    가 – 서비스이용기록분석
④ 나 – 지역사회 서베이
    다 – 이차적 자료분석

    가 – 델파이조사
⑤ 나 – 공청회
    다 – 사회지표조사

46 다음 〈보기〉의 지역사회 욕구조사방법 중 델파이기법의 원리와 관련된 개념을 모두 고른다면?

─● 보기 ●─

가. 익명성

나. 반복성

다. 통제된 환류

라. 통계적 처리, 합의

① 가, 나, 다
② 가, 다
③ 나, 라
④ 라
⑤ 가, 나, 다, 라

47 다음 중 사회복지기관에서 실시한 서비스의 효과를 측정하는 조사는?

① 평가조사
② 관찰법
③ 욕구조사
④ 질문지 조사
⑤ 사례조사

48 내용분석의 방법으로 말의 상징과 맥락 간에 존재하는 연계와 그 밀도를 찾아내는 방법은?

① 분할분석 ② 질적 분석
③ 강도분석 ④ 원자분석
⑤ 양적 분석

49 다음 〈보기〉에서 설명하는 조사보고서의 유형은?

조사문제와 관련된 사회적 현상의 특성과 변수 간의 상호관계성을 서술하기 위해서 수행된 조사의 결과보고서이다.

① 탐색적 조사보고서
② 기술적 조사보고서
③ 설명적 조사보고서
④ 제안적 조사보고서
⑤ 계획적 조사보고서

50 질적 연구의 조사도구에 관한 설명으로 옳은 것을 모두 고른 것은?

가. 서비스평가에서 정성적 차원을 분석할 수 있다.
나. 양적도구가 아니므로 신뢰도를 따질 수 없다.
다. 연구자 자신이 도구가 된다.
라. 구조화와 조작화의 과정을 거친다.

① 가, 나, 다 ② 가, 다
③ 나, 라   ④ 라
⑤ 가, 나, 다, 라

사회복지실천

03

사회복지실천론

[핵심요약]

사회복지 일반

1 사회복지의 정의

사회복지란 사회구성원들이 기존의 사회제도를 통하여 자신의 기본적인 욕구를 충족시키는 데 어려움을 겪고 있거나 어려움이 예상될 때, 그 욕구를 충족시킬 수 있도록 도움을 제공하는 조직화된 사회적 활용의 총체이다.

2 사회복지의 관점 변화

① 자선에서 시민의 권리로 변화

② 특수성에서 보편성으로 변화

③ 최저조건에서 적정수준으로 변화

④ 개인으로부터 사회개혁으로 변화

⑤ 잔여적 개념에서 제도적 개념으로 변화

3 사회복지의 제도직 개념

① 시장이나 가족제도가 수행하지 못하는 기능을 사회제도로서 수행하는 것은 제도적 개념이다.

② 개인과 사회의 복지를 국가가 책임진다는 것을 강조한다.

③ 국가와 사회는 모든 사람들이 각자 능력을 최대한 발휘하고 사회기능을 향상할 수 있도록 사회복지서비스를 제공할 책임이 있다고 본다.

④ 서비스는 포괄적으로 제공한다.

4 사회복지의 잔여적 개념

① 개인복지의 1차적 책임은 개인과 시장경제에 있다.

② 시장경제 개념을 바탕으로 한다. 즉, 시장제도나 가족제도의 실패를 보충하는 기능이라고 본다.

③ 사회복지는 일시적이며 보완적인 기능을 한다. 잔여적 개념은 사회복지가 독립된 제도가 아니라 응급적이고 일시적인 지원체계라고 본다.

④ 사회복지의 수혜자가 되는 것은 수치스럽다고 생각할 수 있다.

⑤ 서비스는 일정한 수준 이하의 사람들에게 한시적 · 선택적으로 제공된다.

⑥ 좁은 의미의 사회복지라고 할 수 있으며 이러한 경우에 클라이언트들은 서비스를 받는 것을 일종의 낙인으로 생각하고 있다.

 ## 사회복지실천

1 사회복지실천의 정의

사회복지실천이란 개인, 집단 그리고 지역사회로 하여금 그들 각자의 사회적 기능을 증진 · 회복하도록 원조하고 그들의 목적에 알맞은 사회적 조건들을 창출하도록 원조하는 전문적인 활동이다.

2 사회복지실천의 목표

① 클라이언트에게 가장 시급한 문제 해결

② 단기간에 달성할 수 있어 성취감을 느낄 수 있는 것

③ 클라이언트에게 다른 목표에 도전할 수 있는 동기를 부여하는 것

④ 사회복지사의 능력과 기관의 기능상 무리없이 달성할 수 있는 것

3 사회복지실천의 기능

① 사람들이 자기 자신의 대처능력을 높일 수 있도록 돕는다.

② 사람들이 사회자원을 활용할 수 있도록 돕는다.

③ 가까운 환경에 있는 사람들과의 교류를 촉진한다.

④ 조직은 사람들의 요구를 충족할 수 있도록 돕는다.

⑤ 조직 간의 교류 · 협력을 촉진한다.

⑥ 사회정책이나 환경의 발전을 목표로 활동한다.

④ 사회복지실천의 이념

① 최초의 사회복지실천이념은 박애사상으로 자선조직협회의 철학이다.

② 민주주의의 등장으로 클라이언트에 대한 선택적 봉사철학이 강화되었다.

③ 개인주의는 클라이언트의 개인적 특성, 즉 개별화를 중시하는 데 기여하였다.

④ 다양화라는 시각에서 역량강화와 권한부여에 대해 논의하게 되었다.

사회복지사의 역할

상담가	개인, 가족, 집단을 대상으로 이들이 갖고 있는 자신의 감정을 보다 잘 이해하고, 행동을 수정하며, 문제상황에 대처하기 위하여 도움을 준다. 또한 이들이 갖고 있는 심리적 · 정서적 문제를 해결하기 위하여 심리치료사나 상담가의 역할을 수행한다(전문적 지식과 기술 필요).
정보제공자 · 교육자	클라이언트가 문제를 예방하거나 사회적 기능을 향상하는 데 필요한 지식과 기술을 갖추도록 도와준다.
중개자	클라이언트에게 적절한 인간서비스와 지역사회의 자원을 연결시켜주는 역할을 한다.
사례관리자	다양한 프로그램이나 기관에 의해 제공되는 다중적 서비스를 활용해야만 하는 역할로, 클라이언트의 욕구와 문제를 확인하고 이러한 문제를 해결하기 위해 필요한 자원이나 서비스를 개발하고 연계시켜 주며, 이러한 서비스가 서비스의 목표에 따라 지속적으로 잘 제공되고 있는지를 관리하고 도와준다.
중재자	개인 간 또는 서로 다른 두 집단 간의 이해관계 갈등을 해결하여 서로 만족스런 결과를 얻을 수 있도록 도움을 주는 역할을 한다.
대변자 · 옹호자	클라이언트 개인이나 집단의 권익보호를 위해 클라이언트를 대신해서 새로운 자원이나 서비스 제공을 촉구하는 정치적 역할을 한다.
조직분석가	자신이 소속된 기관의 조직이나 정책, 서비스 전달체계와 과정 등을 분석하여 보다 효과적으로 운영될 수 있는 복지기관이나 조직을 만드는 역할이다.
자문가	한 명의 전문가가 다른 전문가에게 동료로서 충고를 제공한다.
연구자	자신이 제공한 서비스를 과학적이고 체계적으로 평가하는 연구자의 역할이 강조된다.

사회복지실천의 역사적 발달과정

엘리자베스 구빈법(1601)	• 빈민구제에 대한 정부책임을 인식 • 영국 빈민법 체계의 기초
정주법(1662)	부랑인 단속법
작업장법 (1722)	노동이 가능한 빈민을 고용하여 국가적 부의 증대에 기여하고자 하는 목적에서 제정되었다. 동시에 빈민에게 노동을 강제함으로써 구빈재정의 지출을 줄여보자는 의도가 있음
길버트법(1782)	작업장에서의 빈민들의 비참한 생활과 착취를 개선할 것을 목적으로 한 법
스핀햄랜드법 (1795)	최저생활비 미달의 임금에 대해서 그 부족분을 보조해 주는 제도로 오늘날 가족 수당이나 최저생활보장의 기반
신구빈법 (1834)	• 균일처우의 원칙(The Principle of National Uniformity) • 열등처우의 원칙(The Principle of Less Eligibility) • 작업장 활용의 원칙(The Principle of Workhouse System)
자선조직협회 (1869)	• 빈곤에 대한 서비스 제공에 있어 원조의 대상자를 가치있는 자와 가치없는 자로 구분 • 빈곤자의 환경조사를 통해 낙인감이나 수치심을 초래한다 할지라도 빈곤의 관점은 보수적인 성향이 강한 개인 책임을 강조 • 인간은 자립이 가능하다고 보고 자립의 실패를 환경적 요인보다 빈곤자의 도덕적 개혁에 초점
인보관운동 (1884)	• 빈민지구 실제조사 • 인도주의 • 교육과 문화적인 활동 • 보건문제 • 체육관 설치 • 인보관 설립, GW의 기반
베버리지보고서 (1942)	• 장애급여의 원칙 • 정액기여의 원칙 • 포괄성의 원칙 • 급여 적절성의 원칙 • 행정책임 통합의 원칙 • 피보험자 구분의 원칙

개별사회사업의 제 모형

1 심리사회모형

① 진단주의 : 프로이트의 정신분석이론과 성격이론을 받아들여 원조과정에서 클라이언트의 유아기 체험 및 퍼스낼리티 등을 중시하여 진단과 치료를 하는 케이스워크 방식이다. 클라이언트의 과거경험을 중시하며 워커의 도움으로 자아의 힘이 강화될 수 있다고 본다.

② 기능주의 : 개인의 의지를 강조하며 인간을 창의적·의지적 존재로서 낙관적 관점에서 보고 있다.

2 문제해결모형

① 문제해결모형의 구성요소 : 4P(사람, 문제, 장소, 과정)와 6P(4P + 관계, 원조를 구하는 타인)

② 인간생활을 문제해결의 과정으로 보고 기술을 가르치는 것으로 본다.

3 행동주의 모형

① 관찰되는 행동에 초점을 두어 문제행동을 수정한다.

② 클라이언트 자신에 의한 자기치료를 촉진시킬 수 있다.

4 과업중심모형

① 클라이언트의 표현된 욕구에 초점을 두고 그것을 존중한다.

② 시간 제한적인 계획된 단기성을 갖는다.

③ 치료 초점이 특정화되어 2 ~ 3가지 문제로 구체화된다.

④ 클라이언트의 심리 내적인 과정보다는 현재의 활동을 강조한다.

⑤ 객관식 조사연구를 강조하는 경험지향성이다.

5 위기개입모형

① 위기상황에 처해 있는 개인이나 가족을 초기에 발견하여 초기단계에 원조활동을 한다.

② 위기상황에 직접 초점을 둔다.

6 체계모형

① **생활모형** : 환경의 제 요소와 끊임없이 상호교류하는 인간의 적응적 · 진화적인 성격을 조명한다.
② **체계모형** : 개인과 환경 간의 관계를 설명한다(환경 속의 인간).

사회복지실천현장

1 의의

사회복지실천분야 또는 서비스의 초점이 되는 문제영역을 포괄하는 개념으로 클라이언트에게 서비스를 제공하기 위해 직접적 · 간접적으로 관련되는 모든 현장을 뜻한다. 이때 실천현장은 단순히 장소 개념을 넘어 사회복지실천이 이루어지고 있는 모든 전문분야를 말한다.

2 1차 현장과 2차 현장

1차 현장	2차 현장
• **사회복지사가 실천하는 장에 대응하여 형성되고 발전된 실천범주** : 공공 혹은 민간사회기관, 정부 또는 비정부기관, 작업현장 · 병원 · 군사기지와 같은 특수기관 • **사회복지사가 개입하는 사회문제** : 아동 · 노인 · 배우자 학대, 물질 남용, 노숙자, 만성정신 질환, 빈곤 등 • **사회복지사가 지원하는 클라이언트 집단** : 아동, 청소년, 가족, 노인, 인종 및 민족, 난민	부가적인 역할을 수행하는 사회복지 현장, 보건 및 정신보건, 교육, 주택공급, 고용, 사법체계, 소득이전

사회복지실천 대상체계

미시체계	• 개인에게 있어 가장 친밀한 상호작용에 사회복지사가 직접적으로 개입하여 활동하는 방법 • **실천대상** : 개인, 가족(부부, 부모와 아동, 기타 가족구성원), 소집단 • 케이스워크, 사례관리, 상담
중범위체계	• 가족 • **항상성** : 현재 상태를 유지하고 변화에 저항함으로써 평형상태가 균형을 찾으려는 체계 내의 경향성 • **가족규칙** : 반복적인 가족기능을 만들어내는 가족이 공유하는 규범이나 가치관의 기제 • **가족신화** : 가족구성원 개개인과 그들 사이의 관계에 대한 기대와 공유된 믿음으로 구성 • **가족의식** : 결혼식, 생일파티, 장례식 등의 가족의식은 가족의 발달적 전이와 변화를 촉진시키며 가족생활에 중요한 역할을 한다.
거시체계	• 사회구성원 개개인의 사회적 기능을 향상시키기 위한 사회환경의 개선과 변화에 초점을 두고 사회복지사가 활동하는 방법 • **실천대상** : 지역사회, 전체사회, 공식적인 조직과 기관 등

 사회복지실천의 통합적 접근

① 통합적 접근의 의의

사회복지사가 개인, 집단, 지역사회에서 제기되는 사회문제에 활용할 수 있는 공통된 원리나 개념을 제공하는 방법의 통합화를 의미한다.

② 통합적 접근의 특징

① 통합적 방법은 사회복지실천에 본질적인 개념, 활동, 기술, 과업 등에 공통적인 기반이 있음을 전제한다.

② 통합적 방법의 가치는 클라이언트의 잠재성을 인정하며 이들 잠재성이 개발될 수 있다고 보고 미래지향적인 접근을 강조한다.

③ 통합이론의 발달배경

① 사회변화에 따른 새로운 복잡한 문제상황에 포괄적 대처가 필요하였다.

② 다양한 문제와 복합적 욕구를 가진 클라이언트의 출현이 증가하였다.

③ 사회복지 내・외적 환경의 욕구에 대한 포괄적이고 체계적인 방법론이 등장하였다.

④ 단일화된 접근방법이 강조되었다.

④ 통합방법론의 모델

① 핀커스와 미나한의 4체계모델 : 변화매개인체계, 클라이언트체계, 표적체계, 행동체계

② 골드스타인의 단일체계모델 : 단일화 모델은 사회체계모델, 사회학습 또는 문제해결모델 그리고 과정모델을 준거틀로 하여 결합한 모델로 과정모델을 특히 강조하였다.

③ 펄만의 문제해결모델 : 이 모델은 자아개념을 중시하면서 클라이언트 자신이 문제해결자임을 강조하였다(사람, 문제, 장소, 과정).

④ 저매인과 기터맨의 생활모델 : 생활모델은 문제를 병리적 상태의 반영이 아닌 사물, 사람, 장소, 조직, 아이디어, 정보, 가치들과 같은 생태체계의 요소, 즉 전체의 부분들 간의 상호작용의 결과로 보고 있다(역량강화 강조).

콤튼과 갤러웨이의 6체계

변화매개체계	사회복지사는 변화매개인으로 볼 수 있고 변화매개인은 계획적인 변화를 목적으로 특수하게 고용된 돕는 사람을 의미한다.
클라이언트체계	클라이언트는 도움을 요청하여 변화매개인인 사회복지사의 서비스를 제공받는 개인, 가족, 집단, 기관 또는 지역사회를 포함시킨다.
표적체계	변화매개인이 목표로 정해진 것을 성취하기 위해 영향을 주거나 변화시킬 필요가 있다고 느끼는 사람들을 말한다.
행동체계	변화매개인은 변화시키려고 혼자서 노력하는 것이 아니고 다른 사람들과 함께 일을 한다. 사회복지사가 변화 노력에서 그의 과업을 완수하고 목표를 달성하기 위하여 상대하는 사람들을 말한다.
전문가 체계	사회복지사들로 구성되어 사회복지사의 권익과 전문성을 높이기 위하여 조직된 사회복지사협회나 사회복지기관과 시설들의 연합으로 구성된 사회복지협의회나 사회복지기관 및 시설협회 등이 포함된다.
문제인식체계	잠재적 클라이언트를 사회복지사의 관심영역으로 끌어들이기 위해 행동하는 체계를 말한다.

생태체계이론

생태체계이론의 의의	생태학 이론은 환경과 상호작용하고 다른 사람과 관계를 맺는 인간의 능력은 타고난 것이라는 데 기반을 둔다.
기본개념	• **적응** : 인간의 내적 영향력과 생태적 환경의 영향력에 의해 이루어지는 상호의존적 과정이다. • **공생** : 상호작용을 통하여 한쪽 또는 상호이익을 주는 두 종 간에 빈번한 상호작용을 말한다. • **전문화** : 종(種)이 보다 경쟁적이며 변화하는 환경에 성공적으로 대처하기 위하여 적응해 가는 형태를 말한다. • **활동공간** : 특정한 종(種)이 생태체계 안에서 생존하며 건강을 유지하고 재생산을 하기 위하여 요구되는 물리적 · 화학적 · 생물학적 요인을 말한다.

면접 일반

1 면접의 개념

① 면접은 사회복지실천에서 가장 중요한 수단이며 기법이다.

② 사회복지사와 클라이언트 간의 관계형성은 이러한 면접과정을 통해서 구체화될 수 있는것이다.

③ 면접은 사회복지사와 클라이언트 사이의 일련의 의사소통으로 사회복지개입의 주요도구이다.

2 면접의 특징

① **맥락이나 장** : 클라이언트에게 서비스를 제공하는 특정한 기관이 있고 면섭의 내봉은 특성 상황에 한정되어 있어 관련되지 않은 요인들이 제거된다는 것이다.

② **목적과 방향** : 우연히 만나 정보를 교환하는 것이 아니라 구체적인 목표를 달성하기 위해 수행되는 과정이다.

③ **계약** : 면접은 클라이언트와 사회복지사가 목적달성을 위한 일련의 과정을 밟기로 상호합 의한 상태에서 진행함을 의미한다.

④ **관계** : 관련자들 간의 특정한 역할관계가 규정된다.

3 면접의 방법

관찰	클라이언트가 이야기하고 행동하는 모든 것에 주의를 기울여 클라이언트와 그의 문제를 이해하는 데 필요한 정보를 얻는 것이다.
경청	사회복지사가 클라이언트의 어려움에 공감하고 그가 원하는 반응을 하면서 잘 듣는 것이다.
질문	면접의 중심이 되는 기술로서 유능한 사회복지사는 몇 마디 질문으로 클라이언트에게 많은 것을 이야기하도록 해야 한다.
반영	클라이언트의 말과 행동에서 표현된 기본적인 감정, 생각 및 태도를 사회복지사가 다른 참신한 말로 부연해 주는 것이다.
명료화	클라이언트의 말 속에 내포되어 있는 것을 내담자에게 명확하게 해 주는 것이다.
직면	클라이언트가 모르고 있거나 인정하기를 거부하는 생각과 느낌을 규명하는 것이다.
대화	면접자는 클라이언트와 이야기할 때 그들이 사용하는 용어를 적절히 넣어서 대화내용이 이해가 되도록 전개하는 것이 매우 중요하다.
응답	면접자는 클라이언트로부터 난처한 사적 질문을 받을 때가 많은데 이럴 때는 당황하지 말고 간단히 정직한 응답을 하는 것이 바람직하다.
감정이입	다른 사람의 감정과 경험에 동참할 수 있는 능력을 말한다. 즉, 클라이언트의 생각, 감정, 행동의 세계를 상상을 통해 이해한다는 것을 의미한다.

면접의 기록방법

1 요약기록

① 요약기록은 사회복지기관에서 가장 많이 사용된다.

② 사실별, 인물별 등을 표제별로 요약 · 기술하는 것으로서 요약을 사용할 때는 반드시 자료의 출처를 밝혀야 한다.

③ 사례의 전체적 자료, 사회조사, 행동계획, 시간의 흐름에 따라 변화되는 상황, 개입활동, 중요한 정보 등을 요약하여 기록한다.

④ 복잡한 사례의 움직임에서 사례의 통일성과 방향을 정확하게 간추림으로써 사례기록의 내용을 강조한다.

2 이야기체 기록

① 가장 오래된 형태는 일기형식으로 씌어진 것이다.

② 사례가 장기간 계속될 경우에는 사건을 요약한 부분도 있다.

③ 이야기체 기록은 객관적 사건이나 사실을 그대로 기술하는 것으로 일기형식으로 기록한다.

3 문제중심기록

① 병원 또는 의료적 프로그램에서 사용되는 기록형식의 한 방법이며, 사회복지기관에서도 널리 사용되고 있다.

② 구성요소

  ㉠ 데이터베이스 구축

  ㉡ 문제목록 작성

  ㉢ 각 문제에 대한 목표와 계획

  ㉣ 사회복지활동을 통해 달성

③ SOAP 방식 사용 : 주관적 정보(S ; Subjective Information), 객관적 정보(O ; Objective Information), 사정(A ; Assessment), 계획(P ; Plan)

4 과정기록

① 사회복지사와 클라이언트가 면접 전개과정을 시간적 흐름에 따라 기술하는 방법이다.

② 과정기록은 면접 후 사회복지사가 모든 과정을 기억하여 기록해야 하므로 기록의 유용성은 사회복지사의 기억력에 많이 의존한다.

③ 시간의 소모는 많지만 사회복지사가 객관적으로 면접상황을 기억해 내어 지도감독에 활용한다면 면담기술의 발달에 매우 유용하게 사용될 수 있는 기록방법이다.

5 보조기록

① 메모 : 면접 중 메모는 세션(session) 후에 기록하는 것이 보다 편리하다.

② 녹음 및 녹화하기 : 녹음이나 녹화는 면접의 전 과정을 기록해 주므로 메모에 비해 훨씬 더 효과적이다.

비에스텍(Biestek)의 7대 관계론

개별화의 원리	인간은 개인이며 불특정한 한 인간으로서가 아니라 개별적 차이를 지닌 특정한 인간으로서 처우되어야 한다는 것이다.
의도적 감정표현	클라이언트의 감정, 특히 부정적 감정을 자유로이 표현하고자 하는 욕구에 대한 인식이다.
통제된 정서적 관여	이 관여는 통제되어지는 것으로 케이스의 총체적 목적에 따라서, 면접에서 클라이언트의 변화욕구에 따라, 워커의 전문적 판단에 따라서 그 방향이 설정되어야 한다는 것이다.
수용	클라이언트의 현실을 있는 그대로 받아들이는 것으로 사회복지사의 기본적 태도로 가장 중요시되고 있다.
비심판적 태도	케이스워크 기능이 문제 또는 욕구발생의 원인에 대해서 클라이언트가 유죄인가 무죄인가 또는 클라이언트에게 어느 정도 책임이 있는가 등을 말하는 것을 배제하는 것이다.
자기결정의 원칙	사회복지실천에서 클라이언트가 자신의 선택과 결정을 할 수 있는 자유와 권리 그리고 욕구를 실제로 인식하는 것이다.
비밀보장의 원칙	모든 클라이언트의 기본적 권리에 기초하며, 사회복지사의 윤리적 의무이자 사회복지서비스를 제공하기 위한 기본요건이다(절대적인 것은 아님).

사회복지의 실천과정

① 접수단계

① 접수란 문제를 가진 사람이 전문가의 도움을 받기 위해 사회복지기관에 찾아왔을 때 사회 복지사가 그의 문제와 욕구를 확인하여 그것이 기관의 정책과 서비스에 부합되는지의 여부를 판단하는 과정을 뜻한다.

② 접수는 원조과정의 가장 초기에 이루어지며 기관에 따라 접수만을 전문적으로 담당하는 사회복지사를 인테이크 사회복지사라 한다.

③ 접수과정은 클라이언트의 문제와 욕구를 분명하게 확인하는 것이며, 문제 확인 후에 클라이언트와 사회복지사는 원조의 목적을 분명히 하고 클라이언트의 욕구가 기관의 자원과 정책에 부합되는지의 여부를 판단해야 한다.

④ 접수단계의 과제 : 문제의 확인, 의뢰, 관계의 형성, 클라이언트의 동기화

② 자료수집 및 사정단계

① 자료수집 : 자료수집은 정보를 수집하는 것이고, 사정은 자료를 해석하고 자료로부터 추론하는 지적인 활동이다.

② 사정 : 클라이언트의 문제가 무엇인지, 어떤 원인으로 발생했는지, 그 문제를 해결하거나 감소시키기 위하여 무엇이 변화되어야 하는지에 대한 방법을 알아가는 과정이다.

③ 개입목표 설정 및 계약

① 목표 : 반드시 클라이언트가 바라는 바와 연결되어야 하며, 달성 가능하고, 사회복지사의 지식과 기술에 상응하며, 반드시 기관의 기능과 일치하여야 한다.

② 계약 : 목표설정이 끝나면 문제의 정의, 목표, 개입기법, 평가방법 등에 대해 사회복지사와 클라이언트가 동의하는 것이다.

④ 개입방법

① 직접적 개입방법

　ㄱ 문제해결능력 향상방법 : 정보제공, 조언, 격려, 재보증, 보편화

　ㄴ 행동변화를 위한 방법 : 강화, 행동연쇄, 용암법, 모델링, 타임아웃, 행동시연, 행동계획, 과제부여

　ㄷ 자아인식 및 자긍심 향상을 위한 방법 : 자기 대화, 도전, 자아존중감 향상, 환기법

　ㄹ 대인관계 향상을 위한 방법 : 역할전환, 빈의자 기법, 가족조각, 재구조화 등

② 간접적 개입방법

　ㄱ 프로그램 평가

　ㄴ 교육과 훈련

　ㄷ 계급옹호

　ㄹ 사회행동

⑤ 종결 및 평가

① 종결은 클라이언트의 전문적 관계가 종료되는 원조과정의 마지막 단계이다.

② 종결단계는 클라이언트가 개입단계에서 성취한 바를 유지하고 지속적으로 성장하는 데 큰 영향을 미친다.

사례관리

1 사례관리의 의의

클라이언트를 위한 모든 원조활동을 조정하는 절차를 말한다. 그러므로 사례관리는 직접적 서비스의 제공보다는 서비스의 조정과 연계에 초점을 두고 있다.

2 사례관리의 목적

① 서비스와 자원들을 활용하여 가능한 한 클라이언트 자신의 생활기술을 증진시킨다.
② 클라이언트의 복지와 기능을 향상시키기 위해 사회적 망과 관련된 대인복지서비스 제공자들의 능력을 향상시킨다.
③ 가능한 한 가장 효율적인 방법으로 서비스 및 지원을 전달하며 서비스의 효과성을 향상시킨다.

3 사례관리 개입원칙

① **서비스의 특별화** : 클라이언트의 독특한 신체적 · 정신적 · 사회적 상황에 따라 각 클라이언트의 욕구에 맞게 서비스를 제공하는 것이다.
② **서비스 제공의 포괄성** : 지역사회에서 클라이언트의 다양한 욕구를 충족시키기 위해 필요한 광범위한 지지를 연결하고 조정 · 점검하는 것이다.
③ **클라이언트의 자율성 극대화** : 클라이언트의 선택에 대한 자유를 최대화하고 지나친 보호를 하지 않는 것을 의미한다.
④ **서비스의 지속성** : 클라이언트를 장기간에 걸쳐서 지속적으로 돌볼 수 있어야 한다. 즉, 사례관리자는 클라이언트의 욕구를 점검하여 서비스를 지속적으로 제공하여야 한다.
⑤ **서비스의 연계성** : 복잡하고 분리되어 있는 서비스 전달체계 내의 서비스를 연결시켜야 한다. 이때 사례관리자는 다른 서비스 전달체계 간의 중재자 혹은 권익옹호자의 역할을 한다.

01 사회복지실천의 철학과 관계가 가장 먼 것은?

① 기회의 균등
② 자기결정
③ 인간의 존엄
④ 사회적 연대성 책임
⑤ 자선행위

02 사회문화적 영향이나 개인의 경험에 따라 찬반이 가능한 가치는?

① 궁극적 가치
② 절대적 가치
③ 차등적 가치
④ 수단적 가치
⑤ 형식적 가치

03 사회복지실천의 이념적 배경으로 옳지 않은 것은?

① 인도주의는 빈곤이나 장애를 클라이언트의 책임으로 돌렸다.
② 이타주의는 타인을 위하여 봉사하는 정신으로 실천되었다.
③ 개인주의는 수혜자격의 축소를 가져왔다.
④ 민주주의는 클라이언트의 자기결정권의 강조를 가져왔다.
⑤ 사회진화론은 사회통제의 기능을 갖는다.

04 사회복지사의 행동원칙이 아닌 것은?

① 클라이언트 개인의 권익보호를 위한 대변자로서 활동한다.
② 클라이언트에 대해 차별하지 않는다.
③ 클라이언트로부터 얻은 정보는 전문적 관계 외에는 비공개한다.
④ 클라이언트가 원하지 않는 개인의 사적인 부분까지 잘 알아둔다.
⑤ 클라이언트에게 자기결정이 될 수 있도록 원조한다.

05 간접적 개입에서 사회복지사의 역할로 적절하지 않은 것은?

① 자원과 클라이언트의 연계역할
② 서비스 전달의 조정역할
③ 클라이언트의 옹호역할
④ 교육자로서의 역할
⑤ 클라이언트의 대변자 역할

06 사회복지의 기본가치 중에서 사회적 책임에 가장 가까운 것은?

① 자기결정권의 존중
② 법과 규범의 준수
③ 개입의 개별성 인정
④ 개인의 존엄성 존중
⑤ 사회복지사의 전문성 향상

07 다음 〈보기〉는 사회복지의 어느 측면에서 보는 개념인가?

> • 개인과 사회의 복지를 국가가 책임진다는 것을 강조한다.
> • 국가와 사회는 모든 사람들이 각자 능력을 최대한 발휘하고 사회기능을 향상할 수 있도록 사회복지서비스를 제공할 책임이 있다고 본다.
> • 서비스는 포괄적으로 제공한다.

① 잔여적 개념
② 제도적 개념
③ 기능적 개념
④ 이론적 개념
⑤ 국가적 개념

08 문제해결모형에 대한 설명으로 맞는 것은?

① 워커는 클라이언트를 문제해결이 부족한 자로 보고 잠재능력의 향상을 도모한다.
② 개인을 성장 가능한 사람으로 본다.
③ 사회적 진단과 사회적 치료를 중요시한다.
④ 클라이언트의 체험이나 퍼스낼리티를 중요시하여 진단과 치료를 한다.
⑤ 예방을 지향한다.

09 인보관 운동과 관계있는 것을 모두 고른 것은?

> **보기**
>
> 가. 우애 방문   나. 연구 조사
> 다. 자산 조사   라. 함께 거주

① 가, 나, 다   ② 가, 다
③ 나, 라   ④ 라
⑤ 가, 나, 다, 라

10 자선조직협회(COS)의 설명으로 틀린 것은?

① 대상을 가치있는 자에게 한정
② 자산조사를 해서 수급자 선택
③ 사회개혁을 하려고 함
④ 개인주의적 빈곤관을 가짐
⑤ 서비스 수혜를 조정하였음

11 다음 〈보기〉 중 인보관에 대한 설명으로 옳은 것을 모두 고른다면?

> **보기**
>
> 가. 빈민들의 생활을 개선하는 것이 목적
> 나. 기독교 사회주의 사상에 기초
> 다. 빈민과 함께 생활하고 인격적으로 접촉
> 라. 소외계층을 자선의 대상으로 보고 이들을 구제하는 활동에 역점

① 가, 나, 다   ② 가, 다
③ 나, 라   ④ 라
⑤ 가, 나, 다, 라

12 사회복지사가 동료 사회복지사에게 청소년 프로그램 계획 수립에 관한 지도를 하였을 때의 역할은?

① 전문가   ② 조정자
③ 자문가   ④ 연구자
⑤ 분석가

13 사회복지실천현장 중 2차 현장인 것을 모두 고른다면?

 보기

가. 보건 및 정신보건
나. 교육
다. 주택공급
라. 병원 및 사회기관

① 가, 나, 다　　　② 가, 다
③ 나, 라　　　　　④ 라
⑤ 가, 나, 다, 라

14 다음 〈보기〉의 내용은 사회복지사의 어떤 역할에 대한 것인가?

보기

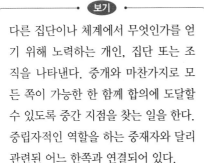

다른 집단이나 체계에서 무엇인가를 얻기 위해 노력하는 개인, 집단 또는 조직을 나타낸다. 중개와 마찬가지로 모든 쪽이 가능한 한 함께 합의에 도달할 수 있도록 중간 지점을 찾는 일을 한다. 중립자적인 역할을 하는 중재자와 달리 관련된 어느 한쪽과 연결되어 있다.

① 조력자의 역할
② 옹호자의 역할
③ 교육자의 역할
④ 협상가의 역할
⑤ 평가자의 역할

15 사회복지전담공무원의 업무가 아닌 것은?

① 국민기초생활보장법에 따라 수급대상자 선정과 생활보장급여 전달 등 생활보장 업무
② 사회보장기본법에 의한 제반 사회사업 업무 주관
③ 아동복지법에 따른 아동복지업무
④ 노인복지법에 따른 노인복지업무
⑤ 장애인복지법에 따른 장애인복지업무

16 가족체계 중 외부와의 상호작용과 출입을 엄격히 제한하는 체계는?

① 폐쇄형 체계
② 개방형 체계
③ 임의형 체계
④ 준개방형 체계
⑤ 자유방임형 체계

17 개방형 가족체계에 대한 설명으로 옳지 않은 것은?

① 구성원들의 행위를 제한하는 규칙은 집단의 합의과정에서 도출된다.

② 가족의 경계는 명확하고 고정적이다.

③ 가족의 영토는 더 큰 지역사회의 공간으로 확대된다.

④ 외부 문화도 가족공간으로 유입된다.

⑤ 개인은 다른 식구들에게 악영향을 주거나 가족규범을 위반하지 않는 범위 내에서 외부와의 왕래를 스스로 통제할 수 있다.

18 로스만의 지역사회모델 중 비행, 불량주택, 정신질환과 같은 근본적인 사회문제 해결을 지향하는 지극히 기술적인 과정은?

① 지역사회개발   ② 사회계획

③ 사회행동   ④ 정치적 행농

⑤ 지역사회연계

19 통합사회복지실천론의 특징이 아닌 것은?

① 사회사업실천에서 본질적 개념, 활동, 기술, 과업 등에 있어 공통적 기반이 있다.

② 사회복지의 개입은 인간 개인과 환경의 양면적 상호작용에 초점을 둔다.

③ 클라이언트의 참여와 자기결정을 극대화할 것을 강조한다.

④ 클라이언트의 잠재능력을 인정한다.

⑤ 과거의 심리 내적인 정신역동적 측면을 강조한다.

20 사회복지실천과정에 관여되는 4체계 중 개입과정을 통하여 변화될 대상을 무슨 체계라 하는가?

① 클라이언트체계

② 표적체계

③ 변화매개체계

④ 행동체계

⑤ 전문가체계

21 사회복지실천모형에서 체계론적 관점과 생태학적 관점이 강조되고 있다. 클라이언트 문제에 대한 강조점의 변화내용으로 거리가 먼 것은?

① 인과관계로 보고 있다.
② 인간과 환경 간의 상호작용으로 보고 있다.
③ 순환론적 사고체계를 강조한다.
④ 문제를 스트레스로 보고 있다.
⑤ 개방체계 입장이다.

22 생태체계모델 적용의 예가 아닌 것은?

① 개인과 환경 간의 지속적이고 순환적인 교류과정을 이해한다.
② 개인적 욕구와 환경적 욕구 사이의 조화와 균형 정도를 파악한다.
③ 생태도를 활용하여 미시, 중간, 거시 체계들 사이의 자원과 에너지의 흐름을 파악한다.
④ 클라이언트의 문제를 체계 내의 개인적 부적응 또는 역기능으로 파악한다.
⑤ 문제에 대한 다중 원인 가능성, 문제 현상의 설명에 대한 불확실성을 전제한다.

23 콤튼과 갤러웨이의 6체계이론은 핀커스와 미나한의 4체계이론에 무엇을 추가한 것인가?

① 전문가체계와 문제인식체계
② 전문가체계와 클라이언트체계
③ 전문가체계와 행동체계
④ 문제인식체계와 표적체계
⑤ 문제인식체계와 행동체계

24 사회복지실천의 면접 특성으로 볼 수 없는 것은?

① 역할의 명백성
② 행동의 계획성
③ 내용의 일관성과 통일성
④ 전후관계와 장
⑤ 비공식성과 대화접수의 의무성

25 사회복지실천에서 클라이언트가 감추고 있는 무의식적인 동기를 의식표현으로 끌어내는 원조기술의 형태는?

① 해석   ② 면접
③ 통찰   ④ 지지법
⑤ 자기인식의 개발

26 적극적 경청으로 가장 부적합한 것은?

① 상대방의 말을 자주 중단시키지 않는다.
② 상대방에 대하여 반응을 보인다.
③ 클라이언트에게 간간히 짧고 적절한 의견이나 질문을 던진다.
④ 클라이언트에게 자기의 요점을 파악하여 준다.
⑤ 상대방에 대한 비판이나 충고를 아끼지 않는다.

27 사회복지 면접의 특성과 거리가 먼 것은?

① 개입의 주요한 도구이다.
② 면접 내용은 특정한 상황으로 한정된다.
③ 면접에는 목적과 방향이 있다.
④ 계약 이전부터 클라이언트와 사회복지사의 모든 상호작용을 포함한다.
⑤ 면접인력과 피면접인 각각 특정한 역할관계가 규정되어 있다.

28 다음의 질문 중 폐쇄형 질문에 해당하는 것은?

① "결혼하셨습니까?"
② "무엇이 가장 힘드십니까?"
③ "남편의 성격은 어떤가요?"
④ "지난 일주일은 어떻게 지내셨습니까?"
⑤ "무슨 일로 남편과 다투셨나요?"

29 다음 〈보기〉 중 면접을 하는 과정에서 피드백을 주고받는 목적으로 옳은 것은?

─── 보기 ───
가. 동기부여 　　나. 교정
다. 확인 　　　　라. 정화

① 가, 나, 다　　② 가, 다
③ 나, 라　　　　④ 라
⑤ 가, 나, 다, 라

30 면접기술 중 분위기 설정기술의 내용과 관련 있는 것을 고르면?

─── 보기 ───
가. 개방성 　　나. 공감
다. 대화의 변화　라. 진실성

① 가, 나, 다　　② 가, 다
③ 나, 라　　　　④ 라
⑤ 가, 나, 다, 라

31 개별화의 원칙이란?

① 클라이언트의 독특한 자질을 인정하고 이해하며 보다 나은 적용을 할 수 있도록 상이한 원리와 방법을 적용한다.
② 클라이언트의 선택과 결정에 있어서 그 자유와 권리를 최대한 사용하도록 권장한다.
③ 직업적 관계를 통해 획득한 개별적 사실과 비밀을 지켜야 한다.
④ 클라이언트가 표현하는 감정에 대한 워커의 의식적이고도 적절한 정서상의 반응을 말한다.
⑤ 클라이언트의 유죄, 무죄 또는 책임 정도를 개별적으로 심판하지 않는다.

32 다음 중 수용의 장애요인이 아닌 것은?

① 워커 자신의 감정을 클라이언트에게 주입
② 재보증
③ 과잉 동일시와 비수용
④ 수용과 승인 간의 혼동
⑤ 불충분한 지식

33 사회복지실천에서 클라이언트의 자기 결정한계에 해당하지 않는 것은?

① 도덕률에 의한 한계
② 클라이언트의 능력에 의한 한계
③ 기관 기능에 의한 한계
④ 법률에 의한 한계
⑤ 지역사회의 문화에 의한 한계

34 케이스워크의 관계론 중 클라이언트에 대한 워커의 태도로 틀린 것은?

① 의뢰인이 자신의 감정을 표현할 수 있도록 자유로운 분위기를 마련한다.
② 의뢰인의 표현된 감정을 적절하고 의식적으로 관여한다.
③ 의뢰인의 선택과 결정에 있어 선택의 폭을 확대시킬 수 있는 노력을 한다.
④ 의뢰인이 표현하는 감정이나 욕구를 선한 것이 되도록 격려하여 수용한다.
⑤ 의뢰인이 지닌 특이성과 개별성 차이를 인정한다.

35 다음 〈보기〉의 설명에 해당하는 관계론의 원칙은 무엇인가?

> 클라이언트의 독특한 자질과 그가 처한 환경을 이해해야 한다.

① 개별화의 원칙
② 수용의 원칙
③ 비밀보장의 원칙
④ 의도적 감정표현의 원칙
⑤ 통제된 정서적 관여의 원칙

36 관계이론에서의 개별화 원칙을 위한 사회복지사의 역할이 잘못된 것은?

① 인간에 대한 편견이나 선입관에서 탈피할 것
② 귀담아 듣고 관찰할 수 있는 능력이 있을 것
③ 인간행동 및 발달에 대한 지식을 갖고 활용할 수 있을 것
④ 클라이언트의 진행속도에 맞추어 진행해 나가는 능력을 갖출 것
⑤ 클라이언트가 편안함을 느끼도록 긴장하지 말 것

37 사회복지실천과정에서 수행하는 전문
적인 활동에 관한 설명으로 옳지 않은
것은?

① 클라이언트의 문제와 욕구를 확인한 결
과 당기관에서 해결할 수 없을 때 다른
적합한 기관으로 클라이언트를 보내는
것을 전이라고 한다.

② 접수는 사회복지사가 문제를 가진 사람
에게 전문적 도움을 주기 위해 그의 문
제와 욕구를 확인하고 필요한 정보를 수
집하는 과정이다.

③ 문제확인은 문제를 여러 각도로 이해하
고 상호 관련성을 파악하기 전에 이루어
지는 과정이다.

④ 클라이언트를 변화과정에 적극적으로
참여시키기 위해서 동기유발시키는 것
은 초기 원조과정에 있어서 중요과제이
다.

⑤ 사정은 문제가 무엇인지, 어떤 원인 때
문인지, 그 문제를 해결하기 위해 무엇
이 변화되어야 하는지에 대해 답하는 과
정이다.

38 접수과정에서 할 수 있는 역할이 아닌
것을 모두 고른다면?

가. 클라이언트의 요구와 욕구와의 관
계파악
나. 비자발적 클라이언트에 대한 동기
부여
다. 현실환경의 적응상태 파악
라. 저항감 해소

① 가, 나, 다　　② 가, 다
③ 나, 라　　④ 라
⑤ 가, 나, 다, 라

39 사회복지실천과정에서 접수(intake)
단계의 과제로 적절하지 않은 것은?

① 원조관계의 수립
② 개입목표의 설정
③ 클라이언트의 동기화
④ 클라이언트의 문제 확인
⑤ 클라이언트의 저항감 해소

40 사회복지실천에서 직접치료(개입)의 대상으로 적당하지 않은 것은?

① 욕구가 자신을 해치고 있는 경우
② 구체적 서비스를 활용할 수 있는 능력이 손상된 경우
③ 욕구를 갖게 하는 감정이 복잡하여 갈등 상태인 경우
④ 욕구가 클라이언트의 내적·주관적 원인에 있는 경우
⑤ 욕구가 클라이언트의 대인관계나 활동 능력 등과 무관한 경우

41 클라이언트에게 서비스를 제공하는 사회복지실천과정의 초기국면에서 사회복지사가 중요하게 행해야 할 과제가 아닌 것은?

① 개입과정에 대한 모니터링
② 클라이언트의 라포 형성
③ 클라이언트의 문제확인
④ 클라이언트의 동기유발
⑤ 클라이언트의 의뢰 선정

42 가족사정의 도구인 생활력 도표에 대한 설명이 아닌 것은?

① 발달단계상 가족의 특정한 시기에 따른 특성을 알 수 있다.
② 자료를 조직화하고 표현하는 방식이다.
③ 아동, 청소년에 이용하기가 유용하다.
④ 종이와 연필을 도구로 하여 원, 선으로 도식화하였다.
⑤ 가족구성원의 삶에서 다양한 시기를 시계열적으로 나타낸 것이다.

43 사회복지실천계획 목표설정의 선정지침으로 옳지 않은 것은?

① 사회복지사가 원하는 결과와 관련이 있어야 한다.
② 명시적이며 측정 가능한 형태여야 한다.
③ 현실적으로 달성 가능하여야 한다.
④ 사회복지사의 지식과 기술에 상응하는 것이어야 한다.
⑤ 기관 기능과 일치하여야 한다.

44 다음 〈보기〉 중 계약에 대한 설명 내용으로 맞는 것을 모두 고른다면?

> 가. 개입기간을 정하지 않은 형태의 계약도 있다.
> 나. 목표달성을 위한 개입기법을 구체화할 필요가 있다.
> 다. 문제해결의 주체는 클라이언트임을 분명히 한다.
> 라. 시간적 조건에 대한 명시는 하지 않아도 좋다.

① 가, 나, 다　　② 가, 다
③ 나, 라　　　　④ 라
⑤ 가, 나, 다, 라

45 다음 〈보기〉 중 계약내용에 포함되어야 할 개입기법으로 옳은 것을 모두 고른다면?

> 가. 목표달성에 필요한 개입기법을 구체화한다.
> 나. 문제와 욕구가 분명한 경우 개입기법을 구체적으로 명시하기 쉽다.
> 다. 결정한 개입기법에 대해서는 클라이언트에게 상세하게 설명해야 한다.
> 라. 어느 정도 개입기법을 구체적으로 명시할지는 모든 계약에 동일하게 적용해야 한다.

① 가, 나, 다　　② 가, 다
③ 나, 라　　　　④ 라
⑤ 가, 나, 다, 라

46 생태도에서 실선이 의미하는 것은?

① 밀착관계　　　　② 충돌관계
③ 소원한 관계　　　④ 긍정적 관계
⑤ 명확한 경계

47 다음 원조과정의 1단계의 업무내용이 아닌 것은?

① 자료의 수집과 문제탐색
② 라포 형성과 동기강화
③ 목표설정과 계약
④ 클라이언트의 자기인식 강화
⑤ 의뢰

48 집단성원 간에 일어나는 유인력과 반감을 포착해 주는 것은?

① 생태도　　　　② 가계도
③ 소시오그램　　④ 생활력도
⑤ SOAP

49 다음 〈보기〉 중 구조적 가족치료의 주
요기법은?

┌─────── 보기 ───────┐
가. 재구성   나. 긴장의 고조
다. 가족조각   라. 경계만들기
└───────────────────┘

① 가, 나, 다   ② 가, 다
③ 나, 라   ④ 라
⑤ 가, 나, 다, 라

50 사례관리의 구성요소에 해당하는 것
은?

① 사례관리자, 사회적 자원, 기관, 클라이
언트
② 케이스워커, 사회적 자원, 기능, 클라이
언트
③ 사례관리자, 지역사회프로그램, 기관,
클라이언트
④ 케이스워커, 지역사회프로그램, 기능,
클라이언트
⑤ 사례관리자, 사회적 자원, 재원, 클라이
언트

04

사회복지실천기술론

4과목 | 사회복지실천기술론

[핵심요약]

 전문직으로서의 사회복지사의 가치기준

1 사람 우선가치

① 인간을 선호해야 하는 가치는 레비(Levy, 1973)가 실천가치에 우선하는 사회복지전문직의 가치를 세 개의 집단, 즉 사람, 결과, 수단에 대한 가치로 구분하는 것 가운데 사람 우선의 가치와 동일한 것이다. 이것은 사회복지실천의 대상인 사람 자체에 대하여 가져야 할 기본적인 가치관이다.

② 사회복지실천가는 모든 사람들의 선천적 가치와 존엄성의 가치를 믿어야 하며, 개개인은 타고난 재능을 가지고 있으며, 만족스러운 삶을 향한 건설적인 변화에 대한 능력과 욕구를 가지고 있다고 생각하여야 한다.

③ 각 개인은 그 자신과 사회를 포함한 그의 동료들에 대한 책임을 가지고 있어야 한다. 즉, 인간의 상호책임성을 의미한다.

④ 각 개인은 어떤 형태와 상호관계나 집단 또는 그들이 소속해 있는 지역사회에 참여해야 할 필요성이 있다. 즉, 매슬로우의 욕구계층이론의 하나인 소속의 욕구를 의미한다.

⑤ 개개인에게는 공통적인 인간의 욕구가 있다. 이는 개인은 그들 특유의 독특성을 가지고 있는 동시에 인간으로서의 공통적인 욕구를 가지고 있음을 의미한다.

2 결과 우선가치

① 인간을 선호하는 결과로서의 가치는 개인들에게 사회복지서비스를 제공하였을 때 나타나는 결과에 대한 가치를 의미한다.

② 결과 우선가치란 사회가 개인의 충분한 잠재성을 스스로 인식할 수 있도록 하여 개인이 성장·발전하는 기회를 반드시 제공하여야 한다는 사회적 책임을 의미한다.

③ 수단 우선가치

① 인간을 다루기 위해 선호하는 수단으로서의 가치는 수단 우선가치이다. 이는 사회복지사들이 클라이언트와 작업할 때 모든 클라이언트들이 존경과 존엄으로 다루어져야 하며 자기 결정의 권리를 가져야 하며 동시에 사회변화에도 참여하도록 동기를 부여해 주어야 한다는 것을 의미한다.

② 클라이언트의 독특한 개성이나 인생 경험으로 인한 독창성을 인식해야 한다는 것을 의미한다.

범주에 따른 사회복지사의 역할(Hepworth & Lasen)

① 직접적으로 대면서비스를 제공하는 역할

① **심리치료사나 상담가 역할** : 사회복지사는 개인, 가족, 집단을 대상으로 이들이 갖고 있는 자신의 감정을 보다 잘 이해하고, 행동을 수정하며, 문제상황에 대처하기 위하여 도움을 주고, 이들이 갖고 있는 심리적 · 정서적 문제를 해결하기 위하여 심리치료사나 상담가의 역할을 수행한다.

② **정보제공자나 교육자의 역할** : 클라이언트가 문제를 예방하거나 사회적 기능을 향상하는 데 필요한 지식과 기술을 갖추도록 도와주는 것이다. 클라이언트가 필요로 하는 정보를 제공하거나 클라이언트가 생활 속에서 발생하는 어려움을 처리하고 위기를 예견하고 예방하도록 가르치는 것을 의미한다.

② 서비스 연결차원에서 체계연결의 역할

① **중개자의 역할** : 클라이언트에게 적절한 인간서비스와 지역사회의 자원을 연결시켜주는 역할을 수행한다.

② **사례관리자의 역할** : 여러가지 다양한 프로그램이나 기관에 의해 제공되는 다중적 서비스는 이를 활용해야 하는 클라이언트들에게는 아주 중요한 문제이다. 그러므로 클라이언트의 욕구와 문제가 무엇인지 확인한 후 이러한 문제를 해결하기 위해 필요한 자원이나 서비스를 개발하고 연계시켜주며 이러한 서비스가 서비스의 목표에 따라 지속적으로 잘 제공되고 있는지를 관리하고 도와주는 역할이다.

③ 중재자의 역할 : 개인 간 또는 서로 다른 두 집단 간의 이해관계 갈등을 해결하여 서로 간에 만족스런 결과를 얻을 수 있도록 도움을 주는 역할이다.

④ 대변자 또는 옹호자의 역할 : 클라이언트가 자원과 서비스를 받을 권리를 유지하도록 돕거나 클라이언트 집단에게 부정적인 효과를 주는 프로그램과 정책을 변화시키는 운동을 적극적으로 지지하는 역할을 담당한다.

3 체계유지 및 강화를 위한 역할

① 조직분석가의 역할 : 사회복지사가 자신이 소속된 기관의 조직이나 정책 그리고 서비스 전달 체계와 과정 등을 분석하여 보다 효과적으로 운영될 수 있는 복지기관이나 조직을 만드는 역할이다.

② 전문가팀 구성의 역할 : 다양한 전문가나 기관과 팀 협력을 통해 클라이언트의 문제를 복합적으로 사정하여 보다 효과적인 서비스를 제공하는 것이다.

③ 자문가의 역할 : 한 명의 전문가가 다른 전문가에게 동료로서 충고를 제공하는 것이다. 사회복지사는 다른 직장의 전문가에게 클라이언트의 문제해결을 위한 자문을 제공하거나 동료 사회복지사에게 지도·감독을 제공하는 역할을 한다.

④ 연구자의 역할 : 연구자로서의 사회복지사는 사회복지실천의 전 과정을 사회과학적 연구방법과 병행하는 실증적 사회복지실천을 수행하는 역할을 하여야 한다.

⑤ 체계발전을 위한 전문가의 역할 : 사회복지사는 프로그램을 개발하고, 계획하고, 정책과 절차들을 개발하여야 하는 역할을 한다. 즉, 사회복지실천은 사회의 변화에 따라 새롭게 나타나는 클라이언트나 지역사회의 욕구에 관심을 가져야 한다.

 진단주의와 기능주의

진단주의	• 진단주의 이론의 가설은 클라이언트의 자아의 힘이 워커의 도움으로 강화될 수 있다는 것이다. • 프로이트의 정신분석이론과 퍼스낼리티 이론을 받아들여 원조과정에서 클라이언트의 유아기 체험 및 퍼스낼리티 등을 중시하여 진단과 치료를 하는 케이스워크 방식이다.

기능주의	• O. Rank는 1930년대에 프로이트의 인간관을 비판하였다. 즉, 인간을 기계론적 · 결정론적 관점에서 벗어나 창의적 · 의지적 존재로 낙관적 관점에서 보고 있다. • 본래 개인의 내 · 외적 경험을 스스로 발달시킬 수 있는 힘이 있어 의지에 따라 자아의 힘에 의해서 자기문제를 해결할 수 있다고 보는 것이다. • 기능주의는 개인을 미래의 성장 가능성으로 보고 그 가능성을 현재의 경험에서 찾는다. 변화의 주체가 클라이언트 자신이라는 점에서 진단주의와 구별되지만, 이 시기에도 개별지도방법 위주의 전문화는 진단주의가 중심이 되었다.

심리사회모델

1 의의

① 심리사회모델은 클라이언트와 사회복지사와의 관계를 중시하며 관계를 형성하기 위해 클라이언트를 수용하고 개별화한다.
② 클라이언트가 있는 곳에서 출발하며, 클라이언트의 과거 경험이 현재의 심리 내적 혹은 사회기능에 어떤 영향을 미치는지에 중점을 둔다.
③ 클라이언트와 사회복지사의 치료적 관계를 중시하며, 인간의 사고가 정서와 행동을 결정하는 주요소라고 보며, 정신분석이론의 영향을 받았지만 자아를 강조하며, 수용과 자기결정을 기본 가치로 삼는다.

2 심리사회모델의 특징

① 인간과 환경의 상호작용에 대한 이해와 강조
② 자율성과 독립성을 가진 자아로 간주
③ 과거의 경험이나 무의식 등에 의한 결정론적 시각 배제
④ 인간과 환경에 대한 체계론적 시각
⑤ 심리사회모델은 클라이언트에 대한 수용과 자기결정권의 가치를 존중
⑥ 고든 해밀턴의 심리사회모델의 중요개념인 '상황 속의 인간'
⑦ 클라이언트가 있는 곳에서 출발하는 것을 강조
⑧ 대상관계이론과 정신분석이론을 배경으로 함

③ 개입방법

직접 개입방법	• 지지하기 : 클라이언트의 감정과 행동지지 • 직접 영향주기 : 문제를 해결하기 위해 직접 영향을 주기 • 탐색 · 기술 · 환기 : 클라이언트의 감정을 탐색하고, 기술하고, 환기시키기 • 개인 · 환경 간의 관계에 관한 반성적 고찰 : 클라이언트를 상황 속의 인간이라는 관점에서 고려하기 • 유형 · 역동성 고찰 : 클라이언트의 성격과 행동, 심리내적 역동에 대해 고찰하기 • 발달적 성찰 : 클라이언트의 사회적 기능수행에 영향을 주는 과거와 현재의 경험을 고찰하기
간접 개입방법	클라이언트를 둘러싼 인적 · 물적 환경에 관계된 문제를 해결한다.

 클라이언트 중심모델

이론적 배경	• 미국의 심리학자 칼 로저스에 의해 1940년대에 체계화된 것이다. • 당시 개인치료의 중심 기류였던 지시적이고 정신분석적인 접근법에 대한 반동으로 생겨난 것이다. • 최근에는 인간중심모델이라고도 명명한다.
철학적 관점	• 클라이언트 중심모델은 정신분석과 행동주의 접근이론의 대안으로서 인본주의이론에 기초하고 있다.
인간관	• 인간을 합목적적이고, 전진적이며, 건설적이고, 현실적인 존재인 동시에 아주 신뢰할 만한 선한 존재로 본다. • 인간은 스스로 자신의 분세를 해설하고 이해힐 수 있는 능믹을 가끼고 있으미 또힌 인간의 발달은 고정된 것이 아닌 진행 중의 단계로 보고 있다.
목적 및 개입원칙	• 개인의 독립과 통합을 목적으로 한다. • 인간의 문제보다는 인간의 성장 자체에 초점을 둔다. • 클라이언트가 현재 직면하고 있는 문제들과 앞으로의 문제들을 극복할 수 있도록 성장과정을 도와준다. • 로저스는 이상적인 삶을 사는 사람을 충분히 기능하는 사람이라고 기술하고 있으며 개입을 통한 목표는 이를 추구하는 것이다.

인지행동모델

① 인지행동모델의 의의

① 문제의 원인이 되는 잘못된 가정과 사고유형을 확인하고 점검하며, 재평가하여 수정하도록 격려하고 원조한다.

② 비합리적 신념이나 인지적 왜곡 등이 심리적 혼란이나 장애의 원인이 된다고 본다.

③ 클라이언트가 세상을 보는 방식을 이해하면서 좀 더 현실적이고 적응적인 삶의 방식을 찾을 수 있게 한다.

② 인지행동모델의 특징

① 주관적 경험의 독특성을 주시하고 협조적인 노력을 강조한다.

② 구조화, 방향적 접근, 교육적 접근, 문답식 방법, 능동적 참여 등이다.

③ 시간제한적인 개입, 문제재발의 방지, 문제중심, 목표지향적, 현재 중심, 다양한 개입방법 등이 있다.

③ 인간관

① 인간에 대해 낙관론적인 관점을 가진다.

② 인간은 개인적 · 환경적 · 인지적 영향력 사이에서 끊임없이 상호작용하면서 행동하는 존재이다. 환경조건은 개인의 행동을 만들고 개인의 조건은 다시 환경을 형성한다는 상호결정론적 입장이다.

④ 개입원칙

① 인지치료는 클라이언트의 문제를 형성하여 이를 기초로 하여야 한다.

② 인지치료는 건전한 치료적 관계를 필요로 한다.

③ 인지치료는 원조자와 상호협동에 기초하여 클라이언트의 적극적인 참여가 필수적이다.

④ 인지치료는 목표지향적이고 문제중심적인 치료이다.

⑤ 인지치료는 현재를 강조한다.

⑥ 인지행동모델은 교육적이고 클라이언트 자신이 스스로 치료자가 될 수 있도록 교육하는 것을 목표로 하며 재발 방지를 강조한다.

⑦ 인지치료는 가능한 시간제한을 하여야 한다.

⑧ 인지치료 면접들은 구조화되어야 한다.

⑨ 인지치료는 클라이언트에게 자신의 역기능적인 사고와 믿음을 효과적으로 밝혀내고 평가하고 반응하도록 가르친다.

⑩ 인지치료는 클라이언트의 사고, 기분, 행동을 변화시키기 위하여 다양한 기법을 사용한다.

 ## 과제중심모델

이론의 의의	과제중심모델은 단기치료에서 사용되는 많은 방법, 즉 시간제한, 제한된 목표, 초점화된 면접과 현재에의 집중, 활동과 지시, 신속한 초기 사정 그리고 치료의 융통성 등을 이용하고 있다.
이론의 특징	• 단기개입 • 구조화된 접근 • 클라이언트의 자기결정권 강조 • 클라이언트의 환경에 대한 개입강조 • 책임 있는 개입강조 • 클라이언트가 표현하고 도움을 요청한 욕구를 가장 우선시함 • 클라이언트는 과제를 설정하고 실행·평가하는 문제해결작업에서 주체자의 역할을 함 • 각 단계마다 사회복지사와 클라이언트의 역할을 구체적으로 명시함
개입원칙	• 여러 가지 모델을 절충하여 선택적으로 사용이 가능하다. • 단기개입을 구조화한다. • 클라이언트가 인정하는 문제를 대상으로 삼는다. • 사회복지사와 클라이언트는 협조적인 관계를 형성한다. • 과제중심모델은 현재의 갈등이나 문제에 초점을 두기 때문에 문제의 원인에 대한 분석이나 탐색을 강조하지 않는다. 따라서 진단과정이 뚜렷하게 존재하지 않으며 사정과정은 매우 짧다. • 클라이언트를 전 과정에 적극적으로 참여시킨다. • 문제를 유발하는 상황을 바꾸는 데 초점을 둔다. • 각 세션은 연속적인 과정으로 잘 구조화되어야 한다.

역량강화모델(권한부여모델)

이론의 의의	클라이언트를 문제중심이 아닌 강점관점으로 봄으로써 클라이언트의 잠재역량 및 자원을 인정하고 클라이언트와 사회복지사는 협력적인 관계로 문제해결과 과정에 함께 참여한다.
이론적 배경	• 생태체계관점 : 인간과 물리적·사회적 환경 사이의 상호교환을 개념적 기반으로 하는 많은 이론들의 공통된 관점이다. 생태체계관점은 인간과 환경이 어떻게 서로 영향을 주고받는지를 보는 준거틀을 제공해 준다. • 강점관점 : 클라이언트를 독특한 존재로서 다양성을 인정하고 존중하면서 클라이언트의 결점보다는 강점에 초점을 두고 가능한 모든 자원을 활용하여 클라이언트의 역량을 실현해 나가도록 돕는 것이다.
목적과 개입원칙	• 권한부여접근은 문제해결과정에서 강점을 부각한 것이다. • 권한부여접근은 사회복지과정의 초점을 문제로부터 이동시켜 클라이언트의 강점, 환경의 자원, 기대되는 해결방안으로 대체시킨다. • 권한부여접근은 전통적인 문제해결과정과는 달리 문제에 초점이 있는 것이 아니라 클라이언트의 강점과 환경적 자원에 초점을 두고 클라이언트의 역량을 향상시키기 위한 해결중심의 접근을 한다. 따라서 약점보다는 강점을 강조하게 되며, 전문가적 전문성보다는 협력적 파트너십과 해결지향적 접근을 하게 된다.

 ## 위기개입모델

① 이론의 의의

위기개입모델은 자연재해나 갑작스런 생활상의 사건으로 인해 격심한 고통의 감정을 일시적으로 경험하고 이로 인해 압도당하거나 발달과정에서 유발되는 스트레스로 인해 일상생활 수행에 어려움이 발생하는 경우 이에 대처할 능력과 자원이 부족하여 문제가 생기는 사람들에 대한 관심으로부터 나온 것이다.

② 기본가정

① 인간이 처한 다양한 상황으로부터 초래되는 직접적인 스트레스와 위험한 사건에 직면해서 인간이 격심한 정서적 불균형과 사회적 해체현상을 겪는 것은 정상적이다.

② 위기상황으로 인해 겪는 격심한 고통은 정상적인 삶의 경험이며, 정상적인 상태에서 겪을수
있는 일시적인 혼란이며, 누구나 일생을 통해 언젠가는 겪을 수 있는 현상이다.

③ 정서적인 불균형을 경험하고 있는 사람은 본능적으로 정서적 균형을 찾으려는 경향이 있다.

④ 사람들이 정서적인 균형을 회복하려고 노력하는 과정에서 일시적이고 격심한 심리적 유약성
을 경험할 수 있다.

⑤ 이와 같이 심리적으로 현저히 약해져 있을 때 사람들은 심리적인 치료서비스를 수용하는 태도
를 갖게 된다.

⑥ 위기는 부정적인 결과를 가져올 수도 있지만 한편으로는 성장과 발전의 기회가 되기도 한다.

3 위기개입 목적과 개입원칙

① 위기개입의 제1목표는 클라이언트가 최소한의 위기 이전의 기능 수준으로 회복하도록 돕는데
있다.

② 위기개입은 상대적으로 단기적인 접근이다.

③ 구체적이고 관찰이 가능한 문제들이 위기개입의 표적이다.

④ 위기개입을 할 때에는 가장 적절한 치료전략을 수립해야 하며 단순히 차선책으로 접근해서는
안 된다.

⑤ 불균형 상태에 기여하는 촉진적 요인을 이해하여야 하며, 클라이언트와 그의 가족 및 지역 사
회의 자원을 통하여 가능한 치료방법을 모색해야 한다.

⑥ 위기개입 사회복지사는 다른 어떤 실천접근에서보다 그 개입에 있어 보다 적극적이고 직접적
인 역할을 수행해야 한다.

현실치료모델

이론의 의의	• 현재의 자기행동에 대한 책임, 즉 현재 진행 중에 있는 행동에 초점을 맞추는 치료 방법이다. • 클라이언트는 현실을 직시하고 자기 자신이나 타인에게 피해를 주지 않으면서 성공적인 정체감을 획득하고 자기의 세계와 자신을 통제할 수 있도록 원조한다.

개입원칙	• 보호와 존경에 입각한 좋은 관계를 형성해야 한다. • 책임감 있는 행동을 해야 한다. • 성공으로 갈 수 있는 개인의 힘과 잠재력에 초점을 둔다. • 클라이언트의 현재 행동을 적극적으로 토론하게 하여 책임감이 없거나 비효율적인 행동에 대한 변명은 금지시킨다. • 실제로 달성할 수 있는 원함을 평가하는 과정을 가져야 한다. • 클라이언트가 자신의 행동을 변화시키기 위한 계획을 세우고 수행하도록 가르쳐야 한다. • 치료 세션에 대한 한계나 구조를 세워야 한다. • 클라이언트가 용기를 잃더라도 쉽게 포기하지 않으며, 자신의 만족을 채울 수 있는 방법을 찾도록 원조한다.

 ## 집단사회사업

집단사회사업의 의의	• 집단을 대상으로 하는 사회복지실천으로서 집단지도라고도 한다. • 사회사업방법론 중의 하나이다. • 목표지향적인 활동이다. • 개별성원, 전체집단 그리고 집단이 속한 환경이라는 3가지 초점 영역을 지니고 있다. • 주로 소집단을 활용하며 고통받는 개인뿐만 아니라 건강한 개인들로 구성된 집단을 대상으로 한 실무이다. • 치료집단과 과업집단의 실무를 포함한다.
기본요건	• 집단(집단역동) • 집단구성원 • 사회복지사(집단지도사) • 프로그램 활동

목적에 따른 집단의 구분

1 과업집단

일련의 특수 과업이나 목표들을 달성하기 위해 구성된다. 조직이나 기관의 문제에 대한 해결책 모색, 새로운 아이디어 개발, 효과적인 원조 전략 등의 과업수행을 목적으로 하는 집단을 말하며, 따라서 특별한 재능을 가진 사람으로 구성된다.

예 정책에 대한 통제집단, 위원회나 기동대

2 치료집단

① 목표는 1 : 1 상담과 비슷하게 성원들이 그들의 문제를 깊이 있게 탐색함으로써 여러 해결 전략들을 개발하는 데 있다. 사회복지사로 하여금 단번에 한 사람 이상을 원조할 수 있을뿐만 아니라 전문가적 노력의 사용을 잠재적으로 비축하게 하는 이점을 지닌다.

② 상호 원조적 치료원칙이 적용된다는 특징이 있다. 즉, 각 성원들이 집단 내에서 서로 역할을 바꾸고 서로의 문제를 해결하도록 도와주는 원조자적 역할을 하게 된다.

예 현실치료, 학습이론, 인지치료, 교류분석

3 성장집단

인간의 성장발달단계에서 무한한 가능성과 잠재능력을 충분히 발휘할 수 있도록 돕고, 이를 통해 사회적 기능을 향상시킬 목적으로 형성된 집단으로 치료보다는 예방에 중점을 둔다.

예 YMCA, YWCA에서의 집단프로그램

4 자기지향집단

① 집단지도자보다 집단성원들에 의해 실천의 방향과 목적이 결정되는 집단이다. 성원들이 가지고 있는 문제에 초점을 두는 문제중심적일 수도 있고, 함께 일하면서 해결책을 모색하는 자조집단과 같이 집단 내·외에서 성원들의 변화를 시도하기도 한다.

② 핵심적인 목표는 성원들의 자존감과 주기주장 능력을 키우면서 외적 변화도 함께 모색하는 데 있다.

5 참만남집단

집단·감수성 훈련, 집단 – 대인관계에 대한 인식 강화를 목표로 한다. 집단성원들은 대인관계

기술 및 자기개방이 요구되는 집단경험과 관련된다. 신뢰와 친밀감을 특징으로 하는 집단으로, 진실성이 원동력이 된다. 일단 대인적 인식이 증대되면 다른 모든 태도와 행동도 변화될 것이라는 가설에 기초한다.

⑥ 교육집단

목적은 직접적인 교습활동을 통해 기술을 가르쳐 주고 정보를 제공하며 지식을 습득할 수 있도록 돕는 데 있다. 변화에 의해 발생하는 감정들을 배우고 위치나 지위를 변화시키는 데 중점을 둔다.

⑦ 자조집단

특정목적을 성취하고 성원 상호 간의 원조를 목적으로 형성되는 자발적 소집단이다. 특정장애나 생활상의 분열, 혼란문제와 사회적 · 개인적 변화를 가져오고자 하는 동료들에 의해 구성된다. 자조집단에서는 대면적 · 사회적 상호작용을 강조하며 원인지향적이어서 성원들에 의한 개인적 책임과정을 중시한다. 정서적 지지는 물론, 물질적 원조를 제공하며, 개인적 정체감을 고양하기도 한다.

⑧ 사회화집단

목적은 집단성원의 행동과 태도를 좀더 사회적으로 용납할 수 있는 태도로 변화 · 발달시키기 위해 사회적 기술 발달, 자기확신의 증대, 미래에 대한 계획들에 중점을 두게 된다.

⑨ 사회집단

집단의 내용이 사회적이거나 오락활동을 포함하는 집단으로, 노인들의 취미 모임이나 주간보호소가 포함된다. 목적은 관계에 대한 긍정적 경험을 제공함으로써 집단성원의 고립을 극복하도록 도움을 주거나 단순히 즐거운 기회를 제공하는 데 그치는 경우도 있다.

⑩ 레크리에이션집단

① 목적은 즐거움과 훈련 활동을 제공하는 데 있다.
② 대표기관으로는 YMCA, YWCA, 인보관 등을 들 수 있다.

집단의 역동성

집단역동성의 의의	• 집단활동은 집단의 역동적 과정을 중심으로 이루어지므로 사회복지사는 집단의 역동에 관한 통찰력을 지녀야 하며 생산적으로 활용할 수 있는 능력을 터득해야 한다. • 집단역동이란 하나의 공통장면 또는 환경 내에서 일어나는 복합적인 상호작용적인 힘을 지칭하는 것이다. • 집단역동은 상호작용을 통해 나오는 성원들의 힘의 합 이상이다.
집단역동의 영역	• **의사소통과 상호작용** : 집단성원들이 언어적·비언어적으로 의사소통함으로써 집단 내의 상호작용이 일어나게 된다. 이러한 상호작용이 긍정적 방향인지 아닌지를 사회복지사는 잘 파악하고 있어야 한다. • **집단의 결속력** : 집단 내에서는 집단에 남아 있도록 하는 구심력과 집단으로부터 분리되게 만드는 원심력이 존재하는데 이러한 모든 힘의 결과를 집단 결속력이라고 한다. • **사회적 통제** : 사회적 통제란 전체집단 이전의 방식대로 가능하기 위하여 성원을 순응, 복종하게 하는 과정을 의미한다. 즉, 집단의 항상성 기제이다. • **집단문화** : 집단문화는 집단성원들이 공통적으로 가지는 가치, 신념, 관습, 전통을 의미한다.

집단의 발달단계

노던의 집단발달단계	준비단계	집단구성원의 계획과 접수과정, 상호작용 이전단계, 개인적 속성의 동질성과 경험의 이질성을 가진 구성원으로 구성, 심리적 불안해소 및 신뢰관계 분위기
	오리엔테이션 단계	1차적 접촉, 공통점의 탐색, 강한 자의식, 강한 불안과 긴장, 투쟁적 리더, 집단에의 맥락이 중요, 인간적 유대관계 발생, 의사소통 형성
	탐색과 시험단계	상호관계와 상호작용 가능성 탐색, 타협과 갈등, 목적이 분명해지고 목표지향적 활동이 현저, 목표지향적 리더, 상호작용 유형발달, 하위집단 형성, 통제기제 발생
	문제해결단계	소속감, 상호의존성과 집단 응집력이 고도화, 목적에 대한 충분한 일치성과 이의 달성을 향한 협동능력의 극대, 운영절차 습관화, 역동적 평형상태, 다양한 하위집단, 문제해결능력의 고도화, 높은 영향력
	종료단계	목적 달성, 기한 도래, 통합력 결핍, 부적응

기타 집단발달단계	Garland, Jones, Kolony	친밀 전 단계 – 권력과 통제단계 – 친밀단계 – 특수화 단계 – 이별단계
	Yalom	오리엔테이션 단계 – 갈등 · 지배 · 저항단계 – 응집력 발달단계 – 친근과 근접단계 – 성숙단계 – 종결단계
	Sany, Galinsky	시초단계 – 형성단계 – 중간 1단계 – 수정단계 – 중간 2 단계 – 성숙단계 – 종료단계

가족치료

1 가족치료의 의의

① 가족치료란 가족을 하나의 체계로 보고 그 체계 속의 상호교류 양상에 개입함으로써 개인의 증상이나 행동의 변화를 가져오도록 하는 치료접근방법이다.

② 가족치료에서의 개인의 문제는 그 개인의 내적인 문제뿐만 아니라 그를 둘러싼 가족 전체의 맥락 속에서 이해하여야 하며 개인과 가족 전체 사이에 존재하는 고정된 상호작용 양상을 변화시키려고 노력한다.

2 주요개념

항상성	항상성이란 현재 상태를 유지하고 변화에 저항함으로써 평형상태가 균형을 찾으려는 체계 내의 경향성을 의미한다. 일단 형성된 체계과정은 같은 과정을 지속하려는 경향이 있다.
삼각관계	가족성원이 정서적 관계를 맺을 경우 두 사람으로 구성된 2인 체계는 불안이나 긴장이 유발되는 경우가 많기 때문에 안정을 유지하기가 어렵다. 그러므로 두 사람 사이에 수용하기가 어려운 문제가 생기면 2인 체계는 긴장을 줄이려는 희망으로 제3자나 문제를 끌어들여 삼각관계를 형성한다.
가족규칙	가족성원은 조직화된 반복적인 방법으로 행동하며 그러한 행동의 유형화가 가족생활을 지배하는 원리로 보여질 가능성이 있다. 반복적인 가족기능을 만들어 내는 가족이 공유하는 규범이나 가치관의 기제를 말한다.
가족신화	가족구성원 개개인 그리고 그들 사이의 관계에 대한 기대와 공유된 믿음으로 구성된다. 가족신화의 특징은 모든 가족구성원이 아무런 의심없이 공유하는 믿음에 기대한다는 점이다. 그러므로 가족성원은 심사숙고하지 않은 채 신화에 대해 자동적으로 합의한다.
가족의식	결혼식, 생일파티, 장례식 등의 가족의식은 가족의 발달적 전이와 변화를 촉진시키는 등 가족생활에 중요한 역할을 한다.

4과목 | 사회복지실천기술론

가족하위체계	가족체계는 하위체계로 분화되고, 이를 통해 가족체계의 기능을 수행한다. 또한, 하위체계는 가족구조의 구성요소이며, 전체적인 가족체계 기능을 위해 다양한 가족의 관계를 수행한다.
가족경계	경계선은 가족규칙에 의해서 형성된 구성원 간에 흘러가는 정보를 규정하는 것에 의해서 만들어진다. 즉, 두 하위체계 간의 경계선에 의해 어떤 하나의 하위체계에서 다른 체계로 정보가 흘러가는 것이 통제되거나 규정된다.
격리와 밀착	가족이 서로 얼마나 관여되어 있는지의 여부를 파악하는 개념이다.
부모화	어떤 자녀가 가족 내에서 부모나 배우자의 역할을 대신 수행하는 것을 의미한다.

③ 가족사정도구

가계도	가계도란 2 ~ 3세대의 가족을 도표로 나타냄으로써 클라이언트의 문제의 근원을 조사하는 일종의 그림기법으로, 사회복지사와 가족성원들이 세대 간 맥락에서 정서적, 행동상의 문제행동패턴을 검토하는 데 유용하다.
생태도	가족과 환경체계들 간의 관계를 이해하기 위한 도구이다.
생활력 도표	여러 시기에 가족이 경험한 것을 조사하여 그 자료를 조직화한 것으로서 도표를 보면서 현재 문제나 기능 수행에 어려움이 특정시기의 경험과 어떤 관계가 있는지 이해할 수 있다.

가족치료방법

정신역동적 치료방법	가족은 대상으로 정신역동적 치료를 하며 체계적 가족치료에 정신역동적 통찰과 개입을 선택적으로 도입한다.
구조적 치료방법	가족을 체계로 보고 또한 통합된 전체로 보았다. 지역사회에 속해 있는 가족구성원은 하위체계이며 하위체계는 가족의 기본적 구조와 상호교류에 영향을 준다. 가족을 재구조화함으로써 가족이 적절한 기능을 수행할 수 있도록 돕는 방법이다
전략적 가족치료	이론보다는 문제해결에 초점을 둔다. 그러므로 문제에 대한 이해보다는 해결방법에 중점을 두며, 다양하고 실용적인 방법을 사용한다.
해결중심적 가족치료	해결중심적 가족치료는 문제상태에 작은 변화가 있을 시에는 그러한 예외를 해결의 실마리로 보고 존재하지 않는 것을 창조하기보다는 현재 있는 변화를 확대하는 것이 쉽다는 것이다.

4과목 | 사회복지실천기술론

경험적 가족치료	오랫동안 가족치료 경험을 통해 어려운 문제를 가진 가족성원들을 공통적인 역기능적 의사소통 유형이 있음을 발견한다.
보웬의 가족치료	• 정신분석적 원리 및 실제 경험에서 영향을 받은 치료적 임상모델이다. • 다른 가족치료적 접근보다 인간행동과 임상의 문제에 대하여 가장 포괄적인 견해를 가지고 있다. • 치료기법보다는 이론에 관심을 두었다.

사회복지실천기록 유형

과정기록	• 원조과정이나 클라이언트와 사회복지사의 상호작용 과정을 있는 그대로 기록하는 방법이다. • 직접 인용이 많이 쓰인다. • 사회복지교육에서 교육용 도구로, 사회복지실무에서 자문을 받기 위한 기초자료로 활용될 수 있다. • 과정기록은 면접기법과 개입방법에 대한 교육훈련을 위한 중요한 자료가 되며, 초보 실무자의 역량을 평가하고 지도할 수 있는 자료가 된다. • 기록과정을 통해 기관측에서는 면접 중에 일어난 일을 파악할 수 있기 때문에 잘못된 사례 진행을 미리 방지할 수 있다.
이야기체 기록	• 이야기체 기록은 클라이언트 및 그 상황이나 서비스에 대해 이야기를 풀어가듯이 서술체로 기록하는 방법이다. • 융통성이 있어 중요한 내용은 모두 기록할 수 있다. • 개별화에 초점을 두는 기록에 유용하다. • 구조화된 양식이 없기 때문에 기록자의 재량에 따라 달라진다. • 면접 내용을 대화체로 서술하는 것이 아니라 요약하면서 서술한다. • 시간이 많이 소요되고 정보를 쉽게 복구할 수 없다는 단점이 있다. • 면접 후 가능하면 빨리 기록한다. • 기록에 포함되어야 할 내용에 관해 지침을 만들어 활용한다. • 장기개입의 경우 사례노트를 활용한다.
문제해결 중심기록	• 클라이언트, 상황, 서비스 교류에 초점을 맞춘다. • 시간의 흐름별로 조직화하므로 변화과정을 쉽게 파악할 수 있다. • 원조전문인으로서의 자기인식 및 서비스과정에서의 자아의 활용을 향상시켜 준다. • 기관측에서는 면접중 일어난 일을 파악할 수 있기 때문에 잘못된 사례진행을 미리 방지할 수 있다. • 클라이언트의 욕구, 자원, 강점보다는 문제가 강조된다. • 통합적이기보다는 부분적이고 단순하다.

사회복지실천평가

① 의의

① 사회복지실천평가란 개입에 대한 효과성과 효율성을 측정하는 것이다.

② **효과성** : 목적달성 정도를 말한다.

③ **효율성** : 투입과 산출의 비율로 측정된다.

④ 목표달성이 안 되었을 경우 개입의 효율성도 낮아진다.

⑤ 사회복지사가 개입내용에 대해 점검함으로써 반성할 기회를 갖는다.

⑥ 서비스의 효과성에 대한 신뢰성 검증이 요구됨에 따라 중요성이 증대되고 있다.

⑦ 평가내용과 관련하여 사회복지개입의 목표와 개입방법이 보다 명확하고 구체적이도록 해준다.

⑧ 사회복지실천과 관련된 결정을 하는 데 필요한 정보를 제공해 준다.

② 중요성

① 사회복지실천의 효과성 및 효율성 측정

② 자원의 사용에 대한 책임성 입증

③ 클라이언트에 대한 책임성 이해

④ 실천과정에 대한 모니터

⑤ 사회복지사의 능력제고

③ 유형

과정평가	• 개입이 클라이언트에게 도움이 되었는지, 클라이언트가 원조과정을 어떻게 인지했는지를 평가하는 것이다. • 평가의 핵심은 긍정적인 변화를 유발할 수 있는 일반적인 요소를 잘 알아 실천에 통합하고 치료적 효과를 향상시키는 것이다.
결과평가	• 목표달성 여부와 정도를 평가한다. • 개입으로 인해 변화가 발생했다는 것을 증명해야 한다.
형성평가	• 개입과정에 대한 점검이다. • 사회복지실천과정에 초점을 두고 주기적으로 진전 상황을 평가한다. • 원조활동을 부분적으로 수정, 개선, 보완하는 데 필요한 정보를 얻기 위해 실시한다. • 독립변수인 과정을 측정하는 것이다.
총괄평가	• 개입이 종결되었을 때 개입의 효과성과 관련하여 그 요인을 분석한다. • 결과, 즉 종속변수를 측정하는 것이다.

사회복지사 평가	• 개입과정에서 보였던 사회복지사의 태도나 행동, 속성 등이 개입에 미친 영향을 알아보기 위해 클라이언트의 피드백을 받는 것이다.
프로그램 평가	• 다수의 클라이언트 혹은 지역사회를 대상으로 프로그램의 효과성과 효율성, 프로그램의 운영과정 등을 측정하는 평가이다.
메타평가	• 평가에 대한 평가로서 제시된 평가계획서나 완성된 평가를 다른 평가자에 의해서 다시 점검받는 것을 말한다.

01 보엠의 사회사업활동의 기능에 해당하는 것을 모두 고른다면?

가. 자원 제공기능
나. 능력 회복기능
다. 기능장애 예방의 기능
라. 환경조성의 기능

① 가, 나, 다　② 가, 다
③ 나, 라　④ 라
⑤ 가, 나, 다, 라

02 개인의 거주환경을 개선하여 개인으로 하여금 환경과 제도에 적응하도록 정신적·심리적으로 인간을 조정하는 사회사업적 접근법은?

① 이론적 사회사업
② 기술론적 사회사업
③ 정책론적 사회사업
④ 사회론적 사회사업
⑤ 통합적 사회사업

03 마일리의 개입수준에 따른 사회복지사의 역할 분류가 아닌 것은?

① 미시차원　② 중범위 차원
③ 거시차원　④ 전문가 차원
⑤ 체계유지자 차원

04 심리사회모델을 사회복지의 실천이론과 접근방법으로 구체화한 학자는?

① 프로이트　② 홀리스
③ 스몰리　④ 미누친
⑤ 벡

05 다음 〈보기〉 중 심리사회모델의 철학 및 기본개념으로 옳은 것을 모두 고른다면?

보기

가. 기원 – 메리 리치몬드
나. 구체화시킨 학자 – 홀리스
다. 상황 속의 인간 강조
라. 기본적 가치 – 수용과 비심판적

① 가, 나, 다　　② 가, 다
③ 나, 라　　④ 라
⑤ 가, 나, 다, 라

06 심리사회모델 개입기법으로 옳지 않은 것은?

① 격려, 재보증
② 탐색–소거–환기
③ 강조, 제안, 충고, 독려
④ 발달과정의 반영적 고찰
⑤ 유형–역동의 반영적 고찰

07 다음에서 심리사회모델에 대한 설명으로 거리가 먼 것은?

① 상황 속의 인간을 강조
② 클라이언트가 있는 곳에서 출발하는 것을 강조
③ 인간의 문제를 사회적인 문제로만 이해
④ 클라이언트의 과거 경험이 현재 심리 내적 혹은 사회기능에 미치는 영향을 강조
⑤ 대상관계이론과 정신분석이론을 이론적 배경으로 함

08 다음 〈보기〉에서 클라이언트 중심모델의 인간관으로 맞는 것을 모두 고르면?

보기

가. 합목적적인 존재
나. 전진적인 존재
다. 건설적인 존재
라. 현실적인 존재

① 가, 나, 다　　② 가, 다
③ 나, 라　　④ 라
⑤ 가, 나, 다, 라

09 클라이언트 중심모델의 개입원칙으로 적당하지 않은 것은?

① 개인의 독립과 통합이 목적이다.
② 인간의 문제보다는 인간의 성장 자체에 초점을 둔다.
③ 클라이언트 자신이 스스로 치료자가 될 수 있도록 교육하는 것을 목표로 하며 재발 방지를 강조한다.
④ 로저스는 이상적인 삶을 사는 사람이 충분히 기능하는 사람이라고 하였으며, 개입을 통한 목표는 이를 추구하는 것이다.
⑤ 클라이언트가 현재 직면하고 있는 문제와 앞으로의 문제를 극복할 수 있도록 성장과정을 도와준다.

10 다음 〈보기〉 중 인지행동모델의 특징으로 맞는 것을 모두 고른다면?

> **보기**
>
> 가. 단기적
> 나. 시간제한적
> 다. 구조화된 치료
> 라. 목표지향적

① 가, 나, 다 　② 가, 다
③ 나, 라 　④ 라
⑤ 가, 나, 다, 라

11 행동수정기법으로서 최하위 자극에서 점차 높은 서열을 적용하는 것은?

① 체계적 탈감법 　② 적응
③ 차별강화 　④ 소거
⑤ 강화

12 사회복지실천의 행동주의모형의 개념을 바르게 설명한 것은?

① 개인 및 집단에게 구조화된 개입과 과제설정을 통하여 시간제한을 두고 원조한다.
② 특별한 상황에 처한 개인집단에게 긴박한 상황을 극복할 수 있는 원조를 제공한다.
③ 외부적으로 드러나는 행동에 대한 개입으로 상호 간에 보상교환을 통하여 원만한 사회관계를 형성할 수 있도록 하다
④ 개인의 내적인 영역을 지원한다.
⑤ 복합적 욕구에 대하여 자원을 연계하며 조정하여 주는 역할을 수행한다.

13 인지행동모델의 장점이 아닌 것은?

① 인간과 환경 간의 호혜적 상호교류를 잘 설명한다.
② 사회복지의 직접적 실천에 쉽게 적용될 수 있는 개입전략과 지침을 포함하고 있다.
③ 지금까지의 증거들은 인지행동접근의 유효성을 지지하고 있다.
④ 인간은 본래 가치 있고 자기결정권을 가진다는 사회복지실천 가치에서 벗어나지 않는다.
⑤ 인지에 대한 명확한 정의가 확립되어 있다.

14 목표지향적인 계획된 단기치료 방법으로 시간제한적인 형성을 강조하는 개별 사회복지실천은?

① 기능주의   ② 심리주의
③ 문제해결모형   ④ 과제중심모형
⑤ 행동수정모형

15 과제중심모델에서 과제 수행의 장애물을 찾아내는 단계는?

① 시작단계   ② 문제규명단계
③ 계약단계   ④ 실행단계
⑤ 종결단계

16 사회복지실천에서 과제중심모델의 설명으로 옳지 않은 것은?

① 사회복지사와 클라이언트 간의 협조적 관계를 중시한다.
② 클라이언트가 인식하고 동의한 문제에 초점을 둔다.
③ 클라이언트의 문제해결 능력과 동기화를 강조한다.
④ 제한된 표적문제에 초점을 두고 계획된 장기 치료방법이다.
⑤ 클라이언트를 범주화하기보다는 문제를 범주화하여 낙인을 방지한다.

17 다음 〈보기〉는 과제중심모델의 과제 중 무엇에 관한 설명인가?

정신적 활동을 검토하고 명확하게 하는 것을 말한다.

① 공유과제
② 개인과제
③ 일반적 과제
④ 인지적 과제
⑤ 조작적 과제

18 문제해결모델의 개입기술에 관한 설명으로 옳지 않은 것은?

① 클라이언트의 동기부여를 위해 자아방어기제를 적극적으로 활용하도록 한다.
② 문제를 위험으로 보지 않고 도전으로 인식하도록 돕는다.
③ 클라이언트가 선택한 대안을 스스로 모니터링하도록 돕는다.
④ 변화의 동기나 의지가 약한 클라이언트에게 적합하지 않은 모델이다.
⑤ 문제해결의 주된 초점은 클라이언트의 대처능력 강화이다.

19 역량강화모형에 대한 설명으로 틀린 것은?

① 일반 사회복지실천을 강조하는 인보관운동이 권한부여모형의 뿌리가 되었다.
② 클라이언트를 병리적 관점의 문제중심으로 본다.
③ 클라이언트를 강점적 관점의 잠재역량으로 본다.
④ 생태학적 접근과 밀접하다.
⑤ 워커와 클라이언트는 협력적 파트너십을 가진 파트너로서 문제해결과정에 참여한다.

20 클라이언트에게 필요한 자원을 주거나 클라이언트의 문제해결에 대처할 수 있는 능력을 지지, 강화시켜 주어 자립 가능하게 하는 사회복지실천모델은?

① 심리사회모델
② 과제중심모델
③ 인지행동모델
④ 역량강화모델
⑤ 위기개입모델

21 강점관점에 대한 설명으로 옳지 않은 것은?

① 개인은 독특한 존재로 강점과 기질, 자원이 있는 존재로 본다.
② 치료의 초점은 가능성이다.
③ 클라이언트의 진술은 그에 대해 알아가는 중요한 방법 중 하나이다.
④ 원조목적은 행동, 감정, 사고 관계에서 부정적인 결과와 증상의 영향을 감소시키는 것이다.
⑤ 개인, 가족, 지역사회가 클라이언트 삶의 전문가이다.

22 다음 중 위기의 특성이 아닌 것은?

① 위험과 기회의 공존
② 복잡한 증상
③ 성장과 변화의 씨앗
④ 특수성과 독창성
⑤ 선택의 필요성

23 다음에서 위기개입의 목표로 적당하지 않은 것은?

① 증상의 제거
② 과거의 생활경험 배제
③ 위기 전의 상태로 기능을 회복하는 것
④ 불균형 상태에 기여하는 촉진적인 요인의 이해
⑤ 클라이언트와 그의 가족 및 지역사회의 자원을 통하여 가능한 치료방법의 모색

24 집단을 구성하는 단계에서 고려할 내용으로 옳지 않은 것은?

① 목표달성을 위한 집단모임의 기간을 정한다.
② 상호작용을 촉진하기 위한 집단크기를 고려한다.
③ 참여자 만족도를 높이기 위해 모임회기를 운영한다.
④ 집단연속성을 높이기 위해 폐쇄집단으로 운영한다.
⑤ 공감대 형성을 위해 동질적인 성원들로 구성한다.

25 집단사회복지실천의 공통적 특징으로 관계가 가장 적은 것은?

① 집단의 문제를 개인을 매개로 진단, 치료한다.

② 전문사회사업의 한 방법이다.

③ 의도적이고 계획적인 과정이다.

④ 집단역학과 집단경험을 중요시한다.

⑤ 민주적 시민, 개인으로 성장 · 발달하도록 한다.

26 집단사회복지실천의 장점으로 보기 어려운 것은?

① 문제취급시 워커와 1 : 1 관계로 친밀성을 지속한다.

② 집단 내의 상호원조와 감정해소가 용이하다.

③ 집단구성원의 참여, 탈퇴, 경청이 용이하다.

④ 동료 간의 소속감, 동료의식 등을 발전시키는 데 용이하다.

⑤ 다양한 프로그램을 통해 경험, 교육의 기회가 많다.

27 그룹의 발달단계 중 〈보기〉와 같은 특성을 나타내는 단계는?

보기

가. 상호작용 유형이 발달
나. 응집력 있는 집단형성
다. 목표지향적 활동
라. 하위집단 형성 시작

① 준비단계
② 오리엔테이션단계
③ 탐색 및 시험단계
④ 문제해결단계
⑤ 종료단계

28 집단구성원 간의 불안과 긴장이 높은 단계로 사회사업가 집단의 목표를 보다 명확히 하고 집단과제를 분명히 해야 하는 집단발달단계는?

① 집단구성단계
② 종결단계
③ 탐색 및 시험단계
④ 오리엔테이션단계
⑤ 문제해결단계

29 심리사회모델 이론에서 '상황 속의 인간'이라는 시각을 강조한 학자는?

① 칼 로저스(Carl R.Rogers)

② 윌리엄 글래서(William Glasser)

③ 고든 해밀턴(Gordon Hamilton)

④ 트렉커(H.B. Trecker)

⑤ 노던(H. Northen)

30 집단대상 사회복지실천의 장점이 아닌 것은?

① 일반화 ② 모방행동

③ 정보전달 ④ 성원의 순응

⑤ 실존적 요인

31 집단을 대상으로 하는 상담에서 초기단계에 필요한 사회복지실천기술은?

① 목표설정, 모델링, 재구성

② 신뢰감 조성, 오리엔테이션, 조언

③ 오리엔테이션, 집단운영방식, 피드백

④ 신뢰감, 목표설정, 모델링

⑤ 목표설정, 피드백, 재구성

32 다음 〈보기〉에서 설명하는 사회복지실천기술에 해당하는 것은?

보기

지금까지 이야기한 것 중에서 가장 중요한 부분이 무엇이라고 느끼시는지요?

① 부분화 ② 초점화

③ 질문하기 ④ 재구성하기

⑤ 목적의 명료화

33 다음 중 집단활동에 대한 설명으로 옳지 않은 것은?

① 서로 도울 수 있는 경험을 할 수 있다.

② 다른 사람으로부터 경험, 태도, 행동 등을 배울 수 있는 기회를 갖는다.

③ 개별상담보다 개인의 태도를 변화시키는 것이 어렵다.

④ 시간과 비용에 있어 효율적이다.

⑤ 새로운 학습을 위한 실험실 역할을 한다.

34 집단구성에 있어서 고려되어야 할 기본원칙에 속하지 않는 것은?

① 성원의 이미지

② 성원이 갖는 속성의 동질성

③ 성원이 갖는 속성의 이질성

④ 집단의 크기

⑤ 집단의 형태

35 다음 중 집단의 개념정의로 옳지 않은 것은?

① 10인 이상의 집합체로서 일정한 구성원을 가져야 한다.

② 성원들이 소속감을 가져야 한다.

③ 성원들이 공통의 목적이나 관심사를 가져야 한다.

④ 성원들끼리 정서적 결속과 함께 상호의존적이며 상호작용이 이루어져야 한다.

⑤ 성원의 기능과 역할을 규제하는 규범을 가져야 한다.

36 집단사회사업의 4대 구성요소로 볼 수 없는 것은?

① 프로그램　　② 워커

③ 목적　　　　④ 집단

⑤ 집단구성원

37 다음 〈보기〉의 사례는 어느 집단에 관한 내용인가?

・보기・

가. 이혼가정의 취학아동 모임
나. 암환자 모임

① 지지집단   ② 교육집단
③ 성장집단   ④ 치유집단
⑤ 사회화 집단

38 집단사회복지실천의 모델 중 상호작용모델의 내용이 아닌 것은?

① 이 모델의 초점은 개인과 집단 간의 상호 또는 공생적 관계이다.
② 사회복지사는 개인과 집단의 관계나 경계의 불균형을 방지하고 상호원조체계가 되는 방법을 배우도록 집단이 변화를 위한 힘을 늦추도록 돕는 조력자이거나 중개자이다.
③ 성장집단을 그 예로 들 수 있다.
④ 오늘날 상호원조모델과 같다.
⑤ 사회복지사가 구성원과 권력을 공유하고 집단에 대한 통제권을 공유할 것을 요구한다.

39 다음 〈보기〉는 집단사회복지실천 모델 중 무엇에 관한 내용인가?

・보기・

가. 집단을 통해 개인을 치료한다.
나. 사회복지사가 집단형성과 운영에 막대한 힘과 영향을 행사한다.

① 상호작용적 모델
② 사회목적모델
③ 치료모델
④ 과정모델
⑤ 문제해결모델

40 다음 〈보기〉와 같은 집단목적을 가지는 집단은?

・보기・

능력과 자의식을 넓히고 개인적 변화를 끌어낼 수 있는 기회제공과 자아향상에 있다.

① 지지집단   ② 교육집단
③ 성장집단   ④ 치유집단
⑤ 사회화집단

41 다음 중 개방집단의 장·단점이 아닌 것은?

① 새로운 성원이 들어오게 되므로 아이디어와 자원을 유입한다.
② 폐쇄집단보다 창조적이다.
③ 집단의 응집력과 연속성이 높다.
④ 새로운 성원으로 인해 집단의 성격이 변화된다.
⑤ 집단의 진행이 순조롭지 못하고 동일한 집단과정을 되풀이하여 집단발달을 저해한다.

42 가족치료모형 중 가족내 각 성원으로 하여금 보다 나은 자아분화, 미분화된 가족자아 집합체에 적정한 모형은?

① 보웬모형
② 정신역동모형
③ 구조적 모형
④ 의사소통모형
⑤ 전략적 모형

43 기능적 가족의 특성으로 옳지 않은 것은?

① 분명한 경계와 자율성
② 서로에 대한 깊은 신뢰감
③ 가족발달에 맞게 변화하는 유연성 있는 가족규칙
④ 부모가 연합하여 권력을 가지되, 위협적이지 않음
⑤ 정형화된 역할 부여

44 가족대상의 효과적인 개입을 위한 지침으로 옳지 않은 것은?

① 가족의 욕구에 초점을 둔다.
② 클라이언트의 자율성을 존중한다.
③ 의존 조성을 피한다.
④ 클라이언트의 저항을 재사정한다.
⑤ 최대한 기대를 많이 갖도록 한다.

45 가족대상의 개입기법 중 가족성원 각자가 체계 내에서 적절한 위치에 있도록 가족 내 세대 간 경계를 분명하게 유지하기 위해 원조하는 것은?

① 합류하기　　② 경계만들기
③ 직면　　　　④ 가족조각
⑤ 재구조화

46 다음 〈보기〉에서 설명하는 가족대상 개입기법은?

> 클라이언트의 언어적이고 비언어적인 행동에 일치하지 않는 부분을 지적해서 의식적으로 인지할 수 있도록 하는 것이다.

① 경계만들기　　② 합류하기
③ 재정의　　　　④ 직면
⑤ 재구조화

47 다음 〈보기〉에서 설명하는 기록방법은?

> 가. 클라이언트가 실제로 말했던 것을 정확하게 상기할 수 있도록 그대로 기록하는 것
> 나. 사회복지사와 클라이언트의 의사소통을 있는 그대로 기록
> 다. 사회복지실습이나 교육방법으로 유용
> 라. 시간이 많이 들고, 불완전하며, 왜곡된 정보를 제공할 수 있음

① 과정기록
② 이야기체 기록
③ 문제지향적인 기록
④ 요약기록
⑤ 실험기록

48 사회복지실천 기록방법 중 주로 클라이언트에게 일어난 변화에 초점을 두어 기록하는 방법은?

① 과정기록　　　② 진단기록
③ 시계열기록　　④ 요약기록
⑤ 문제중심기록

49 이야기체 기록방법의 특징으로 옳지 않은 것은?

① 융통성이 있다.
② 시간의 순서에 맞게 기록한다.
③ 사회복지사의 재량에 상당부분 의존한 다.
④ 면담내용을 지나치게 단순화해서 초점 이 불명확할 수도 있다.
⑤ 기록하는 데 시간이 많이 걸려 비효율적 이다.

50 기록유형별 장·단점에 관한 설명으로 옳지 않은 것은?

① 과정기록 – 사회복지사와 클라이언트 사이의 활동을 개념화·조직화함으로써 사례에 대한 개입 기술을 향상시키는 데 도움이 된다.
② 문제중심기록 – 문제의 목록화와 진행 을 중심으로 기록하는데, 서비스 전달 의 복잡성을 간과하는 경향이 있다.
③ 이야기체 기록 – 초점을 명확히 기술함 으로써 체계적이고 전형적인 정보를 구 축하는 데 유용하며 나중에 정보복구가 용이하다.
④ 복지정보시스템을 이용한 기록 – 실천 과정에 따라 정해진 양식에 내용을 입력 함으로써 정보검색이 용이하고 관련 정 보를 한 번에 보다 수월하게 조회할 수 있다.
⑤ 시계열기록 – 사회복지실천 개입 전, 개입 중, 서비스 종결 후까지 클라이언 트 상황을 파악·기록하여 서비스 목적 이 달성되었는지를 보여준다.

05

지역사회복지론

[핵심요약]

 지역사회 일반

1 지역사회의 개념

① 지역사회란 영어의 community와 동등한 개념으로 이해된다.

② 지역사회는 문화적인 동질성 및 내부 상호작용을 강조한다.

③ 지역사회는 지역적인 특성 및 분리성을 강조한다.

④ 지역사회를 기능중심적으로 정의하는 것이 일반적이다.

⑤ 지역사회는 다른 지역과 구분되는 특수성, 분리성을 나타내는 지리성 및 지역적인 경계를 가진다.

⑥ 지역사회는 사회적 또는 문화적인 동질성, 합의성, 자조성, 다른 형태의 집단행위와 상호 작용성을 가진다.

2 지역사회의 기능

① 생산, 분배, 소비의 기능

② 사회화의 기능

③ 사회통제의 기능

④ 사회통합의 기능

⑤ 상부상조의 기능

3 지역사회기능의 비교기준

① 지역성의 자치성 정도

② 서비스 영역의 일치성 정도

③ 수평적 유형

④ 지역에 대한 주민들의 심리적 동일시 여부

④ 지역사회에 관한 이론

기능주의 관점	갈등주의 관점	통합주의적 관점
• 사회는 여러 부분으로 구성된 사회 내의 합의된 가치, 규범에 따라 변한다. • 사회는 균형 또는 안정을 추구함을 강조한다. • 지역사회의 변화나 지역사회에서의 자원, 권력을 둘러싼 하위체계들 간의 갈등을 설명하는 데 취약하다. • 지역사회를 하나의 체계로 간주한다. • 사회를 구성하고 있는 하위체계들 간의 조절, 통합 등이 발생한다. • 지역사회를 포함한 모든 사회체계는 균형상태를 향해 움직이는 경향이 있다. • 체계들 간의 조절, 조정, 통합 등을 통해서 사회체계를 유지한다.	• 지역사회 내에서 사회구성원들의 다양한 자원, 권력 등이 불균등하게 분배되었음을 지적한다. • 지역사회에 존재하는 갈등현상에 주목한다. • 갈등관계를 통해 지역사회의 변동을 가져온다고 본다. • 기능주의 이론에 대한 대안의 역할을 한다. • 사회적 현상들을 갈등과 투쟁의 역할로 설명한다. • 마르크스, 엥겔스 등이 대표적인 이론가이다. • 갈등이론의 핵심은 갈등과 사회행동이다.	• 통합주의적 관점이란 신갈등주의라고도 한다. • 기능적 갈등주의 또는 갈등적 기능주의의 입장을 취한다. • 갈등을 사회화의 한 형태로 보며, 갈등은 사회를 분열시키는 것이 아니라 재통합시켜 준다고 본다. • 입법과 정책수립을 통하여 갈등을 수용하고 제도화하려고 한다. 즉, 통합주의적 관점은 사회제도를 통하여 갈등을 수용하려고 한다.

⑤ 지역사회 분석틀

사회체계론	수평적으로는 지역사회의 하위체계들이 지역사회 내에서 상호작용하는 방식에 초점을 두고, 수직적으로는 지역사회의 하위체계들이 지역사회 외부체계와 상호작용하는 방식에 초점을 둔다.
생태학적 이론	문화적·역사적 맥락에서 인간과 환경의 관계를 밝힌다.
지역사회 상실론	전통적 지역사회가 붕괴됨에 따라 상호부조 기능은 국가의 사회복지제도의 개입에 의해서 이루어져야 한다는 견해이다.
지역사회 보존이론	복지국가의 제도적 역할을 축소하고 가족이나 지역사회가 갖고 있는 상호부조 기능을 강조한다.
지역사회 개방이론	사회적 지지망의 관점에서 비공식적 연계를 강조한다.

지역사회복지실천 일반

지역사회복지실천의 개념	지역사회복지실천은 지역사회를 대상으로 하는 사회복지실천을 포괄하는 개념으로 지역사회 수준의 지역사회집단, 조직과 제도, 지역주민 간의 관계 및 상호작용의 행동패턴을 변화시키는 실천기술의 적용이라고 할 수 있다.
지역사회복지실천의 기능	• 복지자원의 개발기능 • 서비스의 연계기능 • 기관, 단체 간의 조정기능 • 지역주민 욕구 발견과 문제해결 기능
지역사회복지실천의 목표	• 사회적 욕구를 파악하고 우선순위를 결정한다. • 목적달성을 위한 자원을 효율적으로 조정하고 동원한다. • 지역주민의 적극적인 참여를 유도한다. • 지역사회의 욕구를 충족하고 욕구와 자원 간의 조정과 균형을 도모한다. • 클라이언트 집단의 환경에 대한 대처능력을 강화시킨다. • 사회적 조건과 서비스를 개선하고자 한다.

자선조직협회와 인보관운동

구분	자선조직협회(COS)	인보관운동
사회문제 근원	개인적인 속성	환경적인 요소
이념적 측면	사회진화론적 사상	자유주의, 급진주의 사상
참여자 유형	사회의 상류층 또는 이들 가까이 지내는 사람들	교육을 받은 중류층(지식인 및 대학생)
사회문제의 접근방법	빈민을 개조하거나 상황의 역기능적인 면을 수정하고자 함	빈민과 같이 거주하면서 그들의 생활을 어느 정도 동정하고 기존의 사회질서를 비판함
사회문제의 해결방식	단순히 물질적 제공을 자의적으로 행함보다는 우애의 정신으로 구제의 도덕적 개혁을 강조한다. 즉, 빈곤의 죄에서 개인을 구제하는 도덕적 개혁을 말함	실용주의적 성격을 띠며 미리 정해진 방안은 없다. 당면한 사회문제에 대해 일관성 있는 분석을 하지 않고 산업화, 도시화, 이민 등의 사회현상이 미치는 영향에 관심을 가지면서 실현 가능한 효과적인 해답을 구하고자 함

서비스 제공시 역점을 둔 내용	기관들 간의 서비스 조정	서비스 : 유치원, 아동을 위한 클럽, 오락 프로그램, 야간 성인학교, 공중목욕탕, 그림 전시회 등 추진
활동성격, 내용	• 자선 기관들과의 협력적 계획모색 • 새로운 복지기관 설립, 낡은 기관 개혁 • 입법활동 전개 • 지역사회계획 전문기관 탄생 • 사회조사기술 발전	• 사회개혁적인 면 강조 • 주민과 함께 생활하면서 환경과 제도를 개혁하고자 함 • 새로운 서비스 강구, 기존 서비스 향상, 입법·행정적 혁신까지 포함 • **참여와 민주주의 강조** : 대화를 토대로 욕구와 서비스를 발견하고 주민 상호 간의 관계를 저해하는 요인 제거
구제방법	우애 방문원의 도덕심을 본받도록 함	• 잠재능력을 발휘하도록 하는 교육에 역점 • 아동 노동 반대 • 시 단위의 개혁이 자신들의 문제를 보다 효과적으로 대처할 수 있는 능력을 배양하는 과정으로 인식

 지역사회모델

1 지역사회개발

① 지역수준에서 광범위한 지역주민들의 참여를 통해서 지역의 변화를 시도해 보려는 것이다. 지역사회의 변화를 가장 효과적으로 이루기 위해 지역주민들을 목표결정과 실천행동에 참여시켜야 한다는 전제하에서 나온 지역사회복지활동의 한 형태이다.

② 교육적 목적, 토착적인 지도자의 개발, 자조정신의 촉진, 자발적인 협동 등 민주적인 절차를 포함하는 지역개발을 강조할 뿐만 아니라 사회복지관에 의한 근린지역, 소단위 지역을 위한 프로그램, 성인교육도 포함된다.

③ 사회복지사의 역할은 변화매개자로서의 역할, 의견의 중개자 또는 조정자의 역할, 문제해결 방법과 가치에 대한 지도 등을 하는 교육자로서의 역할을 강조한다.

2 사회계획

① 사회계획모델은 비행청소년, 주택, 고용, 정신건강 등과 같은 사회적 문제해결을 위한 전문적인 기술과정을 강조한다.

② 전문적인 계획자에 의해서 체계적·합리적인 계획수립과 계획된 변화시도로 복잡한 산업 사회 환경을 변화시켜 보자는 전제하에서 중앙정부 수준이나 지방정부 수준에서의 도시재개발 계획과도 밀접한 관계를 맺고 있는 모델이다.

③ 이 모델에 의한 사회계획전문가는 지역사회에 있는 하위체계 간의 이해관계 갈등이나 일치에 대해서보다는 문제에 대한 그의 전문적 지식과 기술의 활용에 보다 신경을 쓰게 된다.

④ 이 모델에서는 문제해결을 위한 합리적인 계획수립과 통제된 변화를 중요하게 다루지만, 지역 사회개발모델처럼 지역사회의 문제해결 능력을 배양한다거나 사회행동모델처럼 근본적인 사회변혁을 증진시키는 것은 중요하지 않다.

⑤ **구체적인 활동**
    ㉠ 문제의 발견과 정의
    ㉡ 의사전달 구조 및 행동체계의 구축
    ㉢ 사회적 목표와 정책의 선택·결정
    ㉣ 계획의 실제적인 수행
    ㉤ 활동 결과에 대한 평가 등

3 사회행동

① 사회행동은 지역사회의 불우계층에 처한 주민들이 사회정의와 민주주의에 입각해서 보다 많은 자원과 향상된 처우를 그 지역사회에 요구하는 행동을 말한다.

② 사회사업가는 지역사회의 기존제도와 현실에 대한 근본적인 변화를 추구한다.

③ 사회사업가들은 권력, 자원, 지역사회 정책결정에 있어서의 역할 등의 재분배를 추구하며 공공기관의 근본정책에 대한 변화를 추구한다.

지역사회복지실천분야에 대한 이해

1 아동복지

① 빈곤, 유기, 질병, 결함 등을 지닌 아동이나 환경에 적응하지 못하는 비행아동들에게만 관심을 두는 것이 아니라 모든 아동들이 제 발달의 측면에서 안전하고 행복하게 육성될 수 있도록 위험으로부터 보호하는 공·사 제 기관에서 실시하는 서비스 활동을 말한다.

② 아동의 권리에 입각한 생존, 발달, 보호, 참가 등 실질적인 향상이 보장되어야 한다.

③ 아동은 자신 또는 부모의 성별, 연령, 종교, 사회적 신분, 재산, 장애 유무, 출생지역 등에 따른 어떤 차별도 받지 않고 자라나야 한다.

④ 아동은 안전하고 조화로운 인격발달을 위하여 안정된 가정환경에서 행복하게 자라나야 한다.

⑤ 아동에 관한 모든 활동에 있어서 아동의 이익이 최우선적으로 고려되어야 한다.

2 장애인 복지

① 장애인의 정상화를 위하여 재활로서 사회통합을 이루려는 관계전문가의 조직적인 서비스 활동이다. 따라서 사회복지사업분야에서 가장 핵심적이고도 사회적 욕구를 필요로 하는 분야이다.

② 장애인이란 선·후천적으로 신체적·정신적 능력의 결여로 인해 일반적으로 개인 또는 사회생활에 필요한 것을 자력으로 부분적으로나 완전하게 기능을 할 수 없는 자이다.

③ 신체적 장애란 주요 외부 신체기능의 장애, 내부기관의 장애 등을 말한다.

④ 정신적 장애란 정신지체 또는 정신적 질환으로 발생하는 장애를 말한다.

3 노인복지

① 모든 국민은 인간다운 생활을 할 권리를 가지므로 이러한 인간다운 생존권적 기본권을 보장하기 위해서 국가는 노인의 복지증진을 위한 정책을 실시할 의무가 있다.

② 노인은 후손의 양육과 국가 및 사회발전에 기여하여 온 자로서 존경받으며 건전하고 안정된 생활을 보장받는다.

③ 노인은 능력에 따라 적당한 일에 종사하고 사회적 활동에 참여할 기회를 보장받는다.

④ 노인은 심신의 건강을 유지하고 그 지식과 경험을 활용하여 사회의 발전에 기여하도록 노력하여야 한다.

4 가족복지

① 가족은 단순한 개인의 집합체가 아니라 하나의 역동적 체계와 개인과 가족의 밀접한 역할 기능이 내재한 상관관계성을 중시한다.

② 가족복지란 가족이 처한 생활상의 곤란으로 인한 가족원 개개의 존엄성 상실과 가족생활의 중대한 위기를 해결하고 가족생활을 강화시키기 위한 사회적 조직활동이다.

가족치료의 유형

합동치료	• 1인의 워커가 전 가족성원을 동시에 면접한다. • 반드시 혈육이 아닐지라도 긴밀한 관계자로 포함한다. • 가족 상호작용이나 기능, 역할, 균형상태 등을 빨리 이해할 수 있다. • 질병, 실직, 전직, 출생 등 외형적 스트레스에 효과적이다.
협동치료	• 별도의 워커가 할당되어 개별적인 면접 후 정기적 회합을 통해 정보를 교환하고 협동적으로 치료한다. • 지리적 조건이 나쁘거나, 특정의 워커를 꺼릴 때 과도한 동일화의 방지와 새로운 시각적 정보획득이 용이하다.
병행치료	• 합동면접 후 개개 가족성원에 대한 개별면접을 병행한다. • 개인의 정신 내적 문제에 대한 깊은 내성이 필요하다. • 클라이언트가 가진 감정이나 생각의 표현에 비밀을 보장해 주어야 할 필요가 있을때이다. • 치료의 이중성을 고려하여 객관적이고도 타당성 있는 설득력이 요구된다.
혼합치료	• 케이스의 변화에 따라 적절한 치료방법을 선택하면서 문제를 해결한다. • 원조방법의 객관화·표준화가 어렵다.

시설보호, 지역사회보호, 재가보호의 비교

시설보호	지역사회보호	재가보호
• 장애인, 노인 등 사회적 보호를 요하는 사람들이 하나의 일정한 시설에서 보호서비스와 함께 의식주를 제공받으면서 장기적·단기적으로 거주하는 형태의 사회적 보호를 말한다. • 주거개념이 포함되며, 훈련된 직원이 함께 거주하며, 엄격한 규율과 절차가 있어 개인의 자유와 선택이 제한되는 폐쇄적 개념의 보호이다.	• 가능한 한 사회적 보호를 필요로 하는 사람의 가정 또는 그와 유사한 지역사회 내의 환경에서 서비스를 제공하는 사회적 보호의 형태이다. • 가정 또는 가정과 유사한 환경이다. • 서비스 제공을 위해 함께 동거하는 직원이 없다. • 일상적인 생활의 결정은 개인이 한다.	보호를 필요로 하는 사람들이 자신의 가정에서 보호를 받는다는 개념이다. • 공공과 민간의 공식적 조직에 의한 보호와 가족, 친척, 이웃 등 비공식적 조직에 의한 보호 모두를 포함한다. • 3대 핵심사업 : 주간보호사업, 단기보호사업, 가정봉사원 파견사업

지역사회복지실천의 원칙과 개입과정

지역사회복지실천의 일반원칙	• 지역주민 스스로의 욕구를 충족시켜야 한다. • 참여는 자발적이어야 한다.
지역사회복지실천의 과정	• 문제발견 및 분석 • 정책 및 프로그램 개발 • 프로그램 실천 • 프로그램 평가

사회복지사의 역할

지역사회개발모델	사회계획모델	사회행동모델
• 안내자로서의 역할 : 문제해결을 위한 목표를 설정하고 해결방안을 마련하도록 돕는 역할 • 조력자로서의 역할 : 촉매자의 역할로서 불만을 집약하고 조직화를 격려하는 역할 • 전문가로서의 역할 : 자료를 제공하고 직접적인 충고를 하는 역할 • 사회치료자로서의 역할 : 적절한 진단을 통하여 규명된 성격과 특성을 주민들에게 제시하여 그들의 이해를 돕는 역할	모리스와 빈스톡 • 계획가로서의 역할 • 사회복지서비스를 개선하고 사회문제를 완화시키는 주요 수단은 정책을 고치는 것이며, 사회복지사는 이러한 목적달성을 위해서 노력하는 계획가로 본다. 샌더스 • 분석가로서의 역할 • 계획가로서의 역할 • 조직가로서의 역할 • 행정가로서의 역할	그로서 • 조력자의 역할 : 불우계층의 복지를 증진시키기 위해 그들 편에서 활동 전개 • 중개자의 역할 : 빈민과의 활동시 특히 중요 대변자의 역할 (정보수집, 주민들 입장에서의 정당성 주장) • 행동가의 역할 : 갈등적인 상황에서 클라이언트의 행동을 조직화함 그로스만 조직가로서의 역할(지역사회의 자조능력을 활성화)

지역사회복지관

지역사회복지관의 정의	지역사회 내에서 일정한 시설과 전문인력을 갖추고 지역사회의 인적·물적 자원을 동원하여 지역사회복지를 중심으로 종합적인 사회복지사업을 수행하는 사회복지시설이다.
사회복지관의 평가	• 책임성 증대 • 서비스 전문화 • 서비스 효과성 증진 • 업무수행능력 향상
지역사회복지관의 기능	• 근린지역의 다양한 욕구를 충족시키기 위해 통합된 서비스를 제공한다. • 서비스의 중복과 누락을 방지하기 위해 서비스 간의 조정을 모색한다. • 지역주민의 문제해결을 위해 공동의 노력을 할 수 있도록 집단을 구성한다. • 새로운 지식과 기술을 응용하고 실험한다.
운영 기본원칙	• **지역성의 원칙** : 지역사회의 특성과 지역주민의 복지욕구를 신속하게 파악하여 반영한다. • **전문성의 원칙** : 노인, 장애인, 아동 등 특정한 문제해결을 위한 전문적인 프로그램을 실시한다. • **책임성의 원칙** : 사업수행에 따른 효과성과 효율성을 입증하고 책임을 다하려고 노력한다. • **자율성의 원칙** : 기관의 능력을 최대한 발휘할 수 있는 자율성을 확보한다. • **통합성의 원칙** : 사회복지기관 간의 서비스의 연계성과 효율적인 서비스를 제공한다. • **자원활용의 원칙** : 지역사회 내의 복지자원을 최대한 동원·활용하여야 한다. • **중립성의 원칙** : 정치활동, 영리활동, 특정 종교활동 등으로 이용되지 않아야 한다. • **투명성의 원칙** : 자원을 효율적으로 이용하고 운영과정의 투명성을 유지하여야 한다.
역할	• 대변자의 역할 • 공동이용센터의 역할 • 자원동원의 역할 • 직업안정센터의 역할 • 지역사회 문제파악의 역할 • 사회행동센터로서의 역할 • 사회교육센터로서의 역할 • 레크리에이션 센터로서의 역할
사업내용 (시행규칙 제23조의2)	• **가족기능강화** : 가족관계증진, 가족기능보완, 가족문제 해결 및 치료, 부양가족 지원, 다문화가정·북한이탈주민 등 이용자 특성을 반영한 사업 • **지역사회보호** : 급식서비스, 보건의료서비스, 경제적 지원, 일상생활 지원, 정서 서비스, 일시보호서비스, 재가복지봉사서비스 • **지역조직화** : 주민조직화 및 교육, 복지 네트워크 구축, 주민복지증진, 자원봉사자 개발·관리 및 후원자 개발·관리, 지역사회연계사업, 지역욕구조사, 실습지도 • **교육·문화** : 아동·청소년 사회교육, 성인기능교실, 노인여가·문화, 문화복지사업 • **자활사업** : 직업기능훈련, 취업알선, 직업능력개발, 그 밖의 특화사업

사회복지협의회

주요업무	• 사회복지에 관한 조사연구 및 정책을 건의한다. • 사회복지에 관한 교육 및 훈련을 한다. • 사회복지에 관한 자료수집 및 간행물을 발간한다. • 사회복지에 관한 계몽 및 홍보를 한다. • 자원봉사활동을 진흥시킨다. • 사회복지사업에 종사하는 자의 교육훈련과 복지증진을 담당한다. • 사회복지에 관한 학술도입과 국제사회복지단체와의 교류를 수행한다. • 보건복지부장관이 위탁하는 사회복지에 관한 업무를 담당한다. • 기타 중앙협의회, 시·도협의회, 시·군·구협의회의 목적달성에 필요하여 정관으로 정하는 사항이다.
문제점	• 지방자치단체별로 예산의 확보가 어렵다. • 지방정부의 예산지원으로 인한 관변단체화가 노골적으로 대두되고 있다. • 사무국 인력부족으로 사업을 실시하지 못하고 있다. • 중앙정부 및 지방정부는 사회복지협의회를 사회복지 직능단체 그 이상으로 여기지 않는다.

 지역공동모금회

 의의

① 지역주민의 욕구를 충족시키기 위하여 기부금을 통한 민간사회복지의 재원을 조성한다.

② 기부금을 통해 민간사회복지기관의 재정운용의 안정성을 부여하여 사회복지서비스 프로그램의 전문화 및 질적 수준을 제고시킬 수 있는 기회를 제공한다.

② 특징

① 봉사활동으로서 민간운동의 특성을 띤다.

② 지역사회를 중심 기반으로 한다.

③ 효율성을 높이고 일원화시킬 수 있다.

④ 공표한다.

⑤ 전국적인 협조를 도모할 수 있다.

③ 사회적 기능

① 민주시민으로서의 권리와 책무 수행

② 사회적 연대와 상부상조 정신의 고양

③ 사회복지자금의 조성

④ 사회복지에 관한 이해의 보급과 여론 형성 가능

④ 모금원

① **개별형** : 일반 개인을 대상으로 하는 모금(가장 기본적인 방법)

② **기업중심형** : 회사, 공장 등 사업체와 근로자를 대상으로 하는 모금

③ **단체형** : 재단, 협회 등의 단체가 대상이 되는 모금형

④ **특별사업형** : 특별한 프로그램 등의 일시적 행사나 프로그램을 통해 모금

　　　　예 백만인 걷기대회, 자선골프대회 등

사회복지사무소

설치배경	• 시·군·구 복지조직이 잦은 인사이동, 전문성 부족 등으로 중앙의 정책을 읍·면·동에 전달하는 역할만 하고 지역특성에 맞는 정책수립이 미흡하다. • 공공·민간복지기관 간 정보 공유와 연계·협력체계가 구축되지 않아 복지서비스가 중복·누락되고 있다. • 읍·면·동 사회복지전담공무원이 복지업무의 전 분야를 전담하고 있어 행정업무에 급급하여 취약계층 발굴, 상담, 전문적인 서비스의 제공이 어렵다. • 국가의 도움을 받지 못하는 사각지대가 존재하고 서비스의 질적 개선이 시급하다.
설치원칙	• 전문성 : 전문인력에 의한 복지행정 일원화 및 집중화 • 통합성 : 업무 중심이 아닌 이용자 중심의 서비스 전달체계 구축 • 효율성 : 복지서비스 자원의 효율적 관리 • 책임성 : 서비스 이용자들의 욕구에 모나 석극석으로 내응 • 신속성 : 서비스 이용자들의 욕구에 신속하게 대응 • 공정성 : 이용자 선정과정부터 급여 제공, 사후관리까지 객관적 판단기준을 적용 • 일관성 : 복지담당인력의 업무 집중도, 복지업무의 조직적 관리 • 접근성 : 지리적·심리적 접근성 • 서비스 연계 : 보건, 고용 등 복지서비스와 밀접한 관련이 있는 서비스와의 연계

자원봉사 일반

1 자원봉사의 개념

① 사회문제의 예방 및 해결 또는 국가의 공익사업을 수행하고 있는 공사조직에 자발적으로 참여하여 영리적인 반대급부를 받지 않고서도 인간의 존엄성과 민주주의 원칙에 입각하여 타인들에게 필요한 서비스를 제공함으로써 사회의 공동선을 고양시킴과 동시에 이타심의 구현을 통해 자기실현을 성취하는 활동을 말한다.

② **자원봉사자** : 개인, 집단, 지역사회가 직면한 사회의 제 문제들을 예방 또는 개선하고자 하는 목적으로 행하는 공·사적인 단계에서 무보수, 자발성으로 봉사하고자 하는 개인을 말한다.

2 자원봉사의 특성

- 자발성
- 무보수성
- 복지성
- 계속성
- 민간성
- 여가선용성
- 창의성
- 실천성
- 개척성
- 공공성
- 이타성
- 자아실현성

3 발생배경

① 산업화와 정보화로 인한 가족과 경제제도의 변화가 국민의 지역사회 공동체의식과 이웃의 필요성에 대한 인식을 증가시켰다.

② 물질적 풍요에도 불구하고 비복지의 증가로 각종 사회문제가 급증하였다.

③ 사회복지관련 공사조직의 예산의 제한성으로 인해 조직 내의 인력부족현상을 초래하였다.

④ 사회복지의 효과성을 제고시키기 위해서 지역사회 참여가 필수적이라는 현대사회복지의 새로운 조류를 형성하였다.

⑤ 자원봉사활동을 통한 잠재능력의 개발과 국민의 참여의식에 대한 인식이 증대하였다.

4 기능

① 시설 및 기관의 서비스 기능

② 가정서비스 기능

③ 지역형성기능

④ 사회제도의 개발과 수정의 기능

⑤ 역할

① **인간화 역할** : 사회의 비인간적 요소와 분위기를 보다 인간적으로 전환시킨다.

② **사회화 역할** : 부적합한 사회화의 과정을 개선·원조한다.

③ **민주화의 역할** : 민주적 가치와 실천방식을 조기에 정착시킨다.

④ **문제해결의 동반자적 역할** : 다양한 자원과의 공동작업을 수행한다.

⑥ 자원봉사활동의 원칙

① 활동의 원점을 기본적 인권의 양호에 둔다.

② 활동에 있어 민주주의 정신과 방법을 존중한다.

③ 시민적 성격을 견지한다.

④ 공공성과 사회성을 가져야 한다.

⑦ 자원봉사자의 자세

① 자원봉사자의 동기를 점검하고 처음의 순수함을 되새기는 자세

② 책임감을 갖는 자세

③ 기관 및 기관 직원과 조화를 이루는 자세

④ 동료 자원봉사자와 조화를 이루는 사세

⑤ 자기 개발의 노력과 교육훈련 프로그램에 참여하는 자세

⑥ 업무상의 비밀을 유지하는 자세

⑦ 자원봉사의 한계성, 임무와 권리를 상기하는 자세

⑧ 하루하루의 봉사를 위하여 준비하는 자세

 지역사회복지운동

의의	• 의도적이며 조직적인 활동으로 시민사회의 성장과 사회변화를 추구하는 시민운동과 맥을 같이함 • 지역사회주민의 주체성과 역량을 강화하고 지역사회의 변화를 주도하는 조직운동 • 주민참여의 활성화에 의해 복지권리의식과 시민의식을 배양하는 사회권 확립운동 • 주된 관심사를 지역사회주민의 삶의 질과 관련된 생활영역에 두고 있기 때문에 지역사회복지의 확산과 발전을 위한 생활운동으로서 의미를 가지고 있음 • 지역사회의 다양한 자원활용 및 관련조직 간의 유기적인 협력이 이루어지는 운동

목표	• 주민참여의 활성화 • 주민 복지권 증진 • 지역사회복지자원 확충 • 지역사회복지기관 확대
활성화 방안	• 운동주체의 조직화 • 시민사회단체와의 연대 • 지역사회복지단체의 네트워크화

 ## 욕구사정을 위한 자료수집방법

질적 조사방법	• 비공식적 인터뷰 : 지역사회 조직화를 위해 지역사회와 그 주민들에 대해 올바른 이해와 통찰력을 개발하는 것이 필요하다. • 공식적 인터뷰 : 지역조건이나 특정 사회문제에 관해 전문적 지식을 소유한 주요정보 제공자들과 공식적인 회합을 가질 수 있다. • 민속적 방법 : 사회적 약자계층의 문화적 규범과 실천행위를 규명하는 데 활용할 수 있는 방법이며, 통상 지배문화로부터 벗어난 사람들의 삶의 양식을 조사하는데 이용되어 왔다. • 지역사회포럼 : 지역사회 이슈에 관한 자료수집뿐만 아니라 지역문제 및 해결책에 대한 지역사회 구성원들의 공통인식을 촉진하려는 목적으로 욕구사정을 활용한다. • 대화기법 : 지역사회 구성원들이 지역문제에 대한 공통의 이해를 넓히고 문제를 해결하기 위한 연합행동에 동의하는 데 있다. • 명목집단기법 : 지역사회문제에 대한 이해를 높이고, 목표확인과 행동계획의 개발에 활용되는 방법이다. • 초점집단기법 : 지역사회집단의 이해관계를 잘 대표하는 대표자의 인터뷰를 통한 조사방법이다. • 델파이기법 : 전문가 중심의 주요 정보제공자들을 활용하는 방법이다.
양적 조사방법	• 지표분석방법 : 인구조사자료 등의 통계적 분석 • 사회조사방법 : 전화조사, 면접조사, 클라이언트와 전문가의 서신, 자원과 이용자에 대한 기록과 보고서 등을 통한 조사 • 구조화된 서베이 : 구조화된 또는 반구조화된 질문지 등을 사용한 조사 • 프로그램 모니터링 : 프로그램 적용대상의 적정성을 판단하고 효과성을 검토함

[적중문제]

정답 및 해설 307p

□ 3 과목   □ 4 과목   ☑ 5 과목

01 지역사회복지실천에서 추구하는 가치로 부적절한 것은?

① 문화적 다양성 존중
② 배분적 사회정의
③ 임파워먼트
④ 비판의식의 지양
⑤ 상호학습

02 지역사회복지실천의 기능이 아닌 것은?

① 개인 익명성 보장기능
② 복지자원의 개발기능
③ 서비스의 연계기능
④ 기관 및 단체 간의 조정기능
⑤ 지역주민의 욕구발견 및 문제해결기능

03 한 사회의 일반적 지식, 사회적 가치, 행동양식을 그 사회구성원들에게 전달시키는 지역사회의 기능은?

① 사회화 기능
② 상호부조기능
③ 사회통합기능
④ 사회통제기능
⑤ 생산 · 분배 · 소비의 기능

04 개인주의 이념과 기능주의적 이론에 입각해 사회복지를 규정한 사회복지의 중요대상 문제는?

① 빈곤   ② 결손가족
③ 박탈   ④ 탈선행동
⑤ 실업

05 다음 〈보기〉에서 설명하는 지역사회이론은?

과거 전통사회의 공동체에 대한 향수를 바탕으로 지역사회 공동체는 이상적인 것으로서 현실에서 복구될 수 없으므로 사회복지제도가 개입되어야 한다는 이론이다.

① 지역사회 상실이론
② 지역사회 보존이론
③ 지역사회 개방이론
④ 지역사회 성장이론
⑤ 지역사회 발전이론

06 다음 〈보기〉 중 지역사회복지계획의 원칙을 모두 고르면?

보기

가. 지역의 개별화 존중의 원칙
나. 이용자 주체의 원칙
다. 네트워크화 원칙
라. 공사협동의 원칙

① 가, 나, 다　② 가, 다
③ 나, 라　④ 라
⑤ 가, 나, 다, 라

07 다음 〈보기〉 중 자유주의 특징에 대한 것을 모두 고른다면?

가. 자유주의 정신은 전진이며 감정은 낙관적이다.
나. 형식주의, 고정된 원리, 규칙 등에 대해 반항한다.
다. 기회와 개인적 자유 및 사회적 분배 방식으로써 시장의 중요성을 인정한다.
라. 지역사회복지실천이 사회적으로 적합하지 못한 사람들의 운명을 변화시키기 위해 노력하는 것에 대한 합리성을 부여한다.

① 가, 나, 다　② 가, 다
③ 나, 라　④ 라
⑤ 가, 나, 다, 라

08 국민 기본권의 하나로 사회복지권을 최초로 인정한 내용은?

① 미국의 사회보장법
② 영국의 자선조직협회
③ 독일의 바이마르 헌법
④ 영국의 엘리자베스 구빈법
⑤ 영국의 개정구빈법

09 자선조직협회에 대한 설명으로 옳은 것은?

① 1889년 시카고에 세워진 헐 하우스가 유명하다.

② 환경적 요소를 사회문제의 근원으로 보았다.

③ 3R(Residence, Research, Reform) 운동을 전개하였다.

④ 자활 가능한 빈민을 원조대상으로 했고, 그렇지 못한 빈민은 빈민을 위한 공공시설로 연결하였다.

⑤ 빈민과 함께 거주하면서 빈민을 위해 봉사했다.

10 고려시대에 빈민, 기민, 병약자를 구제하기 위하여 공공기관에 의해 설립된 재원을 보관, 경영하는 기관은?

① 제위보　　　② 상평창

③ 동서대비원　　④ 자율전칙

⑤ 혜민국

11 로스만의 지역사회개발모형에서 지역사회 활동목표는?

① 지역사회의 통합과 능력을 향상한다.

② 실질적 지역사회의 문제해결을 한다.

③ 과업지향적이다.

④ 과제중심적이다.

⑤ 과정 · 과제중심적이다.

12 다음 중 지역사회 개발사업에서 가장 중요하게 작용하는 요인은?

① 워커의 전문성

② 중앙정부의 재정지원

③ 지역사회의 특성에 대한 인식 정도

④ 지역사회주민의 노력

⑤ 토착적인 지도자의 협력

13 다음 중 지역사회조직의 과정중심목표는?

① 지역사회의 생활개선을 목표로 한다.

② 국민소득 향상을 목표로 한다.

③ 사회복지관계 법률 제정이나 개정을 한다.

④ 주민의 민주적 의사결정능력을 향상시킨다.

⑤ 주민 숙원사업을 완수한다.

14 지역사회모델 중 변화의 매개체를 공식집단과 자료의 조종으로 보는 모델은?

① 지역사회개발모델

② 사회계획모델

③ 사회행동모델 ④ 문화운동모델

⑤ 집권주의 모델

15 지역사회욕구의 전문가가 합리적으로 분석을 추구하면서 지역사회문제를 해결하는 모형은?

① 근린 지역사회

② 기능적 지역사회

③ 사회계획

④ 사회행동

⑤ 지역사회개발

16 지역사회조직의 한 모델에 대한 내용이다. 다른 하나는?

① 주민들이 가능한 한 최대의 주도권을 잡는다.

② 민주적인 절차, 자발적인 협동, 토착적인 지도자의 개방 등을 강조한다.

③ 지역사회의 아노미 상태를 가정한다.

④ 워커의 역할로 조력자, 격려자가 강조된다.

⑤ 변화를 위한 대결로 갈등과 대결을 사용한다.

17 지역사회실천모형 중 사회행동에 해당하는 것을 고른다면?

① 새마을운동

② 지역화폐운동

③ 자원봉사활동

④ 평화봉사단

⑤ 보육조례 제정운동

18 '지역사회는 혜택과 권한의 분배에 따른 계층이 유지되고 있다'고 보는 지역사회복지 실천모델은?

① 지역사회개발모델

② 사회계획모델

③ 근린지역사회조직모델

④ 프로그램개발모델

⑤ 사회행동모델

19 로스만의 지역사회모델에서 클라이언트를 체제의 희생자로 보는 모델은?

① 지역사회개발

② 사회계획

③ 사회행동

④ 사회발전

⑤ 사회성장

20 지역사회조직의 로스만 모델 중 전문가에 의한 문제해결 유형은?

① 사회적목표모델

② 사회계획모델

③ 상호작용모델

④ 지역사회개발

⑤ 사회행동모델

21 로스만의 사회계획모델의 특성으로 옳지 않은 것은?

① 과업목표 지향형
② 변화전술은 합의 또는 갈등
③ 사회복지사는 사실 수집자와 분석자, 프로그램 실행자, 촉진자
④ 수급자 체계의 범위는 지역사회 전체 또는 지역사회 일부
⑤ 수급자의 개념은 체계의 피해자

22 다음 중 사회계획에 대한 설명으로 맞는 것은?

① 지역사회 제 문제를 해결하기 위해 새로운 조건과 서비스 제공을 목적으로 한다.
② 지역사회 능력과 통합향상이 강조된다.
③ 지역사회의 기존기관의 변혁을 원한다.
④ 사회복지사는 행동가, 대변자로 역할수행이 따른다.
⑤ 사회복지사는 안내자, 조력가의 역할수행을 한다.

23 아동복지법상 아동복지시설에 속하지 않는 것은?

① 아동보호치료시설
② 아동일시보호시설
③ 아동양육시설
④ 입양위탁시설
⑤ 아동상담소와 아동전용시설

24 재가복지사업의 3대 핵심사업에 해당하는 것은?

① 가족치료
② 취업알선
③ 급식서비스
④ 보건, 의료 지원
⑤ 가정봉사원 파견

25 다음 중 노인복지원칙에 속하지 않는 것은?

① 자기결정의 원칙
② 시대적 욕구반영의 원칙
③ 전문성의 원칙
④ 개발적 기능의 원칙
⑤ 교환성의 원칙

26 재가복지봉사센터의 역할로 거리가 먼 것은?

① 각종 서비스 제공
② 지역사회 동원 및 활용
③ 시설 수용자 보호서비스 강화
④ 욕구에 대한 조사, 진단
⑤ 교육적 재활서비스

27 지역사회복지 실천활동에 있어 안내자의 역할이 아닌 것은?

① 지역사회와 동일시하는 일
② 1차적 역할을 수행하는 일
③ 조직화를 격려하는 일
④ 역할에 대해 설명하는 일
⑤ 객관적인 능력을 수행하는 일

28 다음에서 설명하는 사회복지사의 역할은?

보기

P 사회복지사는 사회복지관 평가에 대비하여 업무를 조정하고 준비를 위한 계획표를 작성하였다. 그리고 해당 기간 동안의 문서를 정리하고 직원들이 각 분야별로 역할을 분담하도록 하였다. 이는 사회복지관이 우수하게 평가받을 수 있도록 하기 위한 노력이다.

① 행정가   ② 조직가
③ 계획가   ④ 분석가
⑤ 치료자

29 웨일과 갬블의 지역사회복지실천모델 중 사회계획에서 사회복지사의 역할로 옳지 않은 것은?

① 협상가   ② 제안자
③ 관리자   ④ 조사자
⑤ 정보전달자

30 사회계획모델에서 샌더스의 전문가로서의 역할이 아닌 것은?

① 분석가로서의 역할
② 계획가로서의 역할
③ 조직가로서의 역할
④ 안내자로서의 역할
⑤ 행정가로서의 역할

31 성폭력 피해 여성들의 권익을 위해 전국적인 서명운동을 진행했다. 이것은 사회복지사의 어떤 역할에 해당하는가?

① 중개자   ② 옹호자
③ 전문가   ④ 치료자
⑤ 안내자

32 지역복지협의체 건설의 기본적인 원칙은?

① 강제적인 협의체
② 자율적인 협의체
③ 공공적 협의체
④ 국가개입 협의체
⑤ 법률에 근거한 협의체

33 시 · 도 지역사회복지협의회 활동의 기본원칙이 아닌 것은?

① 전문성
② 통제화
③ 민간중심
④ 주민욕구 기반
⑤ 주민활동 증진

34 우리나라의 사회복지공동모금회에 관한 설명으로 옳은 것은?

① 설립 근거법은 사회복지사업기금법이다.
② 조직은 시 · 도별 지회형식에서 독립법인형식으로 변경되었다.
③ 모금방식은 기간을 기준으로 크게 연말집중모금과 연중모금으로 분류한다.
④ 배분사업은 신청사업과 지정기탁사업의 2가지로 구성돼다
⑤ 전체 모금액 중 개인모금액이 차지하는 비중이 법인모금액보다 크다.

35 사회복지 공동모금제도의 회계연도로 알맞은 것은?

① 10월 1일부터 다음 연도 9월 30일까지
② 1월 1일부터 12월 31일까지
③ 3월 1일부터 다음 연도 2월 28일까지
④ 6월 1일부터 다음 연도 5월 31일까지
⑤ 9월 1일부터 다음 연도 8월 31일까지

36 사회복지공동모금회에 관한 설명으로 옳은 것은?

① 민간재원뿐만 아니라 공공재원까지 동원함을 목적으로 한다.
② 지역사회의 재원을 동원하고 배분하는 전문기관이다.
③ 에너지 빈곤층을 위해 정유회사에서 유류를 기부하는 것은 모금활동으로 볼 수 없다
④ 모금사업은 연말에만 집중모금을 통해 이루어진다.
⑤ 기업모금이 전체모금에서 차지하는 비중이 상대적으로 적다.

37 보건복지부 업무지침에 근거할 때, 지역사회복지관의 일반후원금에서 지출할 수 있는 것은?

① 공공요금
② 정책보조비
③ 법인 전출금
④ 다른 시설, 법인 지원
⑤ 시설장 등 임직원 판공비

38 사회복지사업법령에 명시된 내용으로 옳지 않은 것은?

① 읍·면·동 복지위원의 임기는 3년으로 한다.
② 공무원을 제외한 지역사회복지협의체 위원의 임기는 2년으로 한다.
③ 사회복지시설 평가는 매 3년마다 1회 이상 실시하여야 한다.
④ 사회복지법인 이사의 임기는 3년으로 하고 연임할 수 있다.
⑤ 사회복지시설의 위탁계약기간은 3년 이내로 한다.

39 우리나라 지역사회복지실태에 대한 설명으로 틀린 것은?

① 대도시에 편중되어 있다.
② 지역자원 활용 정도가 낮다.
③ 사회복지법인이 가장 많다.
④ 정부보조금에 의존해 있다.
⑤ 지역특성에 맞는 프로그램을 잘 수행하고 있다.

40 다음 〈보기〉에 해당되는 사회복지공동모금회 배분사업은?

보기

> 취약한 사회복지현장의 역량강화를 위한 지역사회복지 사업으로 모금회에서 주제를 정하여 배분하는 사업

① 신청사업(일반신청)
② 제안기획사업
③ 테마기획사업
④ 긴급지원사업
⑤ 지정기탁사업

41 지역사회복지를 위한 주민참여활동의 의의는?

① 지역인구의 증가
② 공공기관의 기능 강화
③ 지역복지자원의 감소
④ 지역주민 간 교류 약화
⑤ 지역사회문제의 발견 및 해결

43 자원봉사활동의 기능으로 거리가 먼 것은?

① 사회참여
② 제도개혁
③ 민주주의 정신 함양
④ 인권존중의 학습
⑤ 이타성과 사회성의 존중

42 자원봉사활동의 기본적 원칙에 해당하지 않는 것은?

① 비조직성   ② 무보수성
③ 자아실현성   ④ 공공성
⑤ 민주성

44 다음 〈보기〉에서 설명하는 지역공동모금제도의 조직구조유형은?

보기

협의회와 관계없이 공동모금회 자체적으로 모두 활동을 수행한다.

① 독립형   ② 중앙집중형
③ 자율형   ④ 정부주도형
⑤ 협의회형

45 다음 〈보기〉의 설명은 무엇에 대한 것인가?

> **보기**
>
> 사회복지기관이나 사회복지를 전담하는 위원회나 부서를 가진 여타의 단체들로 구성

① 사회복지기관협의회
② 사회복지협의체
③ 지역사회복지관
④ 지역공동모금회
⑤ 사회복지협의회

46 다음 〈보기〉에서 시·군·구 지역사회복지계획의 수립절차가 옳은 것은?

> **보기**
>
> 가. 지역사회복지계획의 시행
> 나. 지역사회복지협의체의 심의
> 다. 지역주민 등 이해관계자 의견 수립
> 라. 지역사회복지계획의 시행결과 평가

① 가 → 나 → 다 → 라
② 나 → 다 → 라 → 가
③ 나 → 가 → 다 → 라
④ 다 → 나 → 가 → 라
⑤ 다 → 가 → 나 → 라

47 버나드쇼의 욕구분류유형 중 사회복지전문가에 의하여 결정되는 욕구는?

① 감각적 욕구
② 표현된 욕구
③ 규범적 욕구
④ 비교적 욕구
⑤ 느껴진 욕구

48 다음 〈보기〉에서 사회복지기관의 평가원리로 적절한 것을 모두 고른다면?

> **보기**
>
> 가. 평가도 서비스이다.
> 나. 평가자와 피평가자 측의 상호작용의 성격을 띤다.
> 다. 평가 주체와 피평가자 사이는 동등한 협력관계이다.
> 라. 기관평가는 기관 전체의 질을 다차원적으로 평가할 수 있어야 한다.

① 가, 나, 다   ② 가, 다
③ 나, 라   ④ 라
⑤ 가, 나, 다, 라

49 다음 〈보기〉 중 프로그램의 전환과정에서 필요한 요소를 모두 고른다면?

가. 서비스에 대한 정의
나. 서비스 과업내용의 설정
다. 개입방법 설정
라. 기대효과 설정

① 가, 나, 다　　② 가, 다
③ 나, 라　　　　④ 라
⑤ 가, 나, 다, 라

50 다음 〈보기〉에서 지역사회복지계획의 필요성을 모두 고른다면?

가. 지역사회복지의 중앙화
나. 사회자원의 조달과 적정 배분
다. 지역사회복지서비스 공급주체의 일원화
라. 지역사회복지서비스의 안정적 공급

① 가, 나, 다　　② 가, 다
③ 나, 라　　　　④ 라
⑤ 가, 나, 다, 라

사회복지정책과 제도

6과목 • 사회복지정책론
7과목 • 사회복지행정론
8과목 • 사회복지법제론

사회복지사 1급
핵심요약 + 적중문제

06

사회복지정책론

[핵심요약]

 사회복지정책

1 사회복지정책의 의의

① 시민에게 서비스 또는 소득을 제공함으로써 시민의 복지증진에 직접 영향을 미치는 정부의 정책이다.

② 사회보험, 공적부조, 보건 및 사회서비스, 주택정책 등이 핵심내용이다.

2 사회복지정책의 목표

① 사회적 권리로서의 국민복지기본선 보장

② 생산적 복지이념의 추구

③ 세계적 보편성과 한국적 특수성의 조화

3 현대사회복지정책의 특징

① 경제문제뿐만 아니라 사회행동, 사회조직 등을 다룬다.

② 사회적 폐단의 제거뿐만 아니라 건강보호에 대한 책임도 강조한다.

③ 노동분세뿐만 아니라 사회생활의 질서에 관심이 있다.

④ 복지재정의 규모가 점차 커지고 있다.

⑤ 현대사회에서는 사회복지 운영주체가 국가 외에 비공식적 부문, 자발적 부문, 상업적 부문등으로 다원화되는 복지다원주의적 특징을 가진다.

4 사회복지정책의 주요 기능

① 사회적 통합기능

② 사회문제의 해결과 사회적 욕구의 충족

③ 소득재분배 기능

④ 경제성장

⑤ 개인의 자립 등

 ## 사회복지정책의 주체와 객체

사회복지정책의 주체	사회복지정책의 객체
• 공공부문 : 중앙정부, 지방정부 • 민간부문 : 가족과 친족, 종교, 기업, 상호부조 등 • 제3의 주체 : 자조집단, 자원봉사조직, 협동조직 등	• 사회적 욕구 • 사회적 문제 • 사회복지의 재원

사회복지정책관련 평등

수량적 평등	• 결과의 평등으로 욕구나 능력에 관계없이 사회적 자원을 동일하게 배분하는 평등 • 가장 적극적인 의미의 평등 　예 국민기초생활보장제도의 생계급여
비례적 평등	• 공평성과 관련된 것으로 욕구, 노력, 능력, 기여에 따라 사회적 자원을 상이하게 분배하는 평등 　예 국민연금제도의 노령연금
기회의 평등	• 결과의 측면은 무시하고 과정상의 기회를 동일하게 부여하는 평등 　예 1960년대 미국의 빈곤과의 전쟁정책(치유전략으로 실시된 교육 및 직업훈련 프로그램)
평등과 효율의 관계	• 근로동기의 약화 • 저축과 투자동기의 약화 • 소비자선택의 왜곡 • 생산부문에서 사용할 수 있는 자원의 축소 • 운영 효율성(정부의 실패)

영국의 사회복지 정책기원

엘리자베스 구빈법 (1601)	• 빈민구제의 책임을 국가가 지게 함 • 빈민을 노동능력 유무에 따라 분류함 • 구빈 행정기구와 구빈세를 이용함
정주법 (1662)	• 노동력을 안정적으로 확보하려는 농업자본가들의 이해에 부응하여 빈민들의 거주지를 제한하려는 목적 • 노동자가 이동할 수 있는 조건을 법률적인 면에서 확립 • 모든 교구에 대해 그 교구가 새로운 거주자를 거부할 수 있는 권리의 부여 • 거주지 문제를 지방적 관행에서 전국적인 제도로 확대 • 증가 일로에 있는 사회적 · 경제적 문제를 지역적으로 해결하려는 교구주의라는 이념의 보다 강력한 표방
작업장법 (1722)	• 18세기 중상주의 영향으로 노동능력이 있는 빈민을 고용함으로써 국가적인 부의 증대에 기여하고자 함 • 강제 직업훈련(이윤추구적 빈민고용론) • 국가의 구제신청을 억제하면서 노동의욕을 선서케 하는 곳으로 규정
길버트법 (1782)	• 청부제도 폐지 : 구빈법의 인도주의화와 근대적 고용실업대책 • 거택보호, 작업장 대신 취업알선을 통한 원외부조 • 작업장은 노인, 병약자 및 고아 등 노동능력이 없는 빈민을 위한 보호시설로 간주 • 연합교구를 설립하여 구빈행정의 단위를 확대함으로써 그 특성별로 빈민들의 분류가 가능케 함 • 최초의 유급사무원을 채용하여 빈민감독관의 임무를 전담케 함
스핀햄랜드법 (1795)	• 최저생활 기준에 미달되는 임금의 부족분을 구빈세로 보조 • 가족수당 기반 : 빈민에게 주는 구제의 금액을 빵의 가격과 가족의 크기에 비례해서 결정 • 최저생활보장의 기반 • 일명 버크셔빵법이라고도 부름
공장법 (1833)	• 9세 이하의 아동고용 금지 • 아동 야간노동 금지 • 법의 실시감독을 주 임무로 하는 4인의 유급공장 감독관 임명 • 공장 아동에 대한 교육규정
개정 구빈법 (1834)	• 개정의 목적은 구빈비용의 감소를 위함 • 전국 균일처우, 작업장 활용(원내 구제), 열등처우 등을 원칙화 • 열등처우의 원칙 : 구빈법으로부터 구제받는 빈민의 상태는 구제받지 않는 최하층의 노동자보다 낮은 수준이어야 함 • 작업장 제도의 재설립(시설외 구제금지) : 노동능력이 있는 빈민에 대한 재가구호를 폐지하고 구제를 작업장 내에서의 구제로 제한 • 전국적 통일의 원칙(균일처우의 원칙) : 각 교구에 따라 상이하게 시행되고 있는 구빈행정을 전국적으로 통일

자선조직협회(COS, 1869)

1 주요내용

① 독일의 Elberfeld제도 모방
② 박애주의, 부르주아 특권적 지위의 정당화
③ 우애방문원의 개별방문에 의한 개별적 조사와 등록
④ **지구위원회** : 각 자선조직협회와 개인에게 정보교환의 수단을 제공, 구제 중복방지, 각 케이스에 대한 명확한 조사, 걸식 억제(기관 간 서비스 조정 · 협력)
⑤ 구빈법 구제와 사적 자선사업 간의 협조
⑥ 원조의 대상을 가치있는 자에 한정
⑦ **공공의 구빈정책 반대** : 자원봉사자의 주도권 강조

2 제시원칙 및 기본관점

① 공공구빈정책 반대
② 자선조직단체의 협력과 조직화를 원칙으로 함
③ 태만, 음주, 낭비를 일삼는 자에게는 원조하지 말 것
④ 사례에 대해 안정적인 선택의 원칙을 준수
⑤ 금액과 시기에 있어 적정한 원조가 되도록 함

3 주요개념

① **가치있는 빈민** : 어려울 때를 대비하여 모든 노력을 기울였지만 여전히 불행에 빠져 있는자, 즉 장애인, 고아, 비자발적 실업자 등을 말하며, 이들을 자립시키기 위해 자선적 구제가 제공되어야 한다.
② **가치없는 빈민** : 게으른 자, 타락한 자, 주벽이 있는 자 등 돕는 것이 불가능한 자를 말하며, 이들에 대해서는 민간자선의 제공을 거부하고 구빈법의 구제 억제적인 열등처우의 원칙에 맡겨야 한다.

인보관운동

1 의의

① 인보관운동은 지식인과 대학생 등이 중심이 되어 전개되었다.

② 최초의 인보관은 영국 런던의 토인비홀이고, 이것에 영향을 받아 미국 시카고에 헐하우스가 설립되었다.

③ 인보관운동은 'Not Money But Yourself'라는 구호에 그 의의가 잘 표현되어 있다.

2 내용

① 인도주의　　　　　　　② 빈민지구 실제조사

③ 교육과 문화적인 활동　　④ 보건문제

⑤ 체육관 설치　　　　　　⑥ 인보관 설립

⑦ GW기반

베버리지 보고서(1942)

1 5가지 프로그램

① 사회보험의 통일적 · 포괄적 및 적절한 프로그램

② 사회보험급여에 의하여 충분한 보호를 받지 못하는 사람을 지원하기 위한 전국적 프로그램인 공석 부소

③ 첫 아이 후 병든 아이들에 대한 주당급여의 아동수당(후에 가족수당)

④ 전 인구에 대한 무료의 포괄적인 건강 및 재활서비스

⑤ 경제위기에 대중실업을 예방하기 위한 공공사업에 의한 완전고용 유지

2 전제조건

① 15세까지의 아동수당 지급

② 질병의 예방과 치료, 노동능력의 회복 등을 위한 포괄적 보건서비스

③ 완전고용의 달성

③ 6원칙

① 정액급여의 원칙

② 정액기여의 원칙

③ 포괄성의 원칙

④ 급여 적절성의 원칙

⑤ 행정책임통합의 원칙

⑥ 피보험자 구분의 원칙

④ 관계법령

① 가족수당법(1945)

② 국민보험법, 산업재해보상법, 국민보건서비스법(1946)

③ 국민부조법(1948)

 사회복지제도 발달관련 이론

사회양심이론	사회복지정책의 발달이란 타인의 고통을 해소하려는 개인의 이타적 양심이 사회적 · 국가적 정책으로 표현되는 것이라고 한다. 사회복지정책은 사회문제를 해결하려는 사회적 노력과 활동 등과 같은 사회 내에서의 합의가 정부에서 조직적으로 제공하는 사회복지 수준의 향상을 가져왔다.
시민권론	마샬(Marshall)은 사회복지정책의 발달을 시민권적인 입장에서 바라보았는데 시민권은 완전한 사회구성원으로서 인정되는 지위의 향유라 하였다. 일종의 기본적 평등을 의미하는 것으로 시민권의 개념은 자본주의의 경제적 불평등과 모순되지 않는 것이라고 주장한다.
기술적 결정론 (수렴이론)	기술이 사회복지정책의 발달을 좌우한다는 주장으로, 사회복지발달 수준은 사회적 양심과 같은 윤리, 이념이나 시민권론과 같이 법적 · 정치적 권리도 아니라 산업화의 정도, 경제성장의 수준 등과 같은 요인이 결정한다.
음모이론	사회복지정책은 인도주의적 이타심이나 양심의 실현이라기보다는 사회 전체의 안정과 질서의 유지를 통한 사회통제와 현상의 유지에 목적이 있다.
확산이론(전파이론)	국제관계가 긴밀하게 이루어지는 현대사회에서 국가 간 교류로 사회복지 정책과 사회보장의 아이디어와 경험이 한 나라에서 다른 나라로 전파, 확산된다.

합리이론	어떤 형태의 사회든 그것이 산업화되는 과정에서 필연적으로 사회문제가 파생되는데, 이때 합리적 인간이 고안해 낸 합리적 문제해결책이 바로 사회정책이다.
테크놀로지이론	사회정책의 변화는 사회행정 및 사회사업기술의 발달과 같은 비사회적인 힘에 의해 결정되는 것이다.
종속이론	사회양심론과 정반대의 입장으로 사회복지정책의 주목적이 인도주의나 양심의 실현이 아니라 사회안정 및 질서의 유지와 사회통제이다.
엘리트이론	탁월한 능력을 소유한 위인이 수행한 과업이 역사적으로 중요한 업적을 달성했다고 보는 이론이다.

정책결정모형

합리모형	인간의 이성과 합리성에 근거하여 결정하고 행동한다는 이론이다. 이것은 모든 대안들을 고려할 수 있다는 인간에 대한 전능의 가정과 주어진 목표달성의 극대화를 위하여 최대한의 노력을 한다는 경제인과 같은 합리적 인간을 전제로 한 이론모형임
만족모형	현실적인 인간은 그의 능력 제약 때문에 '최적의 대안'을 선택할 수 없으며, 단지 '만족스러운 대안'을 선택할 수밖에 없다. 이와 같은 Simon 등의 정책결정이론의 중심을 이루는 개념이 곧 '제약된 합리성(Bounded rationality)'임
점증모형	점증모형은 '현재의 정책에서 소폭적인 변화만을 가감한 것을 정책대안으로 하여 정책을 결정하는 방법'을 말한다. 즉, 점증모형의 핵심은 '정책 = 현존정책 ± α'라고 봄
혼합모형	• 에치오니가 주장한 모형 • 합리모형과 점증모형의 절충적인 형태 • 중요한 문제나 위기적 상황인 경우 포괄적 관찰을 통해 대안을 탐색하여 기본적 결정을 하고 이를 수정·보완하면서 세부적 결정을 한다는 논리
엘리트모형	• 정책은 엘리트에 의해 결정되어 대중에게 전해진다는 주장 • 엘리트의 가치관 반영, 소수의 권력을 가진 자만이 정책을 분배, 대중이 엘리트로부터 영향을 받는다고 주장
최적모형	• 정책결정에는 경제적 합리성과 함께 직관, 판단력, 창의력 등 초합리적인 요소까지도 동시에 고려하여야 한다는 이론 • 계량적·경제적 합리성 측면과 질적이며 초합리적인 요소를 함께 고려
쓰레기통 모형	• 조직화된 혼란상태 속에서 정책에 필요한 몇 가지 흐름이 우연히 통 안에 들어와서 정책결정이 이루어진다고 보는 이론 • 과정지향적이고 참여지향적인 정책결정모형

공공선택모형	• 정치경제학적인 입장에서 공공재와 공공서비스의 공급을 합리적으로 수행하는 것이 매우 중요하다는 전제하에 전개하는 이론 • 사회복지재화와 서비스는 증가하는 욕구에 따라 제공되는 것이 아니라 사회복지를 둘러싼 정치적 이해관계에 의하여 제공된다는 것임

조지(George)와 윌딩(Wilding)의 이데올로기 복지모형

1 반집합주의(자유방임주의, 신자유주의)

① 자유, 개인주의, 불평등, 소극적 자유

② 정부개입 부정적 : 복지국가 반대

③ 정부는 규칙 제정자, 공동자원의 관리자, 가부장적 역할로 제한

④ 자발적 협동과 경쟁에 기초한 사회

⑤ 복지급여는 주로 최저생계비 이하의 빈곤계층에게 국가온정주의적 차원에서 정치적 안정 유지를 위하여 최소한으로 주어짐

2 소극적 집합주의(수정자유주의)

① 자유, 개인주의, 불평등, 소극적 자유

② 정부개입 조건부 인정 : 복지국가 찬성

③ 실용주의와 인도주의

④ 시장실패를 보충하는 수단으로 복지국가

⑤ 종합적 · 포괄적 대책

⑥ 불평등의 완화가 아닌 빈곤의 제거

3 페이비언주의(사회민주주의)

① 평등, 자유, 우애, 적극적 자유

② 정부개입 적극 인정 : 복지국가 적극 찬성

③ 근로자의 참여 중시

④ 자원 재분배

⑤ 사회통합 증진

⑥ 비복지의 공평한 분담

⑦ 이타주의 증진, 사회주의로 가는 한 수단으로써 복지국가 인정

4 마르크스주의(사회주의)

① 경제적 평등과 적극적 자유
② **정부개입 적극 인정** : 복지국가 적극 반대
③ 자본주의 전면 거부
④ 보편적 욕구충족
⑤ 참여 기초로 예방중심 운영
⑥ 복지국가의 사회주의화 부정, 계급 갈등론
⑦ 자본가계급의 마키아벨리즘
⑧ 자본주의 체제론(자본축적과 정당화 기능)

사회복지정책 형성절차

문제의 발견	충족되지 않은 욕구에 관한 사례발견으로 직접적 서비스를 담당하고 있는 일선의 직원들에 의해 수행된다.
정보의 수집 및 분석	문제를 확인한 후에 그 문제의 영향을 받고 있는 사람의 수에 대한 실제자료를 파악하고 그 문제가 어떻게 평가되고 있는가에 대한 명확한 진술을 위한 조직적인 정보수집과 분석의 과업수행이 중요하다.
일반대중에 대한 홍보	관련 당사자의 이해와 관심을 불러일으킬 수 있게 문제를 제시하는 단계로, 이와 같은 과업수행에는 조직화하는 기술의 적당한 매체 활용을 필요로 한다.
정책목표의 개발	문제해결과 욕구충족 방안 모색은 관련된 문제 평가와 관계 지역사회의 선호 사이에서 지속적인 상호작용을 통해 이루어진다.
대중의 지지와 정당화	목표설정과정 중이나 목표설정 후에는 관계되는 내용을 포함시키고, 제시된 행동 방침에 대한 대중의 지지를 얻어 내기 위한 노력이 이루어져야 한다.
프로그램 설계	개발된 정책목표가 일련의 행동방침으로 전환되는 것을 말하며, 여기에서는 제안된 프로그램에 대한 책임의 배분을 기술과 조직구조, 자금조달, 프로그램 운영의 양상을 다룬다.
실천화	이 단계에서는 행동방침을 프로그램으로 구체적으로 이행하는 일이 프로그램 실천을 통해 이루어진다. 이 시점에서의 주요과업인 프로그램 조직화, 정책 명확화, 서비스 또는 급여의 산출, 산출된 서비스 또는 급여를 클라이언트 집단에 전달 등의 일들은 행정 및 직접적 서비스기능과 밀접한 관련을 맺고 있다.
평가와 사정	정책이 얼마나 문제해결에 이바지하였고, 프로그램이 얼마나 정책을 이행하였는가에 관한 평가단계이다.

사회복지정책 관련 아젠다(agenda)

① 아젠다의 의의

수많은 사회문제들 중에서 정부가 채택한 의제의 목록으로서 자발적이든 비자발적이든 공식적으로 채택한 의제를 말한다.

② 아젠다 형성 참여자

이슈 기업가	사회복지문제를 이슈화시키는 데 적극적인 활동을 하는 참여자는 참여자, 클라이언트, 사회복지사, 언론, 정치인 등 누구나 가능하다.
이해당사자	클라이언트와 기득권자
정책가	정책가들의 성향이 아젠다 형성에 직접적인 영향을 미친다.
클라이언트	문제해결을 원하는 사람들
사회복지전문가	클라이언트의 문제와 해결방법을 잘 알고 있고 클라이언트를 대리할 수도 있다.

③ 아젠다 형성 참여자

문제인식단계 → 이슈화 단계 → 공공아젠다 → 정부아젠다

사회복지정책 대안의 미래예측방법

유추방법	비슷한 구조의 사례를 통하여 미래상황을 추정하는 방법이다.
경향성 분석방법	과거의 경향을 미래에 연장시켜 추측하는 방법을 말한다.
델파이기법	위원회나 전문가 토론 또는 다른 형태의 집단토론에서 나타나는 여러 가지 왜곡된 의사전달의 원천을 제거하기 위하여 고안된 방법으로 통제된 환류과정을 반복함으로써 주제에 대한 계속적인 관심과 사고를 촉진할 수 있다.
회귀분석방법	시계열자료나 통계적 결과를 토대로 둘 이상의 변수 간에 상관관계를 도출하여 이를 근거로 미래를 예측·추정한다.
마르코프 모형	시간에 따른 과거의 변화 확률을 토대로 미래의 변화를 예측하는 방법이다.
모의실험	미래에 발생할 수 있는 사건, 문제들을 예측하기 위하여 복잡한 현실에 유사하게 가상적인 모의실험장치, 즉 모형을 만들어 실험하고 그 결과를 이용하여 실제 현상의 특성을 예측하려는 수리적 기법이다.

사회복지정책 대안비교 분석방법

1 비용 – 편익분석

응용경제학자들에게서 가장 널리 사용되는 수단으로, 한 프로젝트의 비용이 편익에서 공제되고 그 결과가 양이면 그 프로젝트는 수행되어야 하는 것이다.

2 비용 – 효과분석

비용 – 효과분석과 비용 – 편익분석은 둘 다 경제학의 중요한 개념으로 어떠한 목적에 대한 가장 효율적인 수단을 찾는 것이 비용 – 효과분석, 거기에 덧붙여 그 목적이 추구할 만한 가치가 있는 것인가 하는 여부까지 결정하는 것이 비용 – 편익분석이다.

3 결정분석

해결을 요하는 문제 가운데 의사결정을 해야 하는 문제를 결정문제라 한다. 결정분석(DA)이란 결정문제를 처리할 때 필요로 하는 유효한 논리적 · 체계적인 기법을 말한다.

4 의사결정나무(Decision Tree)

의사결정규칙(Decision Rule)을 나무구조로 도표화하여 분류와 예측을 수행하는 분석방법이다.

5 선형계획법

하나의 목표를 성취하기 위하여 한정된 자원을 배분하는 수학적 계획법이다. 선형계획법이 추구하는 목표는 이익의 극대화 비용의 최소화, 투자수익률의 극대화 혹은 시장점유율이나 시간의 최적배분 등이 될 수 있으며 이러한 목표를 달성하는데 자원을 최적으로 배분하는 방안을 규명하는 과학적 의사결정기법이다.

정책분석절차

```
상황분석
   ↓
대안탐색
   ↓
대안의 비교 · 평가
   ↓
종합평가 및 대안선택
```

이미 설정된 목표를 재인식하고 정치적 해결을 요하는 문제의 성격을 명확히 파악하기 위해서는 정책결정체제의 외부적 상황과 내부적 상황을 면밀하게 조사 · 분석하여야 한다.

당면된 문제가 명확히 파악되고 그에 따라 정책상황분석이 이루어지면 이러한 각종의 자료에 의해 명시된 목표를 달성할 수 있는 정책대안을 탐색해야 한다.

탐색된 각 대안들에 대하여 그들이 초래할 것으로 예상되는 결과를 분석하고 이것을 중심으로 각 대안 상호 간에 비교 · 평가를 실시해야 한다.

새로운 정보자료의 추가, 통찰력과 직관의 재투입, 정치적 변수를 고려하고 효과의 사회적 배분에 관한 검토 등에 의하여 대안의 우선순위에 대한 재평가를 실시한다. 또한, 최종적으로 설정된 목표 내지 당면한 문제를 해결하기 위한 최적 · 최선의 대안을 선택한다.

선별주의와 보편주의

구분	선별주의	보편주의
의의	사회복지대상자들을 사회적 · 신체적 · 교육적 기준에 따라 구분한 다음 복지서비스를 제공하는 것	사회의 모든 구성원들에게 정부가 서비스나 재정적인 원조를 제공하는 것
범위	특수문제 대상에 한정	전 주민에 확대
자격	제한 강화 : 자산조사 필요	제한 완화
급여수준	최저 수준으로 인하	적절한 보상률로 인상
급여기간	단축	연장
자기부담	강화	경감
장점	• 특정한 욕구를 가진 대상에 대한 집중적 자원배분 • 유효성, 효율성이 높음	• 공평성 • 접근성 • 편익성이 높음
단점	• 스티그마 • 자산조사에 의한 행정비용	• 경비가 많이 듦 • 낭비가 많음

재정

1 재정 일반

① 공공재원
- ㉠ 정부의 일반예산
- ㉡ 사회보장성 조세
- ㉢ 조세비용

② 민간재원
- ㉠ 사용자 부담
- ㉡ 자발적 기여
- ㉢ 기업복지의 재원
- ㉣ 비공식 부문 재원(가족, 이웃, 친척)
- ㉤ 공동모금

2 사회보험료 방식과 조세 방식의 장점 비교

사회보험료 방식	조세 방식
• 무책임한 급여인상 억제효과 • 자산조사를 필요로 하지 않는 보편적 접근방법 • 피보험자에게 낙을 제공하지 않고 권리성을 부여할 수 있음 • 사회보험에 가입하는 자는 보험의 운용에 참여할 수 있음 • 사회보험 재정과 행동 등 운영을 민주적으로 수행 • 운영과 관련한 책임성을 높일 수 있음 • 사업주에 대한 사고발생 예방 유인 • 피용자보험의 경우 보험료 징수비용이 낮거나 가펴	• 소득재분배 기능 강화 • 사회의 소득평등화 목표실현 • 역진성 방지 • 저소득자의 부담 감소 • 모든 국민을 대상으로 함 • 재정운용에 있어 각종 서비스와 프로그램 간의 상호조정을 가능케 함

중앙정부와 지방정부의 전달체계

구분	중앙정부	지방정부
필요성	• 속성상 공공재적 성격이 강한 것 • 규모의 경제성을 갖는 서비스 • 평등과 사회적 적절성의 달성 • 다양한 복지에 대한 욕구를 체계화하여 다양한 프로그램을 통합·조정하거나 지속적이고 안정적으로 유지	• 지역주민의 욕구를 더 효율적으로 해결 가능 • 지방정부 간의 경쟁논리로 재화의 가격과 개발이 용이 • 창의적이고 실험적인 서비스개발 용이 • 수급자들이 정책결정에 참여할 기회가 많아짐
문제점	• 서비스에 관한 수급자의 선택이 반영되기 어렵기 때문에 자원의 비효율적 배분문제 • 독점성으로 인한 가격과 질에 있어서 수급자에게 불리할 수 있음 • 정부조직의 관료성으로 융통적이지 못함 • 민간에 비해 수급자가 접근하기 어려움	• 지역 간 불평등을 야기하여 사회통합을 저해 • 규모의 경제효과가 적어 사회보험의 경우 기술적 측면에서 불리 • 지방정부 단위의 단편화된 프로그램의 가능성 • 프로그램의 안전성과 지속성의 측면에서도 불리

사회복지급여의 형태

현금급여	급여 수급자가 자신에게 필요한 재화와 서비스를 직접 시장에서 구매하도록 화폐 형태로 지급하는 급여
현물급여	수급자에게 필요한 물품과 서비스를 직접 급여로 제공하는 형태
증서지급	증서는 정해진 일정한 용도 내에서 원하는 재화나 서비스를 자유롭게 선택할 수 있도록 하는 방법으로서 현금급여와 현물급여의 중간 성격
기회제공	기회는 무형의 급여로 어떤 집단이 접근하지 못했던 부분에 접근을 가능하게 만드는 것
권력	수급자로 하여금 정책결정에 대한 권력을 주어 정책의 내용이 그들에게 유리하게 결정되도록 하는 것

정책평가

1 정책평가의 의의
정책목표와 정책수단 사이의 인과관계를 하나의 가설로서 설정하고 이를 사후적으로 검증하려는 과학적 조사이며 환류과정이다.

2 정책평가연구의 목적
① 정책개선과 합리적 결정을 위한 정보제공
② 정책담당자의 책임성 확보
③ 정책환류의 기준
④ 사회과학의 발전

3 정책평가의 필요성
① 정책의도와 집행과의 괴리
② 정책과정의 복잡성
③ 정책수행의 경제성과 효율성
④ 관리적 책임성 강조

4 총괄적 평가와 형성적 평가
① 총괄적 평가
총괄적 평가는 대상과 시점으로 나눌 수 있는데, 대상을 기준으로 한 정책평가는 정책집행의 결과가 의도했던 목표를 달성했는가를 평가하여 환류시키는 것을 말한다.
② 형성적 평가
새로운 프로그램을 개발하거나 집행 중의 프로그램을 수정·조정하고자 단계적인 하위목표 간의 인과관계를 가설적 모형으로 개발하는 것을 말한다.

정책평가의 단계

1단계 (목표의 확인)	• 정책대상집단 • 실현시기 • 목표의 수 • 목표가 기초하고 있는 가치 등에 관심을 가지고 평가대상 목표를 식별하는 단계
2단계 (기준의 설정)	• 정책에 내포되어 있는 기준 • 그 정책에 대한 사회적 평가기준인 정책적 유의성 • 야기된 변화가 통계적으로 의미가 있는 것인지를 밝히는 통계적 유의성 등을 고려하여 평가기준을 선정
3단계 (인과모형의 설정)	• 정책임팩트에 관한 인과관계를 추론할 수 있는 인과모형을 작성 • 연구대상이 되는 문제와 관련이 있는 변수들을 선정 • 변수들 간의 관계를 설명 • 변수관계의 성격에 관한 명제의 설정
4단계 (연구설계 · 개발)	진실험에 의할 것인지 준실험이나 비실험에 의할 것인지, 평가과정에 대한 체계적인 평가계획 수립
5단계 (자료의 수집)	• 면접방법 • 설문조사방법 • 관찰방법 • 각종 문헌과 정부자료 • 자료은행 등을 통해 자료 수집
6단계 (자료분석 · 해석)	• 정책의 성격 • 연구설계 • 수집된 자료의 성격 등을 종합적으로 고려하여 자료를 해석하고 의미를 부여

6과목 | 사회복지정책론

사회보험과 사보험(민간보험)

공통점

① 위험의 광범위한 공동분담에 기초

② 적용범위, 급여 및 재정과 관련된 모든 조건을 구체적이고 완전하게 제공

③ 엄격한 수리적 계산을 필요로 함

④ 프로그램의 비용을 충족시키는 데 충분한 기여금과 보험료 지불을 필요로 함

⑤ 사전에 결정된 급여 제공
⑥ 전체 사회를 대상으로 경제적 안정을 제공

2 차이점

사회보험	사(민간)보험
• 강제적용방식 • 최저한의 보장을 추구 • 사회보험의 조건은 법률에 규정되며 가입자는 보험급여에 대한 법적 권리를 가짐 • 사회보험의 재원조달은 완전기금 적립방식을 취하기 어렵다(소득수준에 따른 차등부과). • 사회보험의 가입대상은 모든 국민이다.	• 가입자의 자발적 참여에 따른 계약에 의존 • 완전기금 적립방식(위험정도 · 급여수준에 따른 부과) • 사보험 가입대상은 특정개인이다.

사회보험제도

국민연금제도	국민건강보험	산업재해보상보험	고용보험
• 국민의 노령 · 장애 또는 사망에 대하여 연금급여를 실시함으로써 국민의 생활안정과 복지증진에 이바지함을 목적 • 노령연금, 장애연금, 유족연금, 반환일시금	• 질병, 부상, 분만, 사망 등의 사고에 대한 의료의 제공을 조직하고 질병의 비용과 건강보호를 집단적으로 부담하는 일을 사회에 위탁함으로써 모든 사람에게 의료혜택을 주어 건강하고 문화적인 생활을 영위하도록 하는 것 • 요양급여, 요양비, 건강진단비, 장제비, 본인부담액보상금, 장애인보장구급여비	• 근로자들이 업무상의 부상, 질병 또는 사망한 경우에 근로자 본인의 치료나 부양가족의 생계를 보장하기 위한 제도 • 요양급여, 휴업급여, 장해급여, 유족급여, 상병보상연금, 장의비, 산병급여, 특별급여	• 실업의 예방 • 고용의 촉진 • 근로자의 직업능력의 개발, 향상 도모 • 국가의 직업지도 · 직업소개기능 강화 • 근로자가 실업한 경우에 생활에 필요한 급여실시 • 근로자의 생활안정과 구직활동 촉진 • 경제 · 사회발전에 이바지

사회보장제도

사회보험	• 의의 : 보험기술을 이용하여 사회정책을 실현하려는 경제 사회제도로서 일반적으로 사회 구성원에 대하여 생활을 위협하는 사고가 발생하였을때, 특정기준의 급여를 하고 경제적 손실에 대한 소득보장을 하는 보험을 말한다. • 운영주체 : 국가　　　　　　• 대상 : 모든 국민 • 보편주의 • 우리나라의 사회보험 : 국민건강보험, 국민연금보험, 산업재해보상보험, 고용보험 등
공공부조	• 의의 : 자력으로 생계를 유지할 능력이 없는 자에 대하여 생계를 유지할 능력이 있을 때까지 재정 자금으로 보호하여 주는 일종의 구빈제도이다. • 현재 생활불능 또는 생활곤궁 상태에 있는 자에 대하여 국가 또는 공공단체에서 사회보장제도상의 최종적인 생활보장수단으로 거출을 요건으로 하지 않고 최저생활에 필요한 급여를 행하는 제도로 이는 국민의 권리로서 최저생활을 보장받는 제도이다. • 재원은 일반조세로 충당되며 자산조사가 선행되어야 한다. • 운영주체 : 국가 및 지방자치단체　　• 대상 : 빈민 • 선별주의 • 생계급여, 의료급여, 자활급여, 교육급여, 해산급여, 장제급여, 주거급여
사회복지 서비스	• 의의 : 국가·지방자치단체 및 민간부분의 도움을 필요로 하는 모든 국민에게 상담·재활·직업소개 및 지도·사회복지시설이용 등을 제공하여 정상적인 사회생활이 가능하도록 지원하는 제도를 말한다. • 운영주체 : 사회복지법인　　　　• 대상 : 요보호자 • 보편주의 + 선별주의 적용

 불평등 지수

로렌츠 곡선	지니계수	십분위분배율
• 한 사회의 구성원을 소득이 가장 낮은 사람으로부터 높아지는 순서에 따라 차례로 배열한다고 할 때 일정비율의 사람들이 차지하는 전체소득 중의 비율을 나타내는 점들을 모아 놓은 곡선이다. • 대각선 : 완전평등 • 수평축과 수직축 : 완전불평등	• 로렌츠 곡선에 수치를 부여함으로써 분배상태에 대한 비교를 가능하게 하는 곡선이다. • 완전평등 : 0 • 완전불평등 : 1	• 소득계층의 최하위 40%가 차지하는 전체소득 / 최상위 20%가 차지하는 비율 • 완전평등 : 2 • 완전불평등 : 0

공공부조

① 공공부조의 의의
생활곤궁자에 대한 공적인 경제적 보호를 말한다. 즉, 빈곤이 자본주의의 구조적 모순에 의해 발생한다는 것을 전제로, 국가의 책임하에 법령에 입각하여 공비로써 생활이 곤궁한 자에게 최저한의 생활을 보장해 주는 제도이다.

② 공공부조의 목적
① 최저생활보장의 목적 : 인간다운 생활, 건강하고 문화적인 최저생활
② 자활조성(자립조장)의 목적 : 공사의 보호를 받지 아니하고 자력으로 정상적인 생활(경제적 · 인격적 의미)을 할 수 있게 원조하는 것

③ 공공부조의 원리
① 생존권 보장의 원리
② 평등보장의 원리
③ 최저생활보장의 원리
④ 보충성의 원리
⑤ 개별성의 원리
⑥ 가족부양 우선의 원리
⑦ 타급여 우선의 원리
⑧ 보편성의 원리

국민기초생활보장법상의 급여

① 생계급여
① 생계급여는 수급자에게 의복, 음식물 및 연료비와 그 밖에 일상생활에 기본적으로 필요한 금품을 지급하여 그 생계를 유지하게 하는 것으로 한다.

② 생계급여 수급권자는 부양의무자가 없거나, 부양의무자가 있어도 부양능력이 없거나 부양을 받을 수 없는 사람으로서 그 소득인정액이 중앙생활보장위원회의 심의·의결을 거쳐 결정하는 금액(생계급여 선정기준) 이하인 사람으로 한다. 이 경우 생계급여 선정기준은 기준 중위소득의 100분의 30 이상으로 한다.

③ 생계급여 최저보장수준은 생계급여와 소득인정액을 포함하여 생계급여 선정기준 이상이 되도록 하여야 한다.

④ 보장시설에 위탁하여 생계급여를 실시하는 경우에는 보건복지부장관이 정하는 고시에 따라 그 선정기준 등을 달리 정할 수 있다.

❷ 주거급여
① 주거안정에 필요한 임차료, 수선유지비 등을 포함하여 주거급여 실시
② 주거급여에 관하여 필요한 사항은 따로 법률에서 정한다.

❸ 의료급여
① 의료급여는 수급자에게 건강한 생활을 유지하는 데 필요한 각종 검사 및 치료 등을 지급하는 것으로 한다.
② 의료급여에 필요한 사항은 따로 법률에서 정한다.

❹ 교육·해산·장제급여
① **교육급여** : 수급자에게 입학금, 수업료, 학용품비, 그 밖의 수급품을 지급하는 것으로 하되, 학교의 종류·범위 등에 관하여 필요한 사항은 대통령령으로 정한다.
② **해산급여** : 출산시 60만 원(쌍둥이는 120만 원 지급)
③ **장제급여** : 근로능력 유무와 상관없이 수급자 사망시 75만 원 지급

01 베버리지 보고서에서 규정한 5대 사회 악이 아닌 것은?

① 무지   ② 빈곤

③ 도박   ④ 불결

⑤ 나태

02 다음 중 사회복지정책의 특성이 아닌 것은?

① 시장에서 쌍방의 교환관계가 주가 된다.

② 인간의 존엄성을 기반으로 한다.

③ 사회적 욕구가 자원보다 많다.

④ 욕구를 직접적 · 개별적으로 충족하고자 한다.

⑤ 공공부문의 주도적 역할이 필요하다.

03 다음 중 시장실패의 원인이 아닌 것 은?

① 공공재

② 역의 선택

③ 활발한 경쟁

④ 불완전한 정보

⑤ 외부효과

04 사회복지와 사회사업의 차이를 잘못 설명한 것은?

① 사회복지는 예방적 · 사전적이고, 사회사업은 치료적 · 사후적이다.

② 사회복지는 특정부분, 사회사업은 불특정인에 적용된다.

③ 사회복지는 보편적, 사회사업은 개별적 이다.

④ 사회복지의 목적은 사회환경의 변화, 사회사업은 개인변화에 초점을 둔다.

⑤ 사회복지는 정책적인 거시적 접근이고, 사회사업은 기술적인 미시적 접근이다.

05 사회복지의 일반적 목적에 해당하지 않는 것은?

① 사회구성원의 생존권을 위한 정치·사회의 개혁운동을 주도한다.
② 모든 개인에게 자원의 기회를 공정히 가질 수 있도록 한다.
③ 각 개인의 역기능을 예방·치료한다.
④ 각 개인이 사회적 기능을 향상시키기 위해 노력한다.
⑤ 인간으로서 존엄성과 가치를 존중한다.

06 마샬의 사회복지정책의 영역 중 광의의 영역에 속하는 것을 모두 고른다면?

가. 조세정책
나. 주택정책
다. 노동정책
라. 사회복지서비스

① 가, 나, 다   ② 가, 다
③ 나, 라   ④ 라
⑤ 가, 나, 다, 라

07 영국의 가족임금제도에 해당하는 것은?

① 길버트법
② 개정 구빈법
③ 스핀햄랜드법
④ 작업장법
⑤ 엘리자베스 구빈법

08 영국의 개정 구빈법(1834)의 원칙으로 올바른 것은?

① 열등처우의 원칙을 엄격하게 적용한다.
② 시설수용을 폐지하고 거택구호를 원칙으로 한다.
③ 빈곤의 사회적 원인을 인정하고 국가의 책임을 선포한다.
④ 구빈행정의 책임성을 위해 요보호자의 거주지를 제한한다.
⑤ 노동자의 임금으로 가족의 최저생계를 꾸려 나갈 수 있도록 한다.

09 오늘날의 사회복지사(유급 구빈사무원)를 채용하고 인도주의적 구빈제도라고 평가받고 있는 법은?

① 정주법 ② 길버트법
③ 스핀햄랜드법 ④ 공장법
⑤ 개정 구빈법

10 현재 우리나라에서 실시되고 있지 않은 사회보장제도는?

① 고용보험제도
② 의료보호제도
③ 경로연금제도
④ 아동수당제도
⑤ 장애수당제도

11 고려 예종 때 곡물, 면포, 의류, 식염 등을 저장하였다가 필요한 경우에 빈민을 구제하였던 기관은?

① 구제도감 ② 흑창
③ 사창 ④ 의창
⑤ 동서대비원

12 다음 중 노동통제적 관점을 강조하는 이데올로기 유형은?

① 반집합주의 ② 급진주의
③ 자유주의 ④ 보수주의
⑤ 페이비언 사회주의

13 현대 복지국가에서 추구하는 것이 아닌 것은?

① 복지의 다원성을 추구한다.
② 다양한 자원을 활용한다.
③ 다양한 욕구해결에 관심을 둔다.
④ 시설화를 추구한다.
⑤ 재가복지를 강조한다.

14 신자유주의 복지사상 및 정책의 내용으로 옳지 않은 것은?

① 자산조사에 의한 최저수준의 복지제공을 주장하였다.
② 개인 · 가족 · 민간부문의 복지에 대한 책임성을 강조하였다.
③ 복지국가는 민간자본을 향상시켜 자립을 촉진한다고 주장하였다.
④ 국가 공공서비스의 민영화를 강조하였다.
⑤ 규제완화 정책의 실시를 주장하였다.

15 중상주의 복지이념에 대한 설명으로 옳지 않은 것은?

① 사회복지비용은 지출이 아니라 투자이다.
② 일하지 않는 자는 먹지도 말라.
③ 국가복지는 노동자의 생산성을 저해한다.
④ 노동자는 가난해야만 근면해진다.
⑤ 고임금은 저생산성을 가져오고, 나태는 노동관습과 기술을 파괴한다.

16 복지국가주의의 이념과 성격이 다른 하나는?

① 혼합복지
② 보편주의
③ 국가책임 확대
④ 혼합경제
⑤ 페이비언 사회주의

17 사회복지의 보편성을 기초로 한 사회복지이념은?

① 신보수주의
② 신자유주의
③ 사회민주주의
④ 수정복지주의
⑤ 반집합주의

18 다음 중 코포라티즘이 의미하는 것은?

① 노사정 삼자 협동주의
② 이익집단주의
③ 사회민주주의
④ 산업주의
⑤ 노동조합주의

19 에스핑-안데르센(Esping-Andersen)이 분류한 사회민주주의 복지체제에 관한 설명으로 옳지 않은 것은?

① 대표적인 국가는 스웨덴, 덴마크, 노르웨이 등이다.
② 적극적인 노동시장정책을 강조한다.
③ 중산층을 중요한 복지의 대상으로 포괄한다.
④ 주로 종교단체나 자원봉사조직과 같은 민간부문이 사회서비스를 전달한다.
⑤ 탈상품화 정도가 매우 높다.

20 사회복지의 이데올로기는 우파에서 좌파까지 다양한 구분이 가능하다. 조지와 윌딩의 구분에서 가장 우파에 해당하는 것은?

① 소극적 집합주의
② 반집합주의
③ 마르크스주의
④ 페이비언주의
⑤ 사회주의

21 '제3의 길'이 강조한 복지개혁의 방향으로 옳지 않은 것은?

① 권리와 의무의 조화
② 근로와 복지의 연계
③ 사회복지 공급주체의 다원화
④ 전통적 사회민주주의의 복원
⑤ 사회투자국가

22 현대복지국가에 대한 설명으로 옳지 않은 것은?

① 행정국가를 그 특징으로 한다.
② 시장실패의 문제와 관련이 있다.
③ 복지국가 위기론이 대두되고 있다.
④ 조세부담이 줄어든다.
⑤ 보편주의를 강조한다.

23 사회복지서비스가 민간부문에서 제공되어야 하는 이유로 틀린 것은?

① 정부의 실패 또는 비시장의 실패에서 찾을 수 있다.
② 공공부문은 복지 소비자들의 서비스에 대한 수요의 질과 양의 변화가 신속하고 융통성 있는 대응이 어려워 경쟁체계를 어렵게 한다.
③ 공공부문은 민간부문보다 사회복지서비스를 제공하는데 경쟁체계가 어려워 경쟁이 없는 서비스 개선의 노력에 한계가 있다.
④ 공공부문은 자기이익을 추구하는 특정 소비자 집단의 요구에 정치적으로 응하기 때문에 비용확대를 감소시킬 수 있다.
⑤ 공공부문은 소유가 정부이므로 비효율적인 운영에 대한 방지와 수행에 대한 제재는 쉽지 않다.

24 보편주의와 선별주의를 비교한 설명으로 틀린 것은?

① 선별주의는 국가책임을 원칙으로 한다.
② 보편주의는 대중화를 의미하며 사회통합을 강조한다.
③ 선별주의는 자산조사를 행함에 따라 낙인감을 줄 수 있다.
④ 보편주의는 기본욕구에 기반을 둔다.
⑤ 보편주의는 사회적 권리에 기반을 둔다.

25 다음 중 선별주의에 입각한 제도가 아닌 것은?

① 자활사업   ② 누리과정

③ 기초연금   ④ 의료급여

⑤ 장애인연금

26 다음 설명 중 틀린 것은?

① 우리나라 경로연금은 공공부조의 일종이다.

② 국민기초생활보장제도는 현물급여를 중심으로 운영한다.

③ 사회보험제도는 소득 재분배 성격이 강하다.

④ 민간보험과 사회보험의 주요 차이 중 하나는 강제성 여부이다.

⑤ 우리나라는 사회수당제도가 도입되지 않았다.

27 다음 중 현금부조의 특징으로 옳은 것은?

① 수혜자의 낙인을 방지할 수 있다.

② 프로그램 비용지출이 많다.

③ 정책표적의 효율성이 높다.

④ 납세자의 선호성이 높다.

⑤ 수급자의 불신이 커진다.

28 사회복지서비스 전달체계의 평가기준으로 가격과 질에 있어 소비자에게 유리한 평가 기준은?

① 적절성   ② 통합성

③ 지속성   ④ 효율성

⑤ 경쟁성

29 우리나라 사회보험에 관련된 사항으로 옳지 않은 것은?

① 사회보험의 수급권은 기여의 정도에 따라 반영된다.
② 사회보험은 주로 근로에 의한 소득이 있는 자를 위한 제도로서 사전준비적 성격이 강하다.
③ 사회보험의 주된 재원은 피용자의 기여금, 사용자의 부담금, 자영자의 기여금, 정부의 일반세입 등이다.
④ 사회보험은 강제성의 원칙이 적용된다.
⑤ 사회보험은 사회적 형평성이 강조된다.

30 중앙정부의 사회보험성 기금으로 옳은 것을 모두 고른 것은?

ㄱ. 고용보험기금
ㄴ. 예금보험기금
ㄷ. 공무원연금기금
ㄹ. 국민건강보험기금

① ㄱ, ㄴ, ㄷ   ② ㄱ, ㄷ
③ ㄴ, ㄹ   ④ ㄹ
⑤ ㄱ, ㄴ, ㄷ, ㄹ

31 서비스전달체계로서의 중앙정부의 단점이 아닌 것은?

① 수급자 욕구에 대응의 어려움
② 자원의 비효율적 배분
③ 독점이므로 가격과 질 측면에서 불리
④ 프로그램의 불안정성
⑤ 관료적 경직성

32 헌법에서 규정하고 있는 사회보장의 내용으로 알 수 없는 것은?

① 국민은 인간다운 생활을 할 권리를 가진다.
② 국가는 사회보장·사회복지의 증진에 노력할 의무를 진다.
③ 국가는 여자의 복지와 권익의 향상을 위하여 노력하여야 한다.
④ 국가는 노인과 청소년의 복지향상을 위한 정책을 실시할 의무를 진다.
⑤ 국가는 근로자의 복지를 보장할 의무를 진다.

33 다음 〈보기〉 중 사회복지의 3대 지주를 모두 고른다면?

─── 보기 ───

가. 사회보험　　나. 공공부조
다. 사회서비스　라. 사보험

① 가, 나, 다　　② 가, 다
③ 나, 라　　　　④ 라
⑤ 가, 나, 다, 라

34 사회보험과 민간보험의 차이점에 대한 설명으로 옳은 것은?

① 사회보험은 공평성에 기반하나 민간보험은 최저보장을 한다.
② 사회보험은 인플레이션 대체에 약하나 민간보험은 강하다.
③ 사회보험은 사적 계약, 민간보험은 법적 계약이다.
④ 사회보험계약에서의 급여는 기여와 완전히 연계되지 않지만, 민간보험에서의 급여는 기여한 만큼 이루어진다.
⑤ 사회보험은 위험 확률에 기반하여 보험료를 부과하고, 민간보험은 사회적 형평에 기반하여 보험료를 부과한다.

35 사적 연금의 특징으로 옳지 않은 것은?

① 가입이 자유롭다.
② 기업이나 개인의 욕구와 부담능력에 따라 급여내용의 범위가 다양하다.
③ 물가수준의 변화에 따른 급여의 변화가 없다.
④ 응능부담의 원칙을 따르고 있다.
⑤ 기여금에 이자수입을 합산한 금액이 연금급여로 지급되어 노령빈곤 방지에는 부적합하다.

36 연금제도가 성숙되었을 때 가장 큰 비중을 차지하는 급여는?

① 유족연금　　　② 가급연금
③ 장애연금　　　④ 반환일시금
⑤ 노령연금

37 다음 중 국민연금제도에 대한 설명으로 옳은 것은?

① 1986년부터 실시되었다.
② 전국을 일원적 조직으로 관리한다.
③ 급여는 가입자 개인의 보수 수준에 정비례한다.
④ 18세 이상의 국민은 예외 없이 강제가입된다.
⑤ 관리운영의 주체는 보건복지부이다.

38 국민연금 지급액의 최고 한도액을 산정한 결과 과거 몇 년간의 표준소득월액의 평균액을 고려하는가?

① 최종 2년간
② 최종 3년간
③ 최종 4년간
④ 최종 5년간
⑤ 최종 10년간

39 우리나라 국민연금에 관한 설명으로 옳지 않은 것은?

① 강제가입을 통해 역선택을 방지하고자 한다.
② 저소득자에게는 보험료를 지원하기도 한다.
③ 급여수준의 실질적 가치를 유지하고자 한다.
④ 민간에 위탁·운영하는 것이 일반적이다.
⑤ 전 국민을 대상으로 가입대상자를 확대하는 경향이 있다.

40 국민건강보험제도에 관한 설명으로 옳지 않은 것은?

① 타 법령에 의한 의료급여(보호)대상을 제외한 전 국민을 적용대상으로 한다.
② 지역가입자와 직장가입자의 보험료 산정방식이 다르다.
③ 주된 진료비 지불방식은 행위별수가제와 포괄수가제이다.
④ 본인부담금과 비급여 항목이 있다.
⑤ 요양급여비용은 보건복지부장관이 정한다.

41 다음 중 산업재해보상보험에 대한 설명으로 옳은 것은?

① 산재보험의 보험료는 피보험자가 납입한다.
② 현재 10인 이상의 사업장에 적용되고 있다.
③ 산재보험은 우리나라 최초의 사회보험이다.
④ 산재보험의 급여에는 휴업급여가 없다.
⑤ 산재보험의 관리운영은 국민연금관리공단에서 맡고 있다.

42 우리나라 국민건강보험에 관한 설명으로 옳지 않은 것은?

① 진료비 지불방식으로 행위별수가제와 포괄수가제가 사용되고 있다.
② 가입자는 직장가입자와 지역가입자로 구분된다.
③ 공무원 등 특수직역종사자는 가입대상이 아니다.
④ 건강보험의 요양급여와 노인장기요양보험의 요양급여는 급여내용이 다르다.
⑤ 질병치료 시 상실된 소득을 보장하는 상병수당은 지급되지 않고 있다.

43 산재보험에 있어 요양급여와 휴업급여의 최소한의 급여자격 기간은?

① 1일 이상   ② 2일 이상
③ 3일 이상   ④ 4일 이상
⑤ 5일 이상

44 다음 중 산업재해보상보험의 내용이 아닌 것은?

① 고용주가 부담한다.
② 산재급여의 2대 요건은 업무수행성과 업무기인성이다.
③ 공무원 및 사립교직원은 사업주가 부담한다.
④ 고용주가 부담하는 것이 아니라 국가가 부담한다.
⑤ 휴업급여제도가 시행되고 있다.

45 다음 〈보기〉 중 고용보험에서 시행되고 있는 주요사업의 갈래는?

가. 실업급여
나. 고용안정사업
다. 직업능력개발사업
라. 지역사회개발사업

① 가, 나, 다 ② 가, 다
③ 나, 라 ④ 라
⑤ 가, 나, 다, 라

46 우리나라 고용보험제도에 대한 설명으로 옳지 않은 것은?

① 우리나라 4대 사회보험 중 가장 늦게 시행된 제도이다.
② 실직근로자에게 실업급여뿐만 아니라 직업능력개발사업과 고용안정사업도 시행하고 있다.
③ 실업급여에 필요한 보험료는 피용자와 사용자가 공동부담하고 있다.
④ 실업급여는 적극적 노동시장 정책의 일환이다.
⑤ 일종의 단기보험이다.

47 공공부조 운영의 원칙으로 옳지 않은 것은?

① 신청보호의 원칙
② 필요즉응의 원칙
③ 세대단위의 원칙
④ 현물급여의 원칙
⑤ 거택보호의 원칙

48 우리나라 자활사업에 관한 설명으로 옳은 것은?

① 중앙자활센터는 시·도별로 설치한다.
② 일반수급자는 자활근로사업에 참여할 수 없다.
③ 자활사업 참여자에게는 자활장려금이 지급된다.
④ 광역자활센터의 운영주체는 광역지방자치단체이다.
⑤ 희망키움통장(Ⅰ)은 일하는 기초수급자를 위한 자산형성지원사업이다.

49 국민기초생활보장법에 관련된 설명으로 맞는 것은?

① 최저생계비는 10년 단위로 조사·실시한다.

② 중앙생활보장위원회는 심의 및 의결기관이다.

③ 전물량방식은 오샨스키 방식과 동일하다.

④ 반물량방식은 전물량방식과 동일하다.

⑤ 수급자와 수급권자의 개념은 동일하다.

50 다음 중 국민기초생활보장제도의 내용이 아닌 것은?

① 보장기관은 국가와 지방자치단체이다.

② 최저생계비의 심의·의결은 보건복지부장관이 한다.

③ 자활후견기관에서는 자금융자알선, 취업알선 자활고취를 위한 사업 등을 한다.

④ 소득인정액은 개별가구의 소득평가액과 재산의 소득환산액을 합산한 금액이다.

⑤ 생계급여는 금전을 지급함이 원칙이다.

07

사회복지행정론

사회복지행정 일반

① 사회복지행정의 의의

사회복지행정은 사회복지와 행정의 복합개념으로서 사회복지방법론 중 하나이며 사회복지정책, 즉 제도, 프로그램을 구체적인 서비스로 전달하는 체계적인 과정이다.

② 사회복지행정의 특징

① 공식적 조직에 의한 활동(자선과는 다름)

② 사회적 후원과 책임이 필요

③ 프로그램의 주된 목표는 이윤추구가 배제된다는 것(비영리성)

④ 사회복지는 모든 기능을 다해야 한다는 기능적 일반화의 특성

③ 사회복지행정의 이념

효과성	조직체의 목표를 달성하는 정도로서 욕구의 충족, 해결이 어느 정도 이루어지는가를 의미한다.
효율성	최소의 자원으로 최대의 효과를 어떻게 거둘 것인가의 문제이다.
공평성	동일한 욕구를 가진 대상자는 동일한 혜택·서비스를 받아야 한다는 것을 의미한다.
접근성 (편의성)	대상자가 서비스를 쉽게 이용할 수 있도록 제반 여건을 갖추어야 한다는 것을 의미한다.

사회복지계획

1 의의

사회복지서비스의 효율성을 높이기 위해서는 문제해결과 방향에 대한 사전의 면밀한 검토, 가치의 적용에 입각한 정책대안의 선정, 단계적인 실천에 관한 의식적인 노력 등을 의미한다.

2 과정

① 목적, 우선순위, 관심의 명확화
② 제반사실 확인
③ 자원조사 목록화
④ 예측성과 분석
⑤ 우선순위 선택
⑥ 프로그램의 정책연계
⑦ 평가

사회복지프로그램

1 의의

서비스를 실제로 전달하는 서비스단위 조직에서 어떤 목적을 달성하기 위한 행동의 집합체

2 과정

① 사회문제 분석
② 프로그램 수혜자 정의
③ 실천이론과 목적 정의
④ 서비스 절차의 구체화
⑤ 프로그램 환경과 서비스 내용 구체화

7과목 | 사회복지행정론

사회복지행정과정

기획(P)	행정가에 의해 수행되는 최초의 과정으로서 목표설정, 과업활동방법 결정 등을 말한다.
조직(O)	작업활동이 규정되고 조정되는 공식적인 조직의 설정을 필요로 한다.
인사(S)	직원의 채용과 해고, 직원의 교육과 훈련, 협력적인 활동조건의 유지 등을 말한다.
지시(D)	행정책임자가 기관을 효과적으로 운영하기 위해 하위구성원에게 업무를 부과하는 기능이다.
조정(Co)	사회복지기관 활동에 있어서 다양한 부분들을 상호연결시키는 중요한 기능이다.
보고(R)	행정책임자가 기관의 직원, 이사회, 지역사회, 여타 기관 등에 대하여 본 기관에서 일어나는 상황을 알리는 것이다.
재정(B)	사회복지기관의 예산정책은 급여의 스케줄, 수입 확보의 방법, 지출 통제의 방법 등이 있다.
평가(E)	사회복지기관의 목표에 따라 전반적인 활동결과를 사정하는 과정을 말한다.

 사회복지행정 고전이론

관료제 이론	과학적 관리론
• 막스 베버에 의해 주장 • 전문화된 분업과 엄격한 규칙에 의한 위계적 관리 강조 • 비인간적인 인간관계 • 명확하고도 고도로 신문화된 업무분업 • 인간의 개성보다 공적인 지위에 기반을 둔 위계적 권위구조	• 테일러에 의해 창시됨 • 동작과 시간에 관한 과학적 분석으로 고도의 분업을 통해 효율성 추구 • 직업의 효율은 노동의 분업을 통해 기능 • 과업을 달성한 정도에 따라 임금지불(성과급제)

인간관계론

1 호손 실험

① 호손 실험은 파욜의 조직심리연구에서 민주적 정신과 인간관계의 형성과 유지가 조직의 기본적 문제라는 데서 그 단서를 삼아 실시되었다.

② 호손 실험을 통하여 작업시간, 작업방법, 임금, 작업장의 환경 등 작업의 생리적인 제 조건을 개선하면 작업능률이 향상된다고 생각되었던 종래의 관리이론이 근본적으로 뒤엎어지고, 인간 본성의 깊은 곳에 잠재되어 있는 무엇인가에 의하여 생산성을 증대시킬 수 있다는 사실이 발견되었다.

2 맥그리거의 X, Y이론

① 자신의 종업원들이 X이론적인 인간이라면, 조직의 목표를 달성하기 위해서는 강제, 명령, 처벌 및 위협의 방법을 이용해야 한다. 이들의 동기는 대체로 저차원 수준의 욕구, 즉 생리적 욕구와 안전의 욕구수준에 머무르고 있다고 가정되므로 저차원 욕구충족 방법을 이용하여 동기부여를 시키는 것이 효과적이다.

② 자신의 종업원이 Y이론적 인간이라면, 조직목표를 달성하는 데 경영자가 지원자적인 역할을 수행하는 것이 효과적이다. 그들은 일일이 명령과 통제를 받지 않더라도 자기지향과 자기통제를 행하기 때문이다.

상황이론

1 상황이론의 기본전제

① 환경으로부터의 요구는 조직 내 구조변화의 형태를 결정한다.

② 조직이 사용하는 기술 속성이 이 기술을 사용하는 부서의 구조를 결정한다.

2 레빈의 장(場)의 이론

① 인간의 행위는 그 사람의 특성과 그가 속해 있는 환경의 함수이다.

② 특정시점에서의 사람의 행동을 이해하기 위해서는 그 시점에서의 그 개인에 관한 것뿐만아니라 그의 환경에 대해서도 알아야 한다.

③ 이 이론은 동기부여와 관련하여 경영자의 개인, 집단시간 및 조직적 환경 간의 관계를 고려하여 동기부여해야 함을 의미한다.

④ 레빈의 장의 이론(field theory)은 물리학의 자기장의 개념에서 유출한 것으로 인간의 행동을 '여러 가지 힘의 장', 즉 사람들을 억제하는 힘과 촉진하는 힘의 장 속에서 나타나는 힘의 산물로 보았다. 그러므로 생산적 노력은 이를 억제하는 힘을 감소시키거나 촉진하는 힘을 강화함으로써 증진될 수 있다.

체계이론

1 체계이론의 의의

체계모형(Systems Model)은 앞서 논의한 고전모형, 인간관계모형, 구조주의모형이라는 세가지 기본모형들이 하나의 모형으로 통합될 수 있다는 가정에 기초를 두고 있다.

2 체계이론의 기본가정

① 관리체계가 하위체계를 조정한다.
② 하위체계 간의 업적을 비교 · 평가할 수 있다.
③ 하위체계는 역동적이며 하위체계 간의 갈등은 불가피하다.
④ 하위체계는 생산하위체계, 유지하위체계, 경계하위체계, 적응하위체계, 관리하위체계로 구성된다.

3 하위체계의 기능

생산하위체계	모든 조직은 결과물로서의 생산품 생산을 위해 조직되고 운영된다.
유지하위체계	조직으로서의 사회복지기관과 이용자 간의 욕구를 둘러싼 갈등을 중재 · 해결함으로써 조직의 안정을 기한다.
경계하위체계	외부환경과 영향을 주고받는 체계로 생산지지체계와 제도적 체계로 구성된다.
적응하위체계	조직의 변화방향을 제시한다.
관리하위체계	위 4가지 하위체계 요소를 통합하여 갈등해소, 조정, 외적 조정 등의 방법을 사용

사회복지서비스 전달체계 운영주체

공적 전달체계	사적 전달체계
• 상의하달식 수직적 전달체계 • 사회복지행정의 지방 일반행정체계에의 편입 • 전문인력 관리미흡 • 전문인력의 부족 • 서비스의 통합성 결여 • 각종 위원회의 활동 부족 • 공적 전달체계는 정부(중앙 및 지방)나 공공기관	• 정부제공서비스 비해당자에 대한 서비스 제공 • 선택의 기회 • 선도적 개발 및 보급 • 참여욕구 수렴 • 국가의 사회복지비용 절약 • 민간전달체계는 민간이 관리 · 운영

 사회복지서비스 전달체계의 원칙

전문성	사회복지서비스 제공업무는 전문성의 정도에 따라 전문가, 준전문가, 비전문가가 담당하게 된다. 전문가란 국가 또는 전문직업단체의 시험 또는 기타 자격심사에 의해 자격증을 부여받아 객관적으로 자격이 인정된 사람을 말한다.
적절성	사회복지서비스는 양과 질, 제공기간이 클라이언트의 욕구충족(혹은 문제해결)과 서비스의 목표달성에 충분해야 한다.
포괄성	클라이언트의 욕구는 다양할 뿐만 아니라 한 가지 문제는 다른 여러 가지 문제와도 연관되어 있는 것이 일반적이기 때문에 다양한 욕구와 문제를 해결하기 위해서는 다양한 서비스를 필요로 한다.
지속성	한 개인의 문제나 욕구를 해결하는 과정에서 필요한 서비스의 종류와 질이 달라져야 하는 경우가 발생하게 되는데, 한 개인이 필요로 하는 다른 서비스를 지역사회 내에서 계속적으로 제공받을 수 있도록 상호연계되어야 한다.
통합성	클라이언트의 문제는 많은 경우 복합적이고 상호연관되어 있기 때문에 이러한 문제의 해결을 위한 서비스들도 서로 연관되어야 한다.
평등성	특별히 소득수준이나 연령 등에 따라 서비스를 제한하는 경우를 제외하고 기본적으로 성별, 연령, 소득, 지역, 종교, 지위에 관계없이 모든 국민에게 서비스를 제공해야 한다.
책임성	사회복지조직은 국가(사회)가 시민의 권리로 인정한 사회복지서비스를 전달하도록 위임받은 조직이므로 사회복지 서비스의 전달에 대하여 책임을 져야 한다.
접근 용이성	사회복지서비스를 필요로 하는 사람이면 누구나 쉽게 받을 수 있도록 접근이 용이해야 한다.

중앙정부와 지방정부의 사회복지 전달체계 원칙

1 전달체계의 원칙

① 계층의 단순화

② 업무를 하급기관으로 이양

③ 상호보완, 수평적, 협동적 관계

④ 전문인력의 적극적 활용

⑤ 민간조직의 활성화를 위한 민간조직과의 업무분담

2 업무분담의 원칙

분권성	기초자치단체 우선의 원칙(기초자치단체가 주민들의 욕구를 가장 정확히 파악하고 행정의 능률성을 향상시킨다는 관점)
현실성	지방정부의 규모와 능력에 맞추어 기능 배분
전문성	이양되는 업무를 담당할 수 있는 행정인력의 전문성 확보
종합성	분업과 조정의 협력체계의 조화
책임성	행정책임 명확화의 원칙으로 걸맞은 책임이 부과

3 재원조달방법

포괄적 보조금	포괄적으로 규정하여 재량권을 인정하는 보조금
특별보조금	사업이 지정되어 있어 자유재량이 크게 제한
항목별 보조금	해당 자금을 보조받는 지방정부에서 특정목적에 사용하도록 중앙정부가 특별히 제한을 설정한 보조금으로 조건부 보조금
기능별 보조금	프로그램의 기능별로 묶어서 제공하는 보조금

사회복지조직의 유형

공식조직	의도적으로 조정된 사람의 활동으로 구성된다.
비공식 조직 (Informal Organization)	이성적 감정에 호소하여 직장 내에 상호 친밀한 대면적 접촉을 통한 자성적 인간 집단의 연결이다.
수직조직	계층제의 원리, 명령 통일의 원리, 통솔범위의 원리에 의하여 조직이 운영된다.
수평조직	대규모 조직의 상층부에서 전문적 지식과 기술을 가지고 조언과 자문을 하여 계선의 기능을 보좌한다.

권력 형태에 따른 분류(에치오니의 조직유형)

강제조직 (강제적 권력)	부하직원의 활동을 통제하기 위한 수단으로 물리적 제재나 위협을 사용하며, 권력에 대한 구성원의 반응은 소극적 참여를 특징으로 한다. 예 교도소, 정신병원
공리조직 (보상적 권력)	부하직원에게 물질적 보상체제를 사용하여 조직을 통제하며 구성원은 타산적으로 참여한다. 예 공장, 일반 회사, 농협
규범조직 (규범적 권력)	규범적 권력을 사용하여 구성원의 높은 헌신적 참여를 유도한다. 예 종교단체, 종합병원, 전문적 단체, 공립학교

조직의 기계적 구조와 유기적 구조

구분	기계적 구조	유기적 구조
상황조건	• 명확한 조직목표와 과제 • 분업적 과제 • 단순한 과제 • 성과측정이 가능 • 금전적 동기부여 • 권위의 정당성 확보	• 모호한 조직목표와 과제 • 분업이 어려운 과제 • 복합적 과제 • 성과측정이 어려움 • 복합적 동기부여 • 도전받는 권위

특징	• 과업이 전문화된다. • 경영계층의 관리자가 변화하지 않으면 지시대로 과업이 행해진다. • 통제, 권한, 의사소통의 구조가 계층적이다. • 의사결정이 명시된 계층에서 이루어진다. • 의사소통은 주로 상하위 간 수직적으로 이루어진다. • 의사소통의 내용은 주로 지시와 명령이다. • 조직에 대한 충성과 상사에 대한 복종이 강조된다.	• 과업이 광범위하게 정의된다. • 과업에 관련된 다른 사람들과의 상호작용에 의하여 계속 조정된다. • 통제, 권한, 의사소통의 구조가 네트워크 구조이다. • 의사결정은 관련된 지식과 경험이 있는 사람에 의해 이루어진다. • 의사소통은 상사와 부하, 동료 간에 수직적이고 수평적으로 이루어진다. • 의사소통의 내용은 주로 정보와 충고이다. • 조직목표에 대한 몰입과 필요한 전문능력의 함양이 강조된다.
장점	• 예측 가능성	• 적응성

 이사회

 의의

① 조직을 이끄는 정책을 공식화

② 실천가를 고용하고 평가

③ 후원자 및 지역사회 지도자와의 연계를 유지

④ 미래에 대한 계획을 수립하는 것 등에 대한 책임을 지는 기관

기능

정책의 개발기능	기관의 일반적인 방향과 통제유지
프로그램 개발기능	단기적이고 장기적인 계획
인사기능	유능한 행정참모 고용
재원	필요한 자원에 대한 접근의 활성화
홍보기능	조직체를 광범위한 지역사회에 소개하기
책임성	운영의 평가

③ 비영리조직 이사회의 역할이론

대리인론	회사의 조직에서 소유와 경영을 분리하는 명제의 출발로 대리인을 통해 소유권자들의 이해관심에 따라 조직을 운영하도록 맡기는 것
자원의존이론	이사회는 조직이 외부의 환경적 불확실성을 극복하고 좀더 중요한 자원들에 대한 접근이 가능하도록 도와주는 매개체의 역할
제도이론	조직의 행위는 사회의 제도적 환경에 의해 결정된다는 것이 전제

위원회

① 의의

사회복지조직이 목표달성을 위해 일상업무를 수행하는 사회복지사 외에 특별한 업무를 처리하기 위한 전문가로 구성된 기구

② 위원회 운영의 장 · 단점

장점	단점
• 문제에 관한 협조와 정보제공에 효율적 • 제안평가 또는 이에 관련된 여러 전문가의 의견 수렴 • 행정의 참여적 관리실현(지역주민의 참여 독려)	• 유지비용 과다 • 문제해결을 위한 시간 과다 소요 • 위원의 책임감 희박 우려 • 이해관계가 얽힌 대표의 참여는 문제 왜곡

사회복지조직의 환경적 요인

① 일반적 환경요인

① 경제적인 조건 : 경기의 호황 또는 불황, 경제성장률, 실업률 등

② 사회 · 인구 · 통계학적 조건 : 연령과 성별분포, 가족 구성, 거주지역, 사회적 계급 등

③ 문화적 조건 : 사회의 우세한 문화적 가치

④ 정치적 조건

⑤ 법적 조건

⑥ 기술적 환경 등

2 과업환경요인

① 재정자원의 제공자

② 정당성과 권위의 제공자

③ 클라이언트 및 클라이언트 제공자

④ 보충적 서비스 제공자

⑤ 조직 산출물의 소비 · 인수자

⑥ 경쟁하는 조직들 등

 ## 환경관리전략 및 환경관리이론

1 환경관리전략

권위주의 전략	권력을 사용하여 다른 조직의 행동을 이끌고 명령을 내리는 전략
경쟁적 전략	다른 조직들과 경쟁하여 세력을 증가시켜 서비스의 질과 절차, 행정절차 등을 매력적으로 만드는 전략
협동적 전략	다른 조직들에게 필요한 서비스를 제공하여 상호 불안감을 해소시키고 이에 대한 보답으로 권력을 증가시키는 전략(계약, 연합, 흡수)
방해전략	경쟁적 위치에 있는 나쁜 조직의 활동을 방해하거나 세력을 약화시키는 전략

2 환경관리이론

구조적 상황이론	조직환경론의 기초가 되어 준 개방시스템으로서의 조직특성과 함께 환경과 구조의 적합성 관계 등에 대하여 설명
정치경제이론	사회복지조직은 사회적으로 지지가 결여되어 있기 때문에 조직의 합리성을 확립하기 위해 정치적 · 경제적인 자원을 활용하여 지지할 수 있는 환경을 조성해야 할 필요성이 있다. 이런 필요성에 의해 개방체계이론의 하위개념으로 정치 · 경제이론이 도출되게 되었다.

제도이론	조직이 사회구조에 배태되어 있음을 중시하고, 조직을 둘러싼 제도적 환경이 그 자체의 생성·변화과정을 통하여 진화하고 있을 뿐만 아니라 조직의 내부구조에도 영향을 미치고 있음을 밝히고자 함
조직군 생태이론	기존의 조직이론이 개별조직의 환경적응을 강조한 반면, 조직 생태학은 조직의 구조적 관성과 외부환경에 의하여 환경에의 적응이 제약을 받으며 조직군의 변화는 환경의 선택과정에 의해 야기된다고 보는 견해이다.
사회문화이론	국가나 민족 등을 경계로 한 각 문화가 각기 독특한 가치와 사회원리를 가지고 있으며, 조직은 이러한 사회문화로부터 자유롭지 못함을 주장한다.
전략적 경영이론	환경과 조직의 적합관계, 조직 전략의 내적 일관성, 환경에 대응하는 조직행위에 따른 성과 등을 연구
대인이론	거래비용을 줄이거나 시장실패로 인하여 기업이 등장하게 되었음을 논의하면서 이러한 거래비용을 줄이거나 통제하려는 기업들의 활동에 대하여 연구

 ## 조직과 환경관련 주요 용어

크리밍 현상	서비스 조직들이 접근성 메커니즘을 조정함으로써 보다 유순하고 성공 가능성이 높은 클라이언트를 선발하고, 비협조적이거나 어려울 것으로 예상되는 클라이언트들을 배척하고자 하는 현상이다.
레드 테이프	관료제의 병폐 중의 하나로 불필요하게 지나친 형식이나 절차를 만드는 것을 말한다.
목적전치	조직의 규칙과 규정이 전체 목표달성을 위한 수단으로 간주되지 않고 규칙과 규정 그 자체가 목적이 되거나 원래 목적이 다른 목적으로 변질, 대체되는 현상을 말한다.
아웃 리치	출장서비스 또는 대외 추적이라고도 하는 이 방법은 서비스 이용자들이 스스로 찾아오기를 기다리는 것이 아니라 기관이나 담당자들이 적극적으로 클라이언트를 찾아나서는 시도를 말한다.
소진	인간관계와 관련된 직무스트레스가 많은 직종의 종사자들에게서 나타나는 부정적인 현상으로 과도한 스트레스에 노출되어 신체적·정신적 기력이 고갈되어 직무수행능력이 떨어지고 단순업무에만 치중하게 되는 현상이다.

리더십 일반

① 리더십의 의의

리더십은 조직의 목표달성을 위해 조직구성원들이 자발적으로 종사할 수 있도록 공식적 지위에 있는 사람이 영향력을 행사하는 것을 말한다.

② 리더십의 필요성

① 지역사회의 환경과 압력에 대한 대응
② 조직목표와 구성원 목표의 일치를 유도
③ 구성원들의 규칙과 규정을 준수할 수 있도록 유인
④ 조직의 구조적 변화를 조직에 통합

③ 리더십의 기능

조직의 목표설정기능	쇄신적 활동이 목표의 설정과 이를 조직의 각 단위와 각 구성원으로 하여금 구체화시키는 기능을 한다.
자원동원기능	목표달성을 위하여 인적·물적 자원과 권위·상징 등 정치적 자원을 효율적으로 동원하는 기능을 하고 조직구성원들에게 동기부여의 역할을 한다.
통합·조정기능	조직활동을 통제·통합·조정하는 기능을 수행한다.
조직의 안정화·융통성 확보기능	조직 내의 갈등과 외부환경으로부터 압력을 조화시켜 조직의 안정성·융통성·일체감·적응성을 확보하는 기능을 한다.

④ 리더십의 유형

지시적 리더십	종업원에게 무엇을 어떻게 수행할지에 대한 지침을 제공, 작업일정 수립, 성과목표를 유지한다.
후원적 리더십	종업원의 복지와 욕구에 대한 관심을 가짐, 종업원에게 우호적이고 접근 가능하게 하고 평등하게 대한다.
참여적 리더십	종업원과 상담하고 의사결정을 할 때, 그들의 아이디어를 진지하게 고려한다.
성취 지향적 리더십	도전적인 목표를 설정하고 뛰어남을 강조하며, 종업원의 능력에 대해 신뢰를 보임으로써 최고수준의 업무수행을 하도록 종업원을 고무시킨다.

리더십 이론

특성이론	일반 사람과는 다르게 리더가 특정성격과 자질을 갖추었다는 가정이 리더십의 특성 이론이다. 즉, 특성이론에서는 리더의 효율성과 관련된 리더의 개인적 특성에 초점을 둔다.
행동이론	행동론적 접근법은 리더(leader)와 팔로어(follower)의 관계에 초점을 맞추어, 팔로어에게 바람직한 영향을 미치거나, 집단이나 조직의 유효성을 높이는 리더의 행동유형이 무엇인가를 규명하는 데 중점을 두고 있다. 이 접근법은 보편적·일반적으로 유효한 리더십을 탐구하는 것이지만 리더, 부하, 조직이 처해진 상황을 전혀 고려하지 않고 있다.
상황이론	상황론적 접근법은 리더와 추종자 간의 상호작용에 영향을 미치는 환경적 요인을 규명하거나, 리더가 지닌 특성이나 리더가 행하는 행동의 유효성이 상황적 요인에 따라 어떻게 다른가를 규명하는 이론이다. 이는 행동론의 보편성을 부정하여 리더, 부하, 조직이 처한 상황에 따라 유효한 리더십이 다르다는 개념이다.
관리격자이론	블레이크와 모튼(Blake & Mouton)에 의한 이론으로 수평축을 생산에 대한 관심, 수직축을 인간에 대한 관심의 두 영역으로 나누고 이를 격자로 계량화하여 리더의 행동유형을 5가지(무관심형, 인기형, 과업형, 중도형, 팀형)로 분류하고 있다.

 ## 기획일반

❶ 기획의 의의

할 일과 필요성, 방법, 시기, 책임자 등을 구체적으로 정하는 것으로서 여러 대안들 중 적절한 것을 선택하는 작업이라고 할 수 있다.

❷ 기획의 필요성

효율성의 증진	최소의 비용과 노력으로 효율적 서비스 제공을 위해서는 치밀한 기획이 필요하다.
효과성의 증진	기획된 활동이 아니면 클라이언트 문제해결에 효과적이 아닐 수 있다.
책임성의 증진	사회적 자원을 사용하므로 목표하는 서비스를 효과적·효율적으로 제공한다는 책임성 수행을 위해 서비스 기획이 필요하다.
사기의 향상	기획과정에 직원 참여로 인한 인정과 성취감 획득이 필요하다.

③ 기획과정

목표의 선택, 기관 가용자원의 고려, 대안의 모색, 최선의 계획결정, 우선순위화, 구체적 프로그램 계획수립, 변화에 대한 개방성 유지 등의 과정이 있다.

기획에 활용되는 기법

시간별 활동계획도표	• 세부목표 및 활동기간과 실제 수행현황을 병행하여 막대모양으로 표시한 도표이다. • 세로에는 사업을 위한 주요 세부목표 및 관련활동을 기입한다. • 가로에는 월별 또는 일별 시간을 기입한다.
프로그램 평가검토법	• 목표달성의 기한을 정해 놓고 목표달성을 위하여 설정된 주요 세부목표 및 활동의 상호관계와 시간계획을 연결시켜 도표로 나타내는 것이다. • 사건이나 행사를 나타내는 원표시와 행사와 행사 사이의 활동과 관계를 나타내는 화살표시를 사용하며, 화살표 옆에 활동시간의 길이를 표시한다.
월별 활동계획카드	• 바탕 종이의 위쪽에는 월이 기록되고, 각 월 아래 공간에 카드를 삽입하거나 붙인다. • 업무의 시간에 따라 변경하여 이동시키는 데 편리하지만 과업과 완성된 행사 간의 관계를 확인할 수 없다.

의사결정

① 의사결정의 의의

목표달성을 위한 여러 가지 대안들 가운데 최적의 것을 선택하는 과정이다.

② 의사결정방법

① 직관적 결정 : 합리성보다는 감정에 의존한 의사결정방법
② 판단적 결정 : 지식과 경험에 기초한 의사결정방법(대부분의 의사결정방법)
③ 문제해결결정 : 정보수집, 연구, 분석과 같은 객관적 · 과학적 접근에 기초한 방법

③ 의사결정기술

개인의사결정 기술	집단의사결정 기술
• 의사결정나무분석 : 개인이 가능한 여러 대안을 발견하여 나열하고 선택했을 때와 그렇지 않을 때의 결과를 생각하게 하는 방법이다. • 대안선택 흐름도표 : 목표가 분명하고 예상가능한 사항의 선택에 적용한다.	• 델파이기법 : 여러 전문가 또는 관련자들로부터 우편으로 의견이나 정보를 수집하여 그 결과를 분석한 후 이를 다시 응답자들에게 보내어 의견을 묻는 식으로 만족스러운 결과를 얻을 때까지 계속하는 방법이다. • 소집단 투표 : 관련자들을 한 장소에 모아 각각의 의견을 적어서 종합하고 집단의 합의가 이루어질 때까지 각각의 의견을 검토하는 절차를 계속하는 방법이다.

④ 의사결정모형

합리모형	의사결정이 인간의 이성과 합리성에 근거하여 합리적으로 이루어진다고 가정하는 이론이다.
만족모형	인간의 한계를 지적하고 그 대신 보다 현실성 있는 인간의 제한된 합리성을 전제하고 있다.
점증모형	인간의 인지상의 제약과 현실에서 이루어지고 있는 정책결정 자체의 정치적 성격 및 그것으로 인한 제약을 지적한다.
혼합주사모형	근본적으로 결정은 전반적이고 근본적인 방향을 올바르게 설정하기 위해서 합리모형에 따라 중요한 대안을 포괄적으로 모두 고려한다.
최적모형	드로어(Dror)가 주장한 것으로 개인적 차원이나 합리적 선택이라는 의사결정 국면에 초점을 두고 있는 다른 모형과 달리 질적으로 보다 나은 정책을 산출하기 위한 정책결정체제의 운영에 초점을 두고 있다.
회사모형	연합모형이라고도 하며, 개인적 차원의 의사결정에 초점을 두는 만족모형을 발전시켜 조직의 집단적 차원에 적용시킨 것이다.
쓰레기통모형	조직이나 집단의 응집성이 아주 약한 상태, 즉 조직화된 혼란상태 또는 무정부상태에서 이루어지는 비합리적인 의사결정의 측면을 강조하는 모형이다.

7과목 | 사회복지행정론

예산일반

① 예산의 의의

예산은 일정기간(1회계연도)의 수입과 지출의 예정적 계산으로서 예산의 편성, 예산의 심의 및 의결, 예산의 집행, 결산 및 회계검사의 네 과정으로 이루어지는데 이러한 일련의 과정을 예산과정이라고 한다.

③ 예산의 기능

재정통제적 기능	예산제도는 의회제도의 발달과 기원을 같이하여 행정부에 대한 민주통제의 수단으로 발달되었다.
정치적 기능	예산의 편성 · 심의 · 집행과정은 정치적 과정이며, 예산제도의 발달도 정치적인 투쟁의 과정이다.
법적 기능	예산은 예산안이 의회에서 심의 · 확정됨으로써 집행할 수 있고, 그 범위 내에서만 집행되어야 한다.
경제적 기능	예산은 경제안정기능, 경제성장촉진기능, 소득재분배기능 및 자원배분기능 등의 경제적 기능을 갖고 있다.
관리적 기능	중앙예산기관은 각 부처의 예산을 검토 · 사정 · 관장 · 관리한다.

④ 예산의 원칙

공개성의 원칙	예산은 편성에서부터 회계검사에 이르기까지 국민에게 공개해야 한다.
명료성의 원칙	모든 국민이 알기 쉽게 분류 · 정리하여야 한다.
완전성의 원칙 (총계주의 원칙)	예산은 정부의 모든 재정활동이 빠짐없이 포함되어야 한다.
단일성의 원칙	국가예산은 체계적 · 종합적으로 명백히 하고, 양적 · 질적으로 균형을 유지하기 위해 구조면에서 단일화해야 한다. 이에는 국고통일주의, 회계 통일주의가 해당된다.
예산결산 엄밀성의 원칙	예산과 결산이 일치해야 한다.
통일성의 원칙	모든 수입은 한데 합쳐서 지출해야 한다. 그러므로 특정세입이 특정세출로 바로 연결되면 안 된다.
한정성의 원칙	예산은 정해진 목표를 위해 정해진 금액, 정해진 기간 내에 사용하여야 한다. 따라서 ① 목적외 사용금지 ② 계상된 금액 이상의 지출금지 ③ 회계연도 경과 지출금지 등을 내용으로 한다.
사전의결의 원칙	예산은 집행되기 전에 반드시 국회에서 심의, 확정되어야 한다.

예산제도의 형식

1 항목별 예산제도(LIB)

① 가장 고전적인 예산제도로서 품목별 분류는 지출의 대상, 성질을 기준으로 하여 세출예산의 금액을 분류한 것이다.

② 예산의 집행에 대한 회계책임을 명백히 하고 경비 사용의 적정화를 기하는 데 필요하다.

③ 우리나라의 세출예산과목인 장, 관, 항, 세항, 목 중 목이 품목별 분류이며, 예컨대 급여, 여비, 수용비, 시설장비유지비 등이 해당된다.

2 성과주의 예산제도(PB)

① 종래의 품목별 예산제도를 보완하기 위해 등장한 제도로서 최소의 행정이 최선의 행정으로 간주되던 시대에는 품목별 지출의 통제에만 관심을 가졌지만 행정이 많은 사업을 하고 예산규모가 급속히 커짐에 따라 어떤 사업을 얼마나 능률적으로 처리하느냐에 국민과 정부가 관심을 갖게 되었다.

② 예산제도에 있어서도 회계책임을 중시하는 통제적 측면 외에 사업의 능률적인 수행을 위한 관리적 측면도 중요시하지 않을 수 없게 됨에 따라 성과주의 예산제도가 등장하였다.

3 계획예산제도(PPBS)

① 성과주의 예산제도는 이미 결정된 정책의 능률적인 집행에 적합하지만 정책결정 자체를 합리적으로 하지 못하였다.

② 행정기능이 정책결정까지 하는 것으로 확대되고, 장기적인 계획 수립과 단기적인 예산편성을 프로그램 작성을 통하여 유기적으로 결합시킴으로써 자원배분에 관한 의사결정을 일관성 있고 합리적으로 하려는 제도이다.

4 목표관리(MBO)

① 조직성원의 참여과정을 통해서 조직의 공통된 목표를 명확히 하고 체계적으로 조직성원들에게 목표를 부과하며, 그 수행결과를 평가하고 환류시켜 궁극적으로 조직의 효율성을 향상시키고자 하는 기법이다.

② 조직의 목표설정에서부터 책임의 확정, 실적의 평가, 조직단위 또는 개인의 활동에 이르기까지 조직의 상·하부층이 다 같이 참여하여 공동으로 결정하자는, 한마디로 상·하간의 참여에 의한 목표에 대한 관리라고 정의된다.

5 영기준예산(ZBB)

① 영기준예산은 영점예산, 무전제예산, 백지상태예산이라 불려지기도 한다.

② 예산편성에 있어서 전년도 예산을 기준으로 하여 점증적으로 예산을 책정하는 것을 탈피하여 조직의 모든 사업활동에 대하여 영기준을 적용하여 각각의 효율성, 효과성, 중요성 등을 체계적으로 분석하고 사업의 존속, 축소, 확대 여부를 분석·검토하고 우선순위가 높은 사업 활동을 선택하여 실행예산을 결정하는 예산제도이다.

 마케팅 믹스(4P)

제품(Product)	구매자의 욕구를 충족시키기 위한 산출물을 의미한다. 제품을 개발할 때에는 구매자가 사려는 것이 무엇인지를 파악하는 것이 중요하다.
가격(Price)	구매자가 그 상품을 얻기 위해 기꺼이 지불하고자 하는 대가를 의미한다. 생산자는 가격을 결정하기 전에 사람들이 그 상품에 어떤 가치를 부여하고 있는지를 반드시 파악해야 한다.
판촉(Promotion)	고객 마음속의 관심, 궁극적으로 구매할 의도를 자극하기 위해 활용되는 모든 판매촉진기술이다.
장소(Place)	마케팅 상품이 구매자들이 구입하기 가장 적합한 때와 장소에 있도록 하는 것을 의미한다. 사회복지기관에서 장소는 서비스에 대한 접근 용이성을 의미한다.

 마케팅 시장분석 및 마케팅 평가

1 마케팅 시장분석

① **시장세분화** : 전체시장을 일정한 기준에 의해 동질적인 세분시장으로 구분하는 과정

② **표적시장 선정** : 시장세분화 작업을 통해 시장을 동일한 범주로 파악하여 기관이 공략 가능하다고 선택한 시장

③ **시장포지셔닝** : 경쟁되는 상품과의 비교에서 한 상품이 소비자의 마음에 명확히 구별되어 새기고 싶은 이미지를 형성하는 것

2 마케팅 평가

포괄적인 평가	마케팅 감사는 소수의 문제발생 분야뿐만 아니라 특정기업이나 사업부의 모든 주요 마케팅 활동을 포함한다.
체계적인 평가	마케팅 감사는 마케팅 환경, 내부 마케팅 시스템, 특정 마케팅 활동을 포괄하는 체계적인 일련의 평가과정을 내포하고 있다.
독립적 평가	마케팅 감사는 자체검사, 상호검사, 상부로부터 감사, 기업의 감사부에 의한 감사, 외부감사 등으로 실시될 수 있다.
주기적 평가	마케팅 감사는 전형적으로 판매부진, 사기저하 등의 문제가 발생한 이후에 실시하고 기업의 상황이 좋을 때에는 실시하지 않는 것이 일반적이다.

정보관리체계 유형과 기능

전산자료 처리시스템(DP)	• 목적 : 업무효율 • 업무처리 과정, 기록보관, 업무보고 등에 사용 • 사무적인 업무처리의 능률향상에 역점 　예 월급명세서의 전산화
정보관리 시스템(MIS)	• 목적 : 보고 • 사회복지행정에서 정보관리시스템은 사무자동화, 의사결정지원시스템, 전문가 지원시스템 등을 포함하는 개념으로 종합적 의미를 가진 정보시스템을 의미
지식기반 시스템(KBS)	• 목적 : 의사결정지원 • 클라이언트와 직접 서비스 제공자의 상호작용을 지원하기 위한 복잡성을 다루고 있음
의사결정 시스템(DSS)	• 목적 : 의사결정과 이의 집행을 돕도록 설계 • 의사결정의 효과성과 조직의 효과에 초점 • 비구조화되거나 준구조화된 의사결정을 위하여 모델링 기법을 이용하여 의사결정자 지원 • 관리능률을 향상시킬 것을 강조
업무수행지원 시스템(PSS)	• 목적 : 업무를 완성하는데 필요한 정보를 통합제공하여 업무를 향상시키는 것 • 서비스 제공자의 성과에 초점 • 사용자가 업무수행을 위해 어떤 정보가 필요한지를 확인시켜주고 도와주는 것

01 사회복지행정의 이념에서 클라이언트의 의존성을 증가시키거나 주체성을 상실시키는 영역과 밀접한 것은?

① 접근용이성　　② 효과성
③ 민주성　　　　④ 효율성
⑤ 공평성

02 사회복지사의 윤리강령을 나눌 때 속하지 않는 분야는?

① 사회복지사에 대한 책임
② 클라이언트에 대한 책임
③ 사회복지기관에 대한 책임
④ 동료에 대한 책임
⑤ 국가에 대한 책임

03 사회복지행정의 주요과업을 실천과정으로 옳게 묶은 것은?

① 조직, 인사, 조정, 평가
② 판단, 지시, 평가, 조정
③ 계획, 인사, 조정, 자산
④ 평가, 예산, 지시, 기여
⑤ 계획, 조직, 재정, 기여

04 다음 중 사회복지조직의 특성으로 잘못된 것은?

① 사회복지조직은 직접 사람을 다루는 조직이다.
② 사회복지조직의 핵심활동은 기관직원과 서비스 사용자 간의 상호작용이다.
③ 사회복지조직이 사용하는 기술은 고정적이고 안정적이다.
④ 사회복지조직은 주로 전문가에 의존한다.
⑤ 사회복지조직은 환경에 의존한다.

05 사회복지행정의 접근방법 중 관료적 접근방법이 아닌 것은?

① 사전에 설정된 절차와 규칙 엄격
② 전문화에 기초한 노동의 분업
③ 직원, 이사회 및 위원회의 협력 조성
④ 기술적 능력에 기초한 승진과 선정
⑤ 인간관계에 있어서의 비인격성

06 우리나라 사회복지행정의 발달과정에 대한 설명으로 틀린 것은?

① 1980년대에 사회복지관련기관이 급속도로 늘어났다.
② 1987년부터 사회복지전문요원제도가 시행되어 공공복지행정의 체계가 마련되었다.
③ 1998년 국민기초생활보장법의 시행으로 행정환경의 변화를 맞이하였다.
④ 2003년에 제1회 사회복지사 1급 국가시험이 시행되었다.
⑤ 2004년에 사회복지사무소가 시범사업으로 실시되었다.

07 애드호크라시의 특징이 아닌 것은?

① 고정된 계층구조가 없다.
② 영구적 부서가 없다.
③ 공식화된 규칙이 없다.
④ 쇄신성 · 적응성이 없다.
⑤ 표준화를 거부한다.

08 다음 중 인간관계론의 설명으로 틀린 것은?

① 조직 내 비공식적 소집단의 역할의 중요성을 인식한다.
② 조직 구성원의 사회적 · 심리적 욕구와 의사소통의 중요성을 발견한다.
③ 조직 내의 갈등의 순기능을 인정하며, 조직과 환경의 관계에 주목한다.
④ 궁극적으로는 능률과 생산성의 향상에 그 목적이 있다.
⑤ 참여를 통한 민주적 조직관리를 강조한다.

09 다음에 해당하는 조직관리의 기법은?

- 서비스 질을 조직의 일차적 목적으로 한다.
- 고객만족을 중시한다.
- 팀워크를 통한 조직의 지속적 변화를 꾀한다.
- 통계자료의 활용을 강조한다.

① TQM
② 벤치마킹
③ BSC
④ 애드호크라시(adhocracy)
⑤ SPSS

10 인간관계이론에 기반한 관리자의 행동으로 볼 수 없는 것은?

① 사회기술(social skill)의 활용을 중시한다.
② 맥그리거(D. McGregor)의 Y이론에 가까운 인간관에 입각한다.
③ 하급직원들과 비공식적인 방식을 통한 관계유지에도 관심이 있다.
④ 관리행동의 목표를 생산성 향상에 두다.
⑤ 과학적 업무분석과 이윤공유를 중요시한다.

11 다음 표에서 과학적 관리론과 인간관계론이 바르게 연결된 것을 모두 고른다면?

	과학적 관리론	인간관계론
가.	Y이론	X이론
나.	긍정적 보상	심리적 보상
다.	정서적 요인 강조	생산성 중시
라.	실적·업적 중시	잠재력 인정

① 가, 나, 다
② 가, 다
③ 나, 라
④ 라
⑤ 가, 나, 다, 라

12 과업관리로 불리는 과학적 관리론은 테일러에 의해 제시되었다. 테일러 시스템의 특성이 아닌 것은?

① 하루 일할 수 있는 최고의 과업결정
② 기초적 시간연구
③ 차별적 성과급제와 직능적 조직
④ 저가격·고임금의 원리
⑤ 성공시 우대, 실패시 상대적 손실을 부담시킴

13 맥그리거의 X, Y이론에 대한 설명으로 옳지 않은 것은?

① X이론에 입각한 인간관계에서 인간은 원래 일하기 싫어하고 스스로 책임지기를 싫어한다고 했다.

② 기업의 인간적 측면을 X이론과 Y이론으로 구분 · 설명한 것이다.

③ X이론에서는 주로 저차원의 인간욕구, Y이론은 고차원의 인간욕구에 착안하고 있다.

④ Y이론에서의 인간은 일하는 것에 고통을 느끼며, 외부통제가 없이 자기 자신을 통제할 수 있다.

⑤ 전통적인 인간관과 새로운 인간관을 동기부여하는 관점에서 비교한 것이다.

14 투입량, 변환과정, 산출량, 환경으로부터 피드백은 무엇의 기본요소인가?

① 시너지 　　② 과학적 관리
③ 시스템 　　④ 조직행동론
⑤ 인간관계론

15 사회복지행정조직이론 중 과학적 관리론의 특징이 아닌 것은?

① 작업의 효율은 노동의 분업에 의해 얻어질 수 있다.

② 과업을 달성한 정도에 따라 임금을 지불한다.

③ 권한과 책임성은 행정 간부에게만 주어진다.

④ 개인의 동작에 대한 소요시간을 표준화하여 적정한 일일의 분업을 확립하고 다른 과업의 성과와 임금을 관련시킨다.

⑤ 전문화된 분업과 엄격한 규칙에 의한 위계적 관리를 강조한다.

16 전략적 관리(SM)의 내용과 거리가 먼 것은?

① 목표지향적 · 개혁적 관리
② 단기적 시간관리
③ 환경분석의 강조
④ 조직역량분석의 강조
⑤ 전략개발의 강조

17 인간봉사조직에 종사하는 사람들 가운데 자신들의 인내와 능력으로 감내할 수 없는 업무요구 때문에 신체적·정신적 고갈상태에 이르게 되어 그 결과 자신의 일과 클라이언트에게도 부정적인 태도와 감정을 갖게 하는 현상은?

① 크리밍 현상
② 소진증후군
③ 목적전치
④ 직무만족
⑤ 관료제적 병폐

18 다음 〈보기〉 중 공적 전달체계의 특징을 모두 고른다면?

---- 보기 ----
가. 재정이 안정적이다.
나. 관료적이고 복잡성을 가진다.
다. 외적 요인에 다소 둔감하다.
라. 창의적이다.

① 가, 나, 다
② 가, 다
③ 나, 라
④ 라
⑤ 가, 나, 다, 라

19 길버트와 스펙트가 지적한 사회복지서비스 전달체계의 문제점을 모두 고른다면?

---- 보기 ----
가. 비연속성
나. 비책임성
다. 비접근성
라. 비단편성

① 가, 나, 다
② 가, 다
③ 나, 라
④ 라
⑤ 가, 나, 다, 라

20 사회복지서비스 전달체계의 주요 구성으로 옳은 것을 모두 고른 것은?

---- 보기 ----
ㄱ. 노인장기요양서비스 : 보건복지부 – 국민연금공단 – 서비스 기관 – 이용자
ㄴ. 장애인활동지원서비스 : 보건복지부 – 근로복지공단 – 서비스 기관 – 이용자
ㄷ. 보육서비스(어린이집) : 여성가족부 – 지방자치단체 – 서비스 기관 – 이용자
ㄹ. 자활급여 : 보건복지부 – 지방자치단체 – 서비스 기관 – 수급자

① ㄱ, ㄴ, ㄷ
② ㄱ, ㄷ
③ ㄴ, ㄹ
④ ㄹ
⑤ ㄱ, ㄴ, ㄷ, ㄹ

21 다음 중 슈퍼비전의 기능으로 볼 수 없는 것은?

① 지지적 기능　② 교육적 기능
③ 행정적 기능　④ 지시적 기능
⑤ 업무촉진기능

22 관리자의 업무를 전문화하고 부문마다 다른 관리자를 두어 작업자를 전문적으로 지휘 · 감독하는 조직은?

① 직계조직
② 직계참모식 조직
③ 기능식 조직
④ 직계기능조직
⑤ 위원회 조직

23 다음 중 수직적 분화를 가장 잘 나타내는 것은?

① 부서에서 수행되는 과업의 넓이
② 조직계층의 수
③ 경영자가 지시할 수 있는 사람의 수
④ 권한의 분산
⑤ 조직의 지리적 분산

24 조직구조에 관한 설명으로 옳지 않은 것은?

① 수평적 분화에서는 통제의 범위를, 수직적 분화에서는 조정과 의사소통의 수준을 고려하여 설계한다.
② 업무의 표준화는 조직운영의 경제성과 예측성을 높이기 위한 활동이다.
③ 정보가 과다하게 집중되어 있는 상황에서 의사결정의 집권화는 실패 가능성을 줄일 수 있다.
④ 공식적 권한의 집중 · 분산은 조직관리의 효과성 · 효율성과 연관되어 있다.
⑤ 공식화는 구성원들의 업무 편차를 줄이는 데 효과적이다.

25 이사회에 대한 설명으로 옳은 것은?

① 최고집행기구이다.

② 최종 의사결정기구이다.

③ 기관장을 참석시키지 않는다.

④ 구성은 기관의 직원으로 되어 있다.

⑤ 위원회에 비해 그 크기가 일반적으로 크다.

26 다음 〈보기〉 중 관료제 모형의 특징을 모두 고른다면?

> 가. 기계적 구조의 특성
> 나. 자격과 능력에 따른 명확한 분업체계
> 다. 규칙에 의한 통제
> 라. 환경에 대한 높은 적응성

① 가, 나, 다   ② 가, 다

③ 나, 라   ④ 라

⑤ 가, 나, 다, 라

27 다음 중 유기적 조직의 장점이 아닌 것은?

① 구성원의 권한 강화

② 풍부한 정보의 공유

③ 환경변화에 대한 강한 대응성

④ 내부 통제력의 강화

⑤ 내적 동기부여 및 학습기회의 제공을 통한 자기발전에 기여

28 엄격한 계층제보다는 신축성 제고를 위한 환경적응적 조직모형은?

① 과학적 관리조직

② 인간관계론적 조직

③ 뷰로크러시 조직

④ 애드호크러시 조직

⑤ 테크노러시 조직

29 애드호크러시의 특성에 해당하는 것은?

① 집권화 정도가 높다.
② 전문화 정도가 낮다.
③ 공식화 정도가 높다.
④ 구조적 신축성이 높다.
⑤ 표준화를 선호한다.

30 다음 〈보기〉의 설명은 무엇에 대한 것인가?

━━━●보기●━━━
출장서비스 또는 대외 추적이라고도 하는 이 방법은 서비스 이용자들이 스스로 찾아오길 기다리는 것이 아니라 기관이나 담당자들이 클라이언트를 찾아나서는 시도를 말한다.

① 크리밍　　　　② 관리홍보
③ 레드 테이프　　④ 아웃 리치
⑤ 사례 관리

31 환경관리전략 중 권력을 사용하여 다른 조직의 행동을 이끌고 명령을 내리는 전략은?

① 권위주의 전략
② 경쟁적 전략
③ 협동적 전략
④ 방해전략
⑤ 무차별 전략

32 다음 〈보기〉에서 협동적 환경관리 전략의 유형에 속하는 것을 모두 고른다면?

━━━●보기●━━━
가. 계약　　　　나. 연합
다. 흡수　　　　라. 배제

① 가, 나, 다　　② 가, 다
③ 나, 라　　　　④ 라
⑤ 가, 나, 다, 라

7과목 | 사회복지행정론

33 다음 〈보기〉에서 설명하는 것은?

> ──────● 보기 ●──────
>
> 조직의 규칙과 규정이 전체 목표달성을 위한 수단으로 간주되지 않고 규칙과 규정 그 자체가 목적이 되거나 원래 목적이 다른 목적으로 변질·대체되는 현상

① 크리밍 현상　　② 레드 테이프
③ 아웃 리치　　　④ 목적전치
⑤ 엽관주의

34 다음 〈보기〉에서 사회복지조직의 과업환경에 해당하는 것을 모두 고른다면?

> ──────● 보기 ●──────
>
> 가. 재정지원의 제공자
> 나. 정당성과 권위의 제공자
> 다. 클라이언트 및 클라이언트 제공자
> 라.

① 가, 나, 다　　② 가, 다
③ 나, 라　　　　④ 라
⑤ 가, 나, 다, 라

35 리더십의 상황결정론에 대한 설명으로 옳은 것은?

① 지도자에게 요구되는 자질은 정해져 있다.
② 지도자가 지녀야 할 자질은 선천적으로 타고난다.
③ 지도자에게 요구되는 자질은 직위에 따라 다르다.
④ 전문적인 지식은 리더십에 도움이 되지 않는다.
⑤ 상호작용성과는 무관하다.

36 리더십이론 중 행동이론에 속하는 것을 모두 고른다면?

> ──────● 보기 ●──────
>
> 가. 오하이오
> 나. 특성이론
> 다. 관리격자이론
> 라. 거래 – 변환이론

① 가, 나, 다　　② 가, 다
③ 나, 라　　　　④ 라
⑤ 가, 나, 다, 라

37 부하를 조직 내부·외부의 변화에 대해 적응력을 높여주고 지원하는 데 중점을 두고 있는 리더십은?

① 참여적 리더십
② 후원적 리더십
③ 지시적 리더십
④ 변형적 리더십
⑤ 인간관계적 리더십

38 리더와 부하 사이에 상이한 종류의 관계가 형성되어 리더십에 영향을 미치는 이론은?

① 변형적 리더십이론
② 후원적 리더십이론
③ 관계중심적 리더십이론
④ 수직쌍연결이론
⑤ 과업중심적 리더십이론

39 PERT에서 프로그램 시작부터 모든 활동의 종료까지 소요되는 최소한의 시간경로를 찾는 방법은?

① 최소경로(minimal path)
② 임계경로(critical path)
③ 기술경로(technical path)
④ 혼합경로(mixed path)
⑤ 기대경로(expected path)

40 의사결정에 관한 설명으로 옳지 않은 것은?

① 문제해결을 위한 여러 가지 대안 중에서 하나의 대안을 선택하는 것이다.
② 목표달성을 위한 미래의 행동방안을 결정하는 계획수립의 핵심이 된다.
③ 의사결정은 경영자의 역할 중 중요한 부분을 차지하고 있다.
④ 한 부서의 의사결정은 다른 부서와는 관계가 없다.
⑤ 경영자는 과학적이고 합리적인 의사결정을 해야 한다.

41 다음 중 직무평가를 가장 정확히 표현한 것은?

① 직무의 소요기술 평가
② 직무와 사람과의 관계평가
③ 직무의 상대적 가치결정
④ 직무의 인적 요건의 비교
⑤ 직무의 시장가치 평가비교

42 다음 교육훈련의 종류 중 직장외 훈련(Off-JT)에 대한 설명으로 옳지 않은 것은?

① 일시에 다수를 교육시킬 수 있다.
② 통일적·조직적 교육이다.
③ 전문지식의 취득이 어렵다.
④ 비교적 추상적이다.
⑤ 시간, 비용의 증가를 초래하다

43 다음 〈보기〉에서 설명하는 재화의 유형은?

> 어떤 재화의 제공이 사회적으로 바람직하나 개인들이 그 재화에 대한 욕구를 숨기거나 혹은 무시하여 그 재화의 필요성을 못 느낄 때도 제공해야 하는 재화이다. 머스그레이브(Musgrave)는 사회복지재화나 서비스가 이에 속한다고 하였다.

① 사적재   ② 가치재
③ 공공재   ④ 외부재
⑤ 내부재

44 계획 예산제도에 대한 설명으로 옳지 않은 것은?

① 경제적 합리성을 바탕으로 하여 비용의 효과분석과 편익분석이 이루어진다.
② 목표의 정확한 파악을 할 수 있다.
③ 점증적으로 예산을 올려나가는 제도이다.
④ 과학적 객관성을 가진다.
⑤ 절약과 능률을 기할 수 있다.

45 다음 중 점증주의적인 프로그램 예산 수립방법은?

① PPBS
② FB
③ 품목별 예산제도
④ 영기준 예산제도
⑤ 성과주의 예산제도

46 사회복지기관에서 마케팅의 중요성이 대두되는 배경으로 옳지 않은 것은?

① 서비스 이용자의 선택권 확대
② 서비스 제공 조직들 간 경쟁 증가
③ 고객 중심의 서비스 제공 요구 증가
④ 사회서비스 분야의 서비스구매계약 (POSC) 확대
⑤ 사회적 돌봄 서비스의 시장 방식 공급 확대

47 다음 중 경영정보시스템의 구성요소가 아닌 것은?

① 컴퓨터 통신망
② 소프트웨어
③ 처리절차
④ 하드웨어
⑤ 데이터베이스

48 사회복지조직의 외적인 효과성 평가 기준이 아닌 것은?

① 클라이언트의 수
② 클라이언트의 만족도
③ 프로그램의 질
④ 프로그램의 비용
⑤ 수행과정에서 내부의 갈등 정도

49 평가에 관한 설명으로 옳지 않은 것은?

① 평가의 부작용으로 새로운 시도를 어렵게 할 수 있다.

② 형성평가는 프로그램의 수정·변경·중단에 대한 여부를 결정한다.

③ 평가의 목적 중 하나는 사회적 요구를 파악하는 것이다.

④ 평가는 서비스에 대한 책임성을 향상시킬 수 있다.

⑤ 비용-편익(Cost-benefit)분석은 효과성을 측정하며 타 프로그램과의 비교를 포함한다.

50 사회복지시설 평가의 취지와 기대효과를 모두 고른 것은?

보기

가. 사회복지시설 운영의 객관적 기준 제시

나. 사회복지시설 운영의 책임성 강화

다. 사회복지시설의 투명성 제고

라. 사회복지시설의 서열화 유도

① 가, 나, 다   ② 가, 다

③ 나, 라   ④ 라

⑤ 가, 나, 다, 라

08

사회복지법제론

[핵심요약]

일반법의 정의와 목적

법의 정의	법의 목적
• 법이란 사회규범이다. • 법이란 행위규범이다. • 법이란 강제규범이다. • 법이란 조직규범이다.	• 사회정의의 실현 • 법의 안정성 유지 • 사회질서의 유지

법원

❶ 법원(法源)의 의의

법원이란 법의 존재형식을 말한다. 그러므로 행정법의 법원의 문제는 행정법이 어떠한 형식의 법규범으로 이루어져 있는가에 관한 문제이며 이는 성문법원과 불문법원으로 나누어진다.

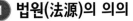

❷ 성문법원	불문법원
• 헌법 : 국가와 국민 간의 권리 · 의무에 관한 기본법 • 법률 : 국회에 제출되어 의결하고 공포됨 • 명령 · 규칙 : 국회의 의결을 거치지 않고 대통령 이하의 행정기관이 제정한 법규 • 자치법규 : 지방자치단체가 법률에 의하여 인정된 자치권의 범위 내에서 자기의 사무 혹은 주민의 권리의무에 관하여 제정한 자치에 관한 규칙	• 관습법 : 사회인의 사실상의 관행이 계속적 · 일반적으로 행해짐에 따라 법으로서의 효력을 가지는 불문법 • 판례법 : 판례법은 법원이 내리는 판결을 법으로 보는 경우이며 대법원의 판례에 의해 형성 • 조리 : 사물의 도리, 합리성, 본질적인 법칙

법의 해석

유권해석	• 입법해석 : 입법기관이 법을 제정하는 권한에 기하여 특정한 법규의 내용 또는 문구의 의미를 확정하는 해석(법규해석)
	• 사법해석 : 법원이 판결을 통하여 내리는 법해석
	• 행정해석 : 행정관청이 법규의 내용 또는 문구의 의미에 관해서 내리는 해석
무권해석	• 문리해석 : 법규의 문장이나 자구의 의미내용을 언어적 의미에 의하여 밝히는 것
	• 논리해석 : 법을 논리적 방법에 의하여 그 의미내용을 객관적으로 확정하고 해석하는 방법

 ## 독일의 사회보장법

① **주소지 보호법(1870)** : 빈곤층에 대한 주소지 보호의 원칙이 정해지고 주별로 구빈조합 창설

② **사회주의자 탄압법(1878)** : 사회주의 운동가담자들을 엄하게 진압하기 위한 법(차후 비스마르크의 사회보장법의 계기가 됨)

③ **질병보험법(1883)** : 세계 최초의 사회보험으로 광산, 공장, 철도, 수공업 등에 종사하는 모든 저소득 노동자를 강제 적용대상으로 함

④ **재해보험법(1884)** : 광산, 공장, 건설업 등에 종사하는 저소득 노동자를 의무적인 가입대상으로 함, 업무상 재해에 대한 사용자 책임제도 확립

⑤ **폐질 및 노령보호법(1889)** : 연금재원은 노동자와 사용자가 각각 절반씩 부담하는 기여금과 정부가 부담하는 약간의 보조금으로 충당

⑥ **제국보험법(1911)** : 질병보험법, 재해보험법, 폐질 및 노령보호법을 통합하여 제국보험법을 제정

⑦ **공적 보호법(1924)** : 기존의 각종 빈민구제제도를 전반적으로 재조정하여 단순화시키고 통일시킴

⑧ **사회보험의구성에관한법률, 수공업자보험법**

⑨ **사회법원법, 아동수당법, 연금법 개정, 연방사회부조법**

⑩ **사회법전(1970)** : 제국보험법 등에 산재되어 있던 각종 사회보장법률을 체계화하기 위해 사회법전을 편찬

⑪ 질병보험구조개혁법, 연금개혁법, 통화 · 경제 · 사회통합의창출에관한조약

⑫ 개호보험법(1994)

사회복지법의 구분

형식적 의미의 사회복지법	사회보험법, 공공부조법, 사회서비스법
실질적 의미의 사회복지법	형식적 의미의 사회복지법 + 최저임금법 등
실정법상의 분류 (사회보장기본법상의 분류)	• 사회보험법 : 국민연금법, 산업재해보상보험법, 고용보험법, 국민건강보험법, 공무원연금법, 군인연금법, 사립학교교직원연금법 • 공공부조법 : 국민기초생활보장법, 의료급여법 • 사회서비스법 : 사회복지사업법상의 아동복지법, 한부모가족지원법, 노인복지법, 장애인복지법 등 • 사회복지관련제도 : 주택, 교육 등 사회복지에 관련된 법

영국의 사회복지법 형성과정

엘리자베스 구빈법 (1601)	엘리자베스 구빈법은 구제를 국가의 책임으로 제도화하였으나, 빈민구제보다는 오히려 빈민을 사회불안의 요인으로 파악하고 그들을 억압하여 사회질서를 유지하는 사회통제적인 성격이었다.
정주법(1662)	정주란 모든 사람이 법적으로 일정한 교구에 소속하며, 그 해당교구에서만 구제받을 자격을 갖는다는 사실을 의미한다. 정주법은 빈민의 이동을 금지하기 위해 만들어진 것이다.
작업장법(1722)	작업장이라는 용어가 최초로 등장한 것은 빈민을 위한 구시소 혹은 서주 및 노동의 집을 건설할 수 있도록 한 법이 제정된 1597년이었으며, 본 법은 빈민의 거주, 취직 및 구조에 관한 법률수정을 위한 법령이었다.
길버트법(1782)	구빈행정의 합리화와 빈민처우의 개선을 목적으로 작업장보다는 원외구호를 마련하였다. 또한, 노동능력이 있는 빈민에 대한 시설외 구호의 적용과 노동자의 저임금을 보충하여 주는 임금보조제도의 법적 기초가 되었다.

스핀햄랜드법 (1795)	이 제도는 스핀햄랜드에서 결정되었던 임금보조제도의 일종이었으며 임금노동자의 임금이 생계유지에 필요한 빵의 구입에도 미치지 못하는 경우에는 그 부족분을 교구가 구빈세에서 지급하여 주는 제도였다.
개정구빈법 (1834)	개정구빈법은 다음 3가지 원칙을 중요시하였다. 첫째, 열등처우의 원칙, 둘째, 작업장제의 원칙, 셋째, 균일처우의 원칙을 마련하였다.
기타 1900년대의 사회복지법	• 노령연금법(1908) : 저소득계층의 기본적인 생계수단의 보존 및 빈곤퇴치를 위해 1908년에 노령연금법을 제정하였으며 그 이후 기초연금제도(1946), 제2국가연금제도(1998)를 도입, 빈곤이 증명되어야만 수급이 가능 • 국민보험법(1911) : 영국 최초의 사회보험법인 국민보험법 제정(국민건강보험과 실업보험으로 구성) • 실업보험법(1921) : 국민보험법을 개정하여 실업보험법을 제정 • 실업법(1934) : 실업법을 새로이 제정, 실질적으로 현대적 의미의 공공부조제도 시작 • 가족수당법(1945) : 15세 미만의 부양아동, 재학중인 15 ~ 18세의 아동, 15세 이상의 비근로아동들이 있는 경우 가족수당과 아동소득공제 제공 • 국민보험산업재해법(1946) : 최저생활 수준 이하의 연금을 균일하게 지급 • 국민부조법(1948) : 구빈법 완전 폐지, 국가적 최소한이라는 이념에 기반을 둔 공공부조제도

 ## 우리나라 사회보장법

1960년대	• 공무원연금법(1959) : 1959년에 제정되어 1960년에 시행 • 갱생보호법(1961) : 법무부장관의 감독하에 공법인체인 갱생보호회가 설립 • 군사원호보상법(1961) 제정 • 생활보호법(1961) 제정 : 생활 무능력자에 대한 최저생활보장, 자활조성 • 아동복리법(1961) : 우리나라에서 보육사업의 본격적 실시, 탁아소를 법정 아동복지 시설로 인정 • 재해구호법(1962) 제정 • 국가유공자특별원호법(1962) 제정 : 1984년에 제정된 국가유공자등예우및지원에관한법률에 의해 폐지됨 • 제3공화국 헌법(1962) : 인간다운 생활을 할 권리 신설 • 산업재해보상보험법(1963) • 사회보장에관한법률(1963) : 1995년의 사회보장기본법의 제정으로 폐지 • 의료보험법(1963)

1970년대	• 사회복지사업법(1970) 제정 : 생활보호법, 아동복리법, 윤락행위등방지법 등에 의한 보호 사업, 복지사업, 선도사업, 복지시설의 운영 등을 목적으로 하는 사업 • 국민복지연금법(1973) 제정 : 시행보류, 추후 1988년 시행된 국민연금의 기초가 됨 • 개정의료보험법(1976) : 공무원, 교직원, 군인을 제외한 500인 이상의 사업장 근로자에게 강제적용 • 의료보호법(1977) : 취약계층에 대해 무료진료 형태의 진료사업 실시 • 공무원및사립학교교직원의료보험법(1977) : 공무원, 사립학교 교직원 및 그 부양가족의 질 병, 부상, 분만, 사망 등에 대하여 보험급여 실시
1980년대	• 제5공화국 헌법(제8차 개정헌법 : 1980) : 행복추구권 추가, 국가의 사회보장, 사회 복지증 진에 노력할 의무조항 삽입 • 사회복지사업기금법(1980) • 아동복지법(1984) : 기존의 아동복리법을 아동복지법으로 전면개정, 국가 및 지방자치단 체의 책임 규정 • 심신장애자복지법(1981) • 노인복지법(1981) • 사회복지사업법(1983) : 1970년에 제정된 사회복지사업법을 전면 개정함, 복지증진의 책 임이 국가와 지방자치단체에 있음을 명문화함, 사회복지사라는 명칭 도입과 사회복지사 자격을 1급, 2급, 3급으로 구분 • 생활보호법(1983) : 1961년에 제정된 생활보호법 전면 개정 • 진폐의예방과진폐근로자의보호등에관한법률(1984) • 국민연금법(1986) 제정 : 실시는 1988년에 함 • 최저임금법(1986) : 노동자에 대해 임금의 최저수준을 보장 • 보호관찰법(1988) 제정 • 모자복지법(1989) 제정 • 의료보험법 개정 : 농어촌지역에까지 확대 실시(1988), 도시지역 자영업자까지 확대 실 시(1989) • 장애인복지법(1989) 제정 : 1981년에 제정된 심신장애자복지법을 개정
1990년대	• 영유아보육법(1991) 제정 • 사내근로자복지기금법(1991) 제정 • 고용보험법(1993) 제정 • 국민연금보험법(1995) : 개정 • 성폭력범죄의처벌및피해자보호등에관한법률(1994) 제정 • 보호관찰등에관한법률(1995) : 갱생보호법을 폐지하고 제정 • 사회보장기본법(1995) 제정 • 정신보건법(1995) 제정 • 사회복지공동모금법(1977) 제정 • 가정폭력방지및피해자보호등에관한법률(1997) 제정 • 국민의료보험법(1977) 제정 • 국민연금법(1988) 개정 • 국민건강보험법(1999) : 의료보험법 및 국민의료보험법 폐지 • 국민기초생활보장법(1999) 제정 : 생활보호법 폐지

2000년대	• 아동 · 청소년의성보호에관한법률(2000) 제정 • 장애인고용촉진및직업재활법(2000) 제정 : 장애인고용촉진등에관한법률을 폐지 • 정신보건법(2000) : 일부 개정 • 사내근로자복지기금법(2001) 개정 • 사회복지공동모금법(2001) 개정 : 복권발행 법률적 근거 규정 • 청소년보호법(2001) 개정 : 청소년의 연령을 만 19세 미만으로 하되, 만 19세 미만이라도 당해 연도 중에 만 19세가 되는 자는 청소년에서 제외함 • 의료급여법(2001) 개정 : 의료보호법을 의료급여법으로 개정, 생활이 어려운 저소득 국민의 건강증진 • 한부모가족지원법(2002) : 모자복지법에서 법제명 변경 • 장애인차별금지및권리구제등에관한법률(2007) 제정 • 기초노령연금법(2007), 노인장기요양보험법(2007) 제정 • 다문화가족지원법(2008) 제정 • 장애인연금법(2010), 장애인활동지원에관한법률(2011) 제정 • 성폭력방지및피해자보호등에관한법률(2010) 제정 • 노숙인등의복지및자립지원에관한법률(2011) 제정 • 입양특례법(2011) 개정 • 기초연금법(2014) 제정 : 기초노령연금법을 폐지하고 제정 • 사회보장급여의 이용 · 제공 및 수급권자 발굴에 관한 법률(2014) 제정 • 양성평등법(2015) 제정 : 여성발전기본법에서 법제명 변경

 ## 사회보장기본법상의 사회복지법 종류(구분)

사회보험법	국민연금법, 국민건강보험법, 고용보험법, 산업재해보상보험법, 고용보험및산업재해보상보험의보험료징수등에관한법률, 군인연금법, 공무원연금법, 사립학교교직원연금법, 노인장기요양보험법
공공부조법	국민기초생활보장법, 의료급여법, 기초연금법, 긴급복지지원법, 기타
사회복지서비스법	아동복지법, 노인복지법, 장애인복지법, 한부모가족지원법, 영유아보육법, 정신보건법, 다문화가족지원법, 성매매방지및피해자보호등에관한법률, 성폭력방지및피해자보호등에관한법률, 입양특례법, 일제하일본군위안부피해자에대한생활안정지원및기념사업등에관한법률, 사회복지공동모금회, 장애인 · 노인 · 임산부등의편의증진보장에관한법률, 가정폭력방지및피해자보호등에관한법률, 농어촌주민의보건복지증진을위한특별법, 노숙인등의복지및자립지원에관한법률
사회복지관련법	재해구호법, 장애인고용촉진및직업재활법, 고용상연령차별금지및고령자고용촉진에관한법률, 청소년기본법, 국가유공자등예우및지원에관한법률, 의사상자등예우및지원에관한법률, 범죄피해자보호법 등

사회권적 기본권(생존권)

1 프로그램규정적 권리

① 사회권적 기본권은 국가가 국민에게 정치적 정책을 선언한 것에 불과하다는 학설이다.

② 헌법상의 사회적 기본권은 입법권만을 구속하고 행정권과 사법권을 구속하지 않는다고 본다.

③ 사회권적 기본권의 실시는 국가의 자유재량이며 일종의 반사적 이익에 속한다.

④ 국민은 인간다운 생활에 필요한 급여를 구체적으로 청구할 수 없으며, 국가는 입법을 할 정치적·도의적 책임을 지는 데 불과하다는 견해이다.

⑤ 프로그램규정적 권리는 정부의 재정형편에 따라 반사적으로 누릴 수 있는 권리이므로 권리성이 가장 약하다.

2 법적 권리로 보는 학설

① **추상적 권리설** : 국민은 국가에 대해 사회복지 혜택을 받을 추상적 권리를 가지며, 국가는 입법, 기타 국정성 필요한 조치를 강구할 추상적 의무를 진다고 보는 학설이다.

② **구체적 권리설** : 사회권적 기본권은 헌법에 보장된 권리이며 헌법상의 의무이기 때문에 국민은 국가에 대해서 적극적으로 입법을 요청할 권리가 있으며, 국가는 이에 대해 적극적으로 응해야 할 의무가 있다고 보는 학설이다.

 공적 사회복지주체

국가	국가는 법률상 하나의 인격을 가지는 것으로 간주되는 바, 국가는 법인으로서의 법률관계에서 주체가 되는 것이다.
지방자치단체	지방자치단체는 자치행정의 주체로서 국가로부터 행정권의 일부를 부여받은 공공단체이며 공법인이다. 그러므로 공적 사회복지주체로서의 지방자치단체에는 보통 지방자치단체와 특별 지방자치단체(지방자치단체조합)가 있다.
공공조합	• 일정한 자격을 가진 사람에 의해 구성된 공법상의 사단법인이다. • 한정된 특수한 사업의 수행을 목적으로 한다. 예 과거 의료보험조합 등
영조물법인	국가 및 공공단체 또는 그로부터 특허를 받은 자가 공공목적을 위하여 계속적으로 봉사하도록 정해진 인적·물적 시설을 말한다. 예 국립대 병원, 소년원 등

공법상의 재단	재단설립자에 의해 출연된 재산을 관리하기 위해 설립된 공공단체이다. 예 한국학술진흥재단, 한국정신문화연구원 등

 민간사회복지주체

1 사회복지법인의 의의

① 사회복지사업을 행할 목적으로 설립된 법인이다.

② 사회복지사업법에서 규정한 사회복지사업을 수행하기 위해 설립된 비영리 · 공익 · 특수법인이다.

③ 사회복지법인은 사회복지시설법인과 지원법인으로 구분된다.

2 법인 성립준칙

① **민법** : 법인 법정주의 + 주무관청의 허가 + 설립등기

② **사회복지사업법** : 보건복지부장관 허가 + 설립등기

3 법인 설립에 관한 입법주의

① 사회복지법인 및 비영리법인에 관하여 허가주의

② 회사에 관해서는 준칙주의

4 사회복지법인, 비영리법인의 법적 규율

① 사회복지법인은 사회복지사업을 목적으로 한 공익법인이다.

② 사회복지사업법의 우선적용을 받는다.

③ 사회복지법인에 관한 법적 규율은 특별법 우선의 원칙에 따라 사회복지사업법을 우선적으로 적용받는다.

④ **사회복지법의 법적 규율순서** : 사회복지사업법 → 공익법인의 설립 · 운영에관한법률의 공익법인에 관한 규정 → 민법의 법인에 관한 규정 보충

5 　사회복지법인의 사업

① **기본적인 사업** : 아동복지사업, 노인복지사업, 여성복지사업, 장애인복지사업, 기타 사회복지
　　사업 등

② **공익사업** : 의료법에 의한 의료사업, 특수교육진흥법에 의한 특수학교 설치, 기타 저소득층 및
　　지역주민에 대한 생활보조금, 학자금, 의료비 지원 등의 사업

③ **수익사업** : 사회복지법인의 명예나 신용을 손상하지 않는 사업(고유 목적사업 재원 충당하기
　　위한 사업)

6 　사회복지법인 기타 내용

① **정관** : 사회복지법인의 정관을 변경하고자 할 때에는 보건복지부장관의 인가를 받아야 한다.

② **임원의 구성** : 대표이사를 포함한 이사 7명 이상과 감사 2명 이상이다.

③ **임원의 임기** : 이사의 임기는 3년으로 하고 감사의 임기는 2년으로 하되, 각각 연임할 수 있다
　　(외국인인 이사는 이사 현원의 2분의 1 미만이어야 함).

④ **임원의 겸직 금지** : 이사의 경우 법인이 설치한 사회복지시설의 장을 제외한 그 시설의 직원을
　　겸할 수 없고, 감사의 경우 법인의 이사, 법인이 설치한 사회복지시설의 장 또는 그 직원을 겸
　　할 수 없다.

법인의 성립요건 이론

자유설립주의	자유설립주의란 법인설립에 관하여 아무런 제한도 하지 않고 설립자의 의사에 따라 자유로이 그 설립을 인정하는 입법태도를 말한다. 그러므로 법인으로서의 실체를 구비하면 법률은 당연히 법인격을 인정하게 된다. 우리나라에서 자유설립주의를 취하는 법인설립 형태는 없다.
준칙주의	• 준칙주의란 법인의 설립에 관한 요건을 미리 정해 놓고 그 요건을 구비하는 때에는 당연히 법인이 성립하는 것으로 하는 입법태도를 말한다. 그 법인의 목적, 조직 등의 내용을 공시하기 위하여 등기를 성립요건으로 하는 것이 보통이다. 상법상의 회사설립(상법 제172조), 노동조합(노동조합법 제8조) 등이 이에 속한다. • 회사의 경우에 법인설립은 준칙주의를 취하고 있지만 그 회사가 영리목적으로 활동하고자 하는 영업에 관하여 허가를 요하는 경우에는 사실상 허가주의를 취하는 것과 같은 결과를 가져온다.

인가주의	인가주의란 법률이 정한 요건을 구비하고 주무부장관 기타의 관할 행정관청의 인가를 얻음으로 법인으로서 성립할 수 있게 하는 주의이다. 인가주의에 있어서는 허가주의의 경우와는 달리 법률이 정하는 요건을 구비하면 반드시 인가권자는 인가를 하여야 한다.
허가주의	법인의 설립에 있어서 법정의 요건을 구비하게 한 후에 국가의 허가를 얻도록 하고, 그 허가를 할 것인가의 여부를 주무관청의 자유재량에 맡기는 주의이다. 민법은 비영리법인에 대하여 허가주의를 취한다. 그러나 의사회, 치과의사회, 한의사회, 간호사회(의료법 제27조), 학교법인(사립학교법 제10조) 등의 설립에 관하여도 허가주의를 취하고 있다.
특허주의	하나의 구체적인 사업체를 법인으로 설립하기 위하여 특별한 법률의 제정을 필요로 하는 주의이다. 한국은행(한국은행법), 중소기업은행(중소기업은행법), 한국토지주택공사(한국토지주택공사법), 한국전력공사(한국전력공사법), 한국마사회(한국마사회법) 등이 이에 속한다.
설립 강제주의	법인의 설립을 강제하는 것으로서 공공의 이익이 관련되어 있는 경우에 한하여 인정된다. 변호사회(변호사법 제64조 및 제78조), 의사회, 치과의사회, 한의사회, 간호사회(의료법 제26조), 약사회(약사법 제11조) 등은 그 설립이 강제되고 있다.

 ## 공공기관 사회복지전담공무원의 권한

법적 권한	• 소청제기권 : 징계처분, 기타 본인의 의사에 반하여 불리한 처분을 받은 공무원은 소청심사위원회에 심사를 청구할 수 있는 소청제기권을 가지게 된다. • 소송제기권 : 공무원의 신분에 관한 위법한 처분이 행해지는 때에는 행정소송을 제기할 수 있는 권리를 갖게 된다.
직무수행 관련 권리	• 직무수행권 : 사회복지전담공무원이 공무원으로서의 신분을 가지고 직무를 수행하는 경우에는 그 직무의 공익적 성격으로 인하여 사회복지전담공무원은 자신의 직무를 집행할 정당한 권리를 갖게 된다. • 직위보유권 : 자신에게 적합한 일정한 직위를 부여받을 권리와 자기에게 부여된 직위가 법이 정한 일정한 이유와 절차에 의하지 아니하고는 박탈당하지 않을 권리이다.
재산상의 권리	• 보수청구권 : 사회복지전담공무원은 자신의 직무수행의 대가로 국가를 상대로 보수를 청구할 권리를 갖는다. • 연금청구권 : 사회복지전담공무원은 공무원연금을 청구할 권리를 가진다. • 실비 변상을 받을 권리 : 사회복지전담공무원은 보수를 받는 이외에 규칙 또는 대통령령이 정하는 바에 따라 직무수행에 소요되는 실비를 변상받을 권리가 있다.

민간사회복지기관 사회복지사의 권한

신분상의 권리	• 자신의 의사에 반하여 신분조치를 받지 않을 권리 • 면직 예고를 받을 권리 • 이의신청의 권리
직무집행에 관련되는 권리	• 사회복지사 자신에게 적합한 일정한 직무와 책임을 부여받을 권리를 가진다. • 부여된 직무를 수행할 권리를 가진다.
재산상의 권리	• 자신이 제공한 직무수행의 대가로 보수를 청구할 권리를 가진다. • 사회복지사는 국민연금을 청구할 권리를 가진다. • 실비 변상을 받을 권리를 가진다.
근로 3권	• 헌법상 보장된 근로 3권을 갖는다. • 노동조합을 조직할 권리가 있다.

사회보장기본법

1 법의 목적

사회보장에 관한 국민의 권리와 국가 및 지방자치단체의 책임을 정하고 사회보장정책의 수립·추진과 관련 제도에 관한 기본적인 사항을 규정함으로써 국민의 복지증진에 이바지하는 것을 목적으로 한다.

2 법의 이념

사회보장은 모든 국민이 다양한 사회적 위험으로부터 벗어나 행복하고 인간다운 생활을 향유할 수 있도록 자립을 지원하며, 사회참여·자아실현에 필요한 제도와 여건을 조성하여 사회 통합과 행복한 복지사회를 실현하는 것을 기본 이념으로 한다.

3 사회보장의 주체

국가 및 지방자치단체뿐만 아니라 민간도 사회보장의 주체로서 역할을 할 수 있다는 복지다원주의 입장에서 사회보장의 주체를 규정한다.

4 사회보장의 객체

경제적으로 빈곤한 자와 근로자뿐만이 아니라 자영인이나 농어민 등도 포함되어 전 국민이 사회보장의 대상이 되고 있으며 외국인도 포함된다(보편주의 원칙).

5 사회보장 수급권자

① 사회보장의 수급권이란 사회보장기본법에 의한 복지권이다.
② 사회보장기본법상의 사회보장이란 출산, 양육, 실업, 노령, 장애, 질병, 빈곤 및 사망 등의 사회적 위험으로부터 모든 국민을 보호하고 국민 삶의 질을 향상시키는 데 필요한 소득·서비스를 보장하는 사회보험, 공공부조, 사회서비스를 말한다.
③ 사회보장수급권은 국민이 사회보장급여를 받을 권리를 말한다.
④ 모든 국민은 사회보장에 관한 관계법령에서 정하는 바에 따라 사회보장의 급여를 받을 권리(이하"사회보장수급권"이라 한다)를 가진다(법 제9조).
⑤ 국내에 거주하는 외국인에게 사회보장제도를 적용할 때에는 상호주의의 원칙에 따르되, 관계법령에서 정하는 바에 따른다.

6 사회보장위원회 업무

① 사회보장 증진을 위한 기본계획
② 사회보장 관련 주요 계획
③ 사회보장제도의 평가 및 개선
④ 사회보장제도의 신설 또는 변경에 따른 우선순위
⑤ 둘 이상의 중앙행정기관이 관련된 주요 사회보장정책
⑥ 사회보장급여 및 비용 부담
⑦ 국가와 지방자치단체의 역할 및 비용 분담
⑧ 사회보장의 재정추계 및 재원조달 방안
⑨ 사회보장 전달체계 운영 및 개선
⑩ 제32조제1항에 따른 사회보장통계
⑪ 사회보장정보의 보호 및 관리
⑫ 그 밖에 위원장이 심의에 부치는 사항

사회복지사업법

법의 목적	사회복지사업에 관한 기본적 사항을 규정하여 사회복지를 필요로 하는 사람에 대하여 인간의 존엄성과 인간다운 생활을 할 권리를 보장하고 사회복지의 전문성을 높이며, 사회복지사업의 공정·투명·적정을 도모하고, 지역사회 복지의 체계를 구축함으로써 사회복지의 증진에 이바지함을 목적으로 한다(법 제1조).
국가와 지방자치단체의 책임	• 사회복지서비스를 증진하고, 서비스를 이용하는 사람에 대하여 인권침해를 예방하고 차별을 금지하며 인권을 옹호할 책임을 진다. • 사회복지서비스와 보건의료서비스를 함께 필요로 하는 사람에게 이들 서비스가 연계되어 제공되도록 노력하여야 한다. • 사회복지를 필요로 하는 사람에 대하여 그 사업과 관련한 상담, 작업치료, 직업훈련 등을 실시하고 필요한 경우에는 주민의 복지 욕구를 조사할 수 있다. • 도움을 필요로 하는 국민이 본인의 선호와 필요에 따라 적절한 사회복지서비스를 제공받을 수 있도록 사회복지서비스 수요자 등을 고려하여 사회복지시설이 균형 있게 설치되도록 노력하여야 한다. • 민간부문의 사회복지 증진활동이 활성화되고 국가 및 지방자치단체의 사회복지사업과 민간부문의 사회복지 증진활동이 원활하게 연계될 수 있도록 노력하여야 한다. • 사회복지를 필요로 하는 사람의 인권이 충분히 존중되는 방식으로 사회복지서비스를 제공하고 사회복지와 관련된 인권교육을 강화하여야 한다. • 사회복지서비스를 이용하는 사람이 긴급한 인권침해 상황에 놓인 경우 신속히 대응할 체계를 갖추어야 한다. • 시설 거주자 또는 보호자의 희망을 반영하여 지역사회보호체계에서 서비스가 제공될 수 있도록 노력하여야 한다. • 사회복지서비스를 필요로 하는 사람들에게 사회복지서비스의 실시에 대한 정보를 제공하여야 한다.
사회복지전담공무원	• 사회복지사업에 관한 업무를 담당하게 하기 위하여 시·도, 시·군·구 및 읍·면·동 또는 복지사무전담기구에 사회복지전담공무원을 둘 수 있다. • 복지전담공무원은 사회복지사 자격을 가진 사람으로 하며, 그 임용 등에 필요한 사항은 대통령령으로 정한다. • 복지전담공무원은 그 관할지역에서 사회복지를 필요로 하는 사람 등에 대하여 항상 그 생활 실태 및 가정환경 등을 파악하고, 사회복지에 관하여 필요한 상담과 지도를 한다. • 관계 행정기관과 사회복지시설을 설치·운영하는 자는 복지전담공무원의 업무 수행에 협조하여야 한다. • 국가는 복지전담공무원의 보수 등에 드는 비용의 전부 또는 일부를 보조할 수 있다.

사회복지관

1 사회복지관 사업대상

모든 지역주민을 대상으로 실시하되 다음의 지역주민에게 우선 제공하여야 한다.

① 국민기초생활보장법에 따른 수급자 및 차상위계층

② 장애인, 노인, 한부모가족 및 다문화가족

③ 직업 및 취업알선이 필요한 사람

④ 보호와 교육이 필요한 유아 · 아동 및 청소년

⑤ 그 밖에 사회복지관의 사회복지서비스를 우선 제공할 필요가 있다고 인정되는 사람

2 사회복지관 사업

사례 관리 기능	사례발굴	지역 내 보호가 필요한 대상자 및 위기 개입대상자를 발굴하여 개입계획 수립
	사례개입	지역 내 보호가 필요한 대상자 및 위기 개입대상자의 문제와 욕구에 대한 맞춤형 서비스가 제공될 수 있도록 사례개입
	서비스 연계	사례개입에 필요한 지역 내 민간 및 공공의 가용자원과 서비스에 대한 정보 제공 및 연계, 의뢰
서비스 제공 기능	가족기능 강화	가족관계증진사업, 가족기능보완사업, 가정문제해결 · 치료사업, 부양가족지원사업, 다문화가정 · 북한이탈주민 등 지역 내 이용자 특성을 반영한 사업
	지역사회 보호	급식서비스, 보건의료서비스, 경제적 지원, 일상생활 지원, 정서서비스, 일시보호서비스, 재가복지봉사서비스
	교육문화	아동 · 청소년 사회교육, 성인기능교실, 노인 여가 · 문화, 문화복지사업
	자활지원 등 기타	직업기능훈련, 취업알선, 직업능력개발, 그 밖의 특화사업
지역 조직화 기능	복지 네트워크 구축	지역사회연계사업, 지역욕구조사, 실습지도
	주민 조직화	주민복지증진사업, 주민조직화 사업, 주민교육
	자원 개발 및 관리	자원봉사자 개발 · 관리, 후원자 개발 · 관리

사회보험법의 특징과 기본원리

사회보험법의 특징	• 사회보험법에서는 강제가입을 규정하고 있다. • 사회보험은 정기적 가입자가 내는 기여금으로 재원이 조달되는 경우가 많고 여기에 따라서 급여가 제공된다. • 사회보험은 보험급여 등 모든 시행이 법적으로 규정되어 있으므로 기계적 · 자동적으로 처리된다. 따라서 급여자격, 급여시기, 급여수준 등이 법적으로 규정되어 있고, 이를 변경하기 위해서는 법의 개정절차를 따라야 한다. • 사회보험은 비영리적 · 국가적 사업이다. • 사회보험은 소득재분배와 국민통합이라는 정책적 목표를 향하여 추진된다.
사회보험법의 기본원리	• 소득재분배의 원리 : 사회보험제도는 소득재분배의 원리를 기초로 하고 있다. • 보편주의 원리 : 사회보험법의 적용범위는 전 국민을 대상으로 해야 한다는 원리이다. • 비용분담의 원리 : 사회보험법의 운영에 필요한 재원은 사용자, 피보험자, 국가가 분담하여 조달하여야 한다는 원리이다.

국민연금법

목적	이 법은 국민의 노령, 장애 또는 사망에 대하여 연금급여를 실시함으로써 국민의 생활안정과 복지증진에 이바지하는 것을 목적으로 한다.
관장	이 법에 따른 국민연금사업은 보건복지부장관이 맡아 주관한다.
특성	• 강제가입　　　　• 위험분산 • 소득재분배　　　• 국가관장원리 • 부분적립방식
가입대상	• 국내에 거주하는 18세 이상 60세 미만의 국민(다만, 공무원연금법, 군인연금법 및 사립학교교직원연금법을 적용받는 공무원, 군인 및 사립학교 교직원, 그 밖에 대통령령으로 정하는 자는 제외한다.) • 국민연금가입 사업장에 종사하는 외국인과 국내거주 외국인
급여의 유형	• 노령연금　　　　• 장애연금 • 유족연금　　　　• 반환일시금

국민건강보험법

법의 목적	이 법은 국민의 질병·부상에 대한 예방·진단·치료·재활과 출산·사망 및 건강증진에 대하여 보험급여를 실시함으로써 국민보건 향상과 사회보장 증진에 이바지함을 목적으로 한다.
법의 특징	• 국민건강보험은 사회보험이다. • 강제가입하는 보험이다. • 회계연도가 1년인 단기보험에 속한다. • 보편주의적 원리를 따른다(전 국민 대상). • 소득에 따라 보험료를 차등부과하므로 소득재분배적 성격을 가진 사회보험이다. • 의료보험법(1963) → 국민의료보험법(1977) → 국민건강보험법(1999) 순으로 변천되었다. • 보험급여의 포괄성을 보장하며 보험료 부담의 형평성을 보장한다. • 제도운영의 효율성과 투명성을 확보하며, 의료자원의 효율적 활용과 의료서비스의 질적 향상을 기한다. • 보험재정의 건전성을 확보한다.

수급권자	• 국내에 거주하는 국민은 건강보험 가입자 또는 피부양자가 된다.
	• 가입예외자
	  – 의료급여법에 따라 의료급여를 받는 자
	  – 유공자 등 의료보호대상자

고용보험법

① 법의 목적

이 법은 고용보험의 시행을 통하여 실업의 예방, 고용의 촉진 및 근로자의 직업능력의 개발과 향상을 꾀하고, 국가의 직업지도와 직업소개 기능을 강화하며, 근로자가 실업한 경우에 생활에 필요한 급여를 실시하여 근로자의 생활안정과 구직활동을 촉진함으로써 경제·사회발전에 이바지하는 것을 목적으로 한다.

② 법의 특징

① 고용보험은 근로자에게 실업급여와 능력개발비용을, 사업주에게는 고용유지와 교육훈련비용을 지원하는 제도이다.

② 고용보험은 고용노동부장관이 관장한다.

③ 고용보험의 적용·징수업무는 근로복지공단이 수행하고 있다.

3 고용안정사업

① **고용창출지원** : 일자리함께하기 지원, 반듯한 시간제일자리창출 지원, 고용환경개선 지원, 유망창업기업의 고용지원, 전문인력채용 지원

② **고용조정지원** : 고용유지지원금, 무급휴업·휴직 고용유지 지원금

③ **고용촉진지원** : 고령자고용연장 지원금, 고용촉진지원금, 임금피크제 지원금, 출산육아기 고용안정 지원금

④ **건설근로자 고용안정지원** : 건설근로자 고용보험관리 지원금

⑤ **자영업자 전직지원** : 자영업자 전직지원사업

⑥ **고용촉진시설 지원** : 직장어린이집 운영비 지원, 직장어린이집 설치비용 무상 및 융자지원

4 직업능력개발사업

① 사업주에 대한 직업능력개발 훈련의 지원

② 직업능력개발훈련시설에 대한 지원

③ 피보험자 등에 대한 직업능력개발 지원

④ 직업능력개발의 촉진

⑤ 건설근로자 등의 직업능력개발 지원

5 실업급여

① 실업급여는 구직급여와 취업촉진수당으로 구분한다.

② 취업촉진수당의 종류는 다음 각 호와 같다.

    ㉠ 조기재취업수당

    ㉡ 직업능력개발수당

    ㉢ 광역구직활동비

    ㉣ 이주비

산업재해보상보험법

1 법의 목적

이 법은 산업재해보상보험사업을 시행하여 근로자의 업무상의 재해를 신속하고 공정하게 보상하며, 재해근로자의 재활 및 사회복귀를 촉진하기 위하여 이에 필요한 보험시설을 설치·운영하고, 재해예방과 그 밖에 근로자의 복지증진을 위한 사업을 시행하여 근로자 보호에 이바지하는 것을 목적으로 한다.

2 법의 특징

① 우리나라 최초의 사회보장제도로 1963년 산업재해보상보험법이 제정되었다.
② 무과실책임주의를 택하고 있다.
③ 보험료는 사업주가 전액 부담한다.
④ 강제 가입방식이다.
⑤ 근로기준법에서는 재해보상의 책임자가 사용자이나, 산업재해보상보험법상의 재해보상의 책임자는 보험자인 고용노동부장관이다.
⑥ 국민건강보험과 같이 단기보험이다.
⑦ 보험사고는 업무상의 것에 국한된다.
⑧ 보험급여의 종류면에서 국민건강보험보다 더 다양하다.
⑨ 산재보험법에 의한 보험사업의 관장은 고용노동부장관이다.

3 수급권자

업무를 수행하거나 업무에 기인하여 재해를 당한 근로자와 그 유가족

4 적용범위

이 법은 근로자를 사용하는 모든 사업 또는 사업장에 적용한다. 다만, 위험률·규모 및 장소 등을 고려하여 대통령령으로 정하는 사업에 대하여는 이 법을 적용하지 아니한다.

5 보험급여의 종류

요양급여, 휴업급여, 장해급여, 간병급여, 유족급여, 상병보상연금, 장의비, 직업재활급여

공공부조 원리 및 특징

공공부조의 원리	• 최저생활의 보장의 원리 • 보충성의 원리
공공부조의 특징	• 공공부조는 공적인 프로그램이다(**수행주체** : 국가, 지방자치단체, 관련 공공기관 등). • 공공부조는 법적으로 모든 국민의 보호 대상이지만 실제로는 선별주의를 취한다. • 재원은 일반 조세수입으로 충당한다. • 공공부조의 수혜자들은 프로그램의 재원을 위해 자신이 별도로 경제적인 기여를 하지 않는다. • 공공부조의 혜택을 받기 위해서는 공공기관이 수혜자격 여부를 판정하는 조사에 응해야 한다. • 공공부조는 최저생활을 유지할 수 있도록 보호해주는 제도이며, 보충적인 제도이다.

 국민기초생활보장법

1 법의 개요

① 조선구호령(1944) → 생활보호법 제정(1961) → 국민기초생활보장법 제정(1999) → 국민기초생활보장법 실시(2000)

② 이 법은 생활이 어려운 사람에게 필요한 급여를 실시하여 이들의 최저생활을 보장하고 자활을 돕는 것을 목적으로 함

③ 공공부조 수급권의 법적 명확화(구체적 보장)

④ 최저생계보장에 국가책임 강조

2 생계급여

① 생계급여는 수급자에게 의복, 음식물 및 연료비와 그 밖에 일상생활에 기본적으로 필요한 금품을 지급하여 그 생계를 유지하게 하는 것으로 하며, 생계급여 선정기준은 기준 중위소득의 100분의 30 이상으로 한다.

② 생계급여는 금전을 지급함으로써 행한다. 다만, 금전으로 지급할 수 없거나 금전으로 지급하는 것이 적당하지 아니하다고 인정하는 경우에는 물품을 지급할 수 있다.

③ 수급품은 대통령령이 정하는 바에 따라 매월 정기적으로 지급하여야 한다. 다만, 특별한 사정이 있는 경우에는 그 지급방법을 다르게 정하여 지급할 수 있다.

④ 수급품은 수급자에게 직접 지급한다. 다만 보장시설이나 타인의 가정에 위탁하여 생계급여를 실시하는 경우에는 그 위탁받은 사람에게 이를 지급할 수 있다.

⑤ 생계급여는 보건복지부장관이 정하는 바에 따라 수급자의 소득인정액 등을 고려하여 차등 지급할 수 있다.

⑥ 보장기관은 대통령령이 정하는 바에 따라 근로능력이 있는 수급자에게 자활에 필요한 사업에 참가할 것을 조건으로 하여 생계급여를 실시할 수 있다.

③ 주거급여

주거급여는 수급자에게 주거안정에 필요한 임차료, 유지·수선비, 그 밖에 대통령령으로 정하는 수급품을 지급하는 것으로 하며, 주거급여에 관하여 필요한 사항은 따로 법률에서 정한다.

④ 의료급여

① 의료급여는 수급자에게 건강한 생활을 유지하는 데 필요한 각종 검사 및 치료 등을 지급하는 것으로 한다.

② 의료급여 수급권자는 부양의무자가 없거나, 부양의무자가 있어도 부양능력이 없거나 부양을 받을 수 없는 사람으로, 의료급여 선정기준은 기준 중위소득의 100분의 40 이상으로 한다.

③ 의료급여에 필요한 사항은 따로 법률에서 정한다.

⑤ 교육급여

① 교육급여는 수급자에게 입학금, 수업료, 학용품비, 그 밖의 수급품을 지원하는 것으로 하되, 학교의 종류·범위 등에 관하여 필요한 사항은 대통령령으로 정한다.

② 교육급여는 교육부장관의 소관으로 하며, 교육급여의 신청 및 지급 등에 대하여는 초·중등교육법에 따른 교육비 지원절차를 준용한다.

③ 교육급여 수급권자는 부양의무자가 없거나, 부양의무자가 있어도 부양능력이 없거나 부양을 받을 수 없는 사람으로, 교육급여 선정기준은 기준 중위소득의 100분의 50 이상으로 한다.

⑥ 해산급여

① 해산급여는 생계급여, 주거급여, 의료급여 중 하나 이상으로 급여를 받는 수급자에게 다음 각 호의 급여를 실시하는 것으로 한다.

　　㉠ 조산(助産)

　　㉡ 분만 전과 분만 후에 필요한 조치와 보호

② 해산급여는 보건복지부령으로 정하는 바에 따라 보장기관이 지정하는 의료기관에 위탁하여 실시할 수 있다.

③ 해산급여에 필요한 수급품은 보건복지부령으로 정하는 바에 따라 수급자나 그 세대주 또는 세대주에 준하는 자에게 지급한다. 다만, ②의 규정에 따라 그 급여를 의료기관에 위탁하는 경우에는 수급품을 그 의료기관에 지급할 수 있다.

7 장제급여

① 장제급여는 생계급여, 주거급여, 의료급여 중 하나 이상의 급여를 받는 수급자가 사망한 경우 사체의 검안 · 운반 · 화장 또는 매장, 그 밖의 장제조치를 하는 것으로 한다.

② 장제급여는 보건복지부령으로 정하는 바에 따라 실제로 장제를 실시하는 사람에게 장제에 필요한 비용을 지급하는 것으로 한다. 다만, 그 비용을 지급할 수 없거나 비용을 지급하는 것이 적당하지 아니하다고 인정하는 경우에는 물품을 지급할 수 있다.

8 자활급여

① 자활급여는 수급자의 자활을 돕기 위하여 다음 각 호의 급여를 실시하는 것으로 한다.

　　㉠ 자활에 필요한 금품의 지급 또는 대여

　　㉡ 자활에 필요한 근로능력의 향상 및 기능습득의 지원

　　㉢ 취업알선 등 정보의 제공

　　㉣ 자활을 위한 근로기회의 제공

　　㉤ 자활에 필요한 시설 및 장비의 대여

　　㉥ 창업교육, 기능훈련 및 기술 · 경영지도 등 창업지원

　　㉦ 자활에 필요한 자산형성 지원

　　㉧ 그 밖에 대통령령으로 정하는 자활을 위한 각종 지원

② 자활급여는 관련 공공기관 · 비영리법인 · 시설과 그 밖에 대통령령으로 정하는 기관에 위탁하여 실시할 수 있다. 이 경우 그에 드는 비용은 보장기관이 부담한다.

사회복지서비스법

1 노인복지법

① **목적** : 이 법은 노인의 질환을 사전예방 또는 조기발견하고 질환상태에 따른 적절한 치료·요양으로 심신의 건강을 유지하고, 노후의 생활안정을 위하여 필요한 조치를 강구함으로써 노인의 보건복지증진에 기여함을 목적으로 한다.

② **노인주거복지시설** : 양로시설, 노인공동가정생활, 노인복지주택

③ **노인의료복지시설** : 노인요양시설, 노인요양공동생활가정

④ **노인여가복지시설** : 노인복지관, 경로당, 노인교실

⑤ **재가노인복지시설** : 방문요양서비스, 주·야간보호서비스, 단기보호서비스, 방문목욕서비스, 그 밖에 보건복지부령이 정하는 서비스

⑥ **노인보호전문기관** : 노인학대에 관한 업무를 담당

2 아동복지법

목적	아동이 건강하게 출생하여 행복하고 안전하게 자랄 수 있도록 아동의 복지를 보장하는 것을 목적으로 한다.
무차별 평등이념	아동은 자신 또는 부모의 성별, 연령, 종교, 사회적 신분, 재산, 장애유무, 출생지역, 인종 등에 따른 어떠한 종류의 차별도 받지 않고 자라나야 한다.
안정된 가정환경의 중요성 강조	아동은 완전하고 조화로운 인격발달을 위하여 안정된 가정환경에서 행복하게 자라나야 한다.
아동중심적 활동이념	아동에 관한 모든 활동에 있어서 아동의 이익이 최우선적으로 고려되어야 한다.
아동복지의 책임주체	국가, 지방자치단체, 아동의 보호자, 국민 모두에게 부과
수급권자	보호를 필요로 하는 아동, 보호자

3 장애인복지법

장애인의 인간다운 삶과 권리보장을 위한 국가와 지방자치단체 등의 책임을 명백히 하고, 장애발생 예방과 장애인의 의료·교육·직업재활·생활환경개선 등에 관한 사업을 정하여 장애인복지대책을 종합적으로 추진하며, 장애인의 자립생활·보호 및 수당지급 등에 관하여 필요한 사항을 정하여 장애인의 생활안정에 기여하는 등 장애인의 복지와 사회활동 참여증진을 통하여 사회통합에 이바지함을 목적으로 한다.

④ 한부모가족지원법

한부모가족이 건강하고 문화적인 생활을 영위할 수 있도록 함으로써 한부모가족의 생활안정과 복지증진에 이바지함을 목적으로 한다.

⑤ 영유아보육법

영유아의 심신을 보호하고 건전하게 교육하여 건강한 사회구성원으로 육성함과 아울러 보호자의 경제적 · 사회적 활동이 원활하게 이루어지도록 함으로써 영유아 및 가정의 복지증진에 이바지함을 목적으로 한다.

⑥ 사회복지공동모금회법

사회복지공동모금회의 공동모금을 통하여 국민이 사회복지를 이해하고 참여하도록 함과 아울러 국민의 자발적인 성금으로 조성된 재원을 효율적이고 공정하게 관리 · 운용함으로써 사회복지증진에 이바지함을 목적으로 한다.

⑦ 입양특례법

① 이 법은 요보호아동의 입양에 관한 요건 및 절차 등에 대한 특례와 지원에 필요한 사항을 정함으로써 양자가 되는 아동의 권익과 복지를 증진하는 것을 목적으로 한다.

② 모든 아동은 그가 태어난 가정에서 건전하게 자라야 한다.

③ 국가와 지방자치단체는 아동이 그가 태어난 가정에서 건전하게 자랄 수 있도록 지원하고 태어난 가정에서 자라기 곤란한 아동에게는 건전하게 자랄 수 있는 다른 가정을 제공하기 위하여 필요한 조치와 지원을 하여야 한다.

④ 모든 국민은 입양아동이 건강하게 자랄 수 있도록 협력하여야 한다.

⑧ 장애인 · 노인 · 임산부등의편의증진보장에관한법률

① 목적 : 장애인 · 노인 · 임산부 등이 일상생활에서 안전하고 편리하게 시설과 설비를 이용하고 정보에 접근할 수 있도록 보장함으로써 이들의 사회활동 참여와 복지증진에 이바지 함을 목적으로 한다.

② 편의시설 설치대상 : 공원, 공공건물 및 공중이용시설, 공동주택, 통신시설 등

⑨ 농어촌주민의보건복지증진을위한특별법

농어촌주민의 보건복지증진을 위한 시책을 강화하고 이에 관한 국가와 지방자치단체의 책임을 명확히 하며 농어촌에 보건의료 및 사회복지시설을 확충함으로써 농어촌주민의 인간다운 삶을 보장함을 목적으로 한다.

⑩ 성폭력방지및피해자보호등에관한법률

① 이 법은 성폭력을 예방하고 성폭력피해자를 보호·지원함으로써 인권증진에 이바지함을 목적으로 한다.

② 국가와 지방자치단체는 성폭력을 방지하고 성폭력피해자를 보호·지원하기 위하여 성폭력 신고체계를 구축·운영하고, 유해환경을 개선하는 등 관계 법령을 정비하고 각종 정책을 수립·시행 및 평가해야 하며 그에 따른 예산상의 조치를 하여야 한다.

⑪ 일제하일본군위안부피해자에대한생활안정지원및기념사업등에관한법률

일제에 의하여 강제로 동원되어 위안부로서의 생활을 강요당한 피해자를 보호·지원하고 일본군 위안부 피해자의 명예회복과 진상규명을 위한 기념사업을 수행함으로써 이들의 생활안정과 복지 증진을 꾀하고 국민의 올바른 역사관 정립과 인권증진에 이바지함을 목적으로 한다.

⑫ 가정폭력방지및피해자보호등에관한법률

① 가정폭력을 예방하고 가정폭력의 피해자를 보호·지원함을 목적으로 한다.

② 국가와 지방자치단체는 가정폭력의 예방·방지와 피해자의 보호·지원을 위하여 가정폭력 신고체계를 구축·운영하는 등의 조치를 취하여야 한다.

사회복지관련법 등

재해구호법	• 이재민의 구호와 의연금품의 모집절차 및 사용방법 등에 관하여 필요한 사항을 규정함으로써 이재민 보호와 그 생활안정에 이바지함을 목적으로 한다. • 이 법에 따른 구호는 이재민과 일시대피자를 대상으로 한다.
국가유공자등예우및지원에관한법률	국가를 위하여 희생하거나 공헌한 국가유공자, 그 유족 또는 가족을 합당하게 예우하고 지원함으로써 이들의 생활안정과 복지향상을 도모하고 국민의 애국정신을 기르는 데에 이바지함을 목적으로 한다.
의사상자등예우및지원에관한법률	직무 외의 행위로 위해에 처한 다른 사람의 생명·신체 또는 재산을 구하다가 사망하거나 부상을 입은 사람과 그 유족 또는 가족에 대하여 그 희생과 피해의 정도 등에 알맞은 예우와 지원을 함으로써 의사상자의 숭고한 뜻을 기리고 사회 정의를 실현하는 데에 이바지하는 것을 목적으로 한다.
건강가정기본법	건강한 가정생활의 영위와 가족의 유지 및 발전을 위한 국민의 권리·의무와 국가 및 지방자치단체 등의 책임을 명백히 하고, 가정문제의 적절한 해결방안을 강구하며 가족구성원의 복지증진에 이바지할 수 있는 지원정책을 강화함으로써 건강가정 구현에 기여하는 것을 목적으로 한다.

01 사회복지에 관한 법들의 제정 시기가 바르게 배열된 것은?

① 1960년대 – 재해구호법, 산업재해보상보험법
② 1970년대 – 사회복지사업법, 산업재해보상보험법
③ 1980년대 – 노인복지법, 긴급복지지원법
④ 1990년대 – 국민건강보험법, 노인장기요양보험법
⑤ 2000년대 – 영유아보육법, 다문화가족지원법

02 다음 중 성문법의 송류에 해당하지 않는 것은?

① 헌법   ② 법률
③ 명령   ④ 규칙
⑤ 조리

03 1795년 영국에서 빈민 개개인의 소득에 관계없이 최저소득이 되어야 한다고 결정한 법은?

① 정주법
② 길버트법
③ 우애조합장려법
④ 스핀햄랜드법
⑤ 신구빈법

04 영국에서 제정된 신구빈법(1834)의 원칙에 해당하지 않는 것은?

① 원외구제 금지의 원칙
② 열등처우의 원칙
③ 작업장 처우의 원칙
④ 균일처우의 원칙
⑤ 보편주의 원칙

05 개정 구빈법(1834)의 3대 원칙으로 바르게 묶인 것은?

① 작업장의 원칙, 전국균일의 원칙, 열등제한의 원칙

② 전국균일의 원칙, 열등처우의 원칙, 형평성의 원칙

③ 사회보험의 원칙, 열등처우의 원칙, 능력비례의 원칙

④ 보편주의 원칙, 작업장의 원칙, 능력비례의 원칙

⑤ 선별주의 원칙, 작업장의 원칙, 공평성의 원칙

06 영국의 사회복지 발전과정에 관한 설명으로 옳지 않은 것은?

① 엘리자베스 구빈법은 빈민에 관한 중요한 법으로 기존의 빈민 관련법을 집대성한 것이다.

② 스핀햄랜드법은 임금보조제도를 통해 빈민들의 임금부족분을 보조해 주고자 하였다.

③ 개정 구빈법(1834)은 처우제한, 작업장 활용의 원칙 등을 추구하였다.

④ 19세기 영국의 빈민보호에 관한 철학과 실천에 영향을 준 것은 사회개량운동, 자선조직협회, 베버리지에 의해 고안된 사회보장체계였다.

⑤ 베버리지 보고서는 궁핍, 질병, 무지, 불결, 나태를 5대 사회악으로 규정하였다.

07 사회복지법의 발달이 바르게 연결되지 않은 것은?

① 세계 질병보험 – 독일 – 1883년

② 토인비 홀 – 영국 – 1884년

③ 베버리지 보고서 – 영국 – 1942년

④ 세계 최초의 사회보장법 – 미국 – 1945년

⑤ 세계 최초의 사회수당법 – 영국 – 1795년

08 우리나라 사회복지 역사상 조선시대 협동작업조직으로 옳은 것은?

① 계   ② 오가작통

③ 향약   ④ 혜민국

⑤ 두레

09 다음 중 조례에 대한 설명으로 옳지 않은 것은?

① 조례는 지방의회에서 제정한다.
② 행정업무수행에 필요한 사항을 자치단체장이 정한다.
③ 사회복지위원회 조직에 관한 사항은 시·도 조례로 한다.
④ 지방자치단체 내에서만 효력이 있다.
⑤ 조례는 법령의 범위 내에서만 유효하다.

11 헌법 제34조 제5항은 "신체장애자 및 질병·노령 기타의 사유로 생활능력이 없는 국민은 법률이 정하는 바에 의하여 국가의 보호를 받는다."고 규정하고 있다. 다음 중 본조에 의한 보호제도에 속하지 않는 것은?

① 생계급여   ② 실업보험
③ 의료급여   ④ 국립고아원
⑤ 국립요양원

10 다음 중 법의 포괄범위가 가장 넓은 법은 어느 것인가?

① 사회보험법
② 사회복지사업법
③ 공공부조법
④ 사회보장기본법
⑤ 사회사업법

12 법인의 설립에 관하여 행정관청의 자유재량에 의한 허가를 필요로 하는 주의원칙은?

① 자유설립주의   ② 준칙주의
③ 허가주의   ④ 인가주의
⑤ 특허주의

13 우리나라의 사회복지관련기관과 시설들이 설립되는 법적 근거는?

① 사회보장기본법
② 사회복지사업법
③ 공공부조법
④ 사회복지서비스법
⑤ 사회법

14 사회복지사 관련 규정으로 잘못된 것은?

① 사회복지전담공무원은 보건복지부장관이 명한 보수교육을 정기적으로 받아야 한다.
② 사회복지전담공무원은 반드시 사회복지사 자격을 가진 사람이어야 한다.
③ 금고 이상 형의 선고를 받고 그 집행이 종료되지 아니하였거나 그 집행을 받지 아니하기로 확정되지 아니한 자는 사회복지사가 될 수 없다.
④ 마약, 대마 또는 향정신성 의약품의 중독자는 사회복지사가 될 수 없다.
⑤ 보건복지부장관은 사회복지사 교육을 보건복지부령으로 정하는 기관 또는 단체에 위탁할 수 있다.

15 다음 〈보기〉에서 사회복지전담공무원의 직무상 의무를 모두 고른다면?

──● 보기 ●──
가. 법령준수의무   나. 복종의무
다. 친절공정의무   라. 선서의무

① 가, 나, 다   ② 가, 다
③ 나, 라   ④ 라
⑤ 가, 나, 다, 라

16 장애인의 권리선언이 채택된 UN총회는?

① UN 제25차 총회
② UN 제27차 총회
③ UN 제29차 총회
④ UN 제30차 총회
⑤ UN 제32차 총회

17 공적 구조는 국가의 신성한 책무이고, 그 범위와 적용범위는 법률로 정한다고 선언한 국제선언은?

① 인권선언문
② 대서양헌장
③ 필라델피아선언
④ 세계인권선언
⑤ 사회보장헌장

18 다음 중 사회보장위원회의 위원장은?

① 국무총리
② 보건복지부장관
③ 기획재정부장관
④ 고용노동부장관
⑤ 사회복지협회장

19 사회보장기본법령의 내용으로 옳지 않은 것은?

① 국가와 지방자치단체는 모든 국민이 건강하고 문화적인 생활을 유지할 수 있도록 사회보장급여의 수준 향상을 위하여 노력하여야 한다.
② 국가는 관계 법령에서 정하는 바에 따라 최저생계비와 최저임금을 매년 공표하여야 한다.
③ 사회보장수급권의 포기는 취소할 수 없다.
④ 사회보장급여를 신청하는 사람이 다른 기관에 신청한 경우에는 그 기관은 지체 없이 이를 정당한 권한이 있는 기관에 이송하여야 한다.
⑤ 사회보장수급권이 정지되는 경우에는 정지하는 목적에 필요한 최소한의 범위에 그쳐야 한다.

20 다음 〈보기〉에서 사회복지관의 복지사업내용으로 맞는 것을 모두 고르면?

보기

가. 국민기초생활보장법에 따른 수급자 및 차상위계층

나. 장애인, 노인, 한부모가족, 다문화가족 등 취약계층 주민

다. 직업 및 취업알선이 필요한 사람

라. 보호와 교육이 필요한 유아 · 아동 및 청소년

① 가, 나, 다   ② 가, 다
③ 나, 라   ④ 라
⑤ 가, 나, 다, 라

21 사회복지사업법령의 내용으로 옳은 것은?

① 사회복지법인의 설립은 보건복지부장관의 인가를 받아야 한다.

② 시장 · 군수 · 구청장은 사회복지사업을 원활하게 수행하기 위하여 시 · 군 · 구 단위로 복지위원을 위촉하여야 한다.

③ 사회복지법인은 이사 정수의 5분의 1 이내에서 지역사회복지협의체에서 추천한 사람을 선임하여야 한다.

④ 국가나 지방자치단체가 설치 · 운영하는 사회복지시설은 신고의 의무가 없다.

⑤ 사회복지시설의 장은 비상근으로 한다.

22 사회복지사업법령상 사회복지사업의 근거가 되는 법이 아닌 것은?

① 아동복지법
② 국민연금법
③ 장애인복지법
④ 다문화가족지원법
⑤ 노인복지법

23 민간사회복지사업의 통합 · 조정을 위한 민간의 자주적 활동조직은?

① 한국사회복지학회
② 한국사회복지협의회
③ 한국사회복지사협회
④ 한국사회사업대학협의회
⑤ 한국보건사회연구원

24 사회복지사업법령상 사회복지시설 운영위원회의 역할로 옳은 것을 모두 고른 것은?

 **보기**

가. 시설운영계획의 수립 · 평가에 관한 심의
나. 시설종사자의 근무환경 개선에 관한 심의
다. 시설과 지역사회의 협력에 관한 심의
라. 시설거주자의 인권보호에 관한 심의

① 가, 나, 다   ② 가, 다
③ 나, 라   ④ 라
⑤ 가, 나, 다, 라

25 국민연금제도에 대한 설명으로 맞는 것은?

① 1986년부터 실시하였다.
② 전국을 일원적인 조직으로 관리한다.
③ 급여는 가입자 개인의 보수수준에 정비례한다.
④ 18세 이상의 국민은 예외 없이 강제 가입된다.
⑤ 관리운영 주체가 보건복지부이다.

26 연금제도의 원칙에 대한 설명이 아닌 것은?

① 연금기여금은 소득과 관계없이 일률적으로 정한다.
② 연금제도상 수혜자의 권리가 명백히 규정되어야 한다.
③ 급여는 과거의 소득과 기여 정도에 근거해야 한다.
④ 가입 대상자의 선정은 강제적이다.
⑤ 저소득층과 부양가족이 있는 근로자에 대한 고려가 있어야 한다.

27 국민연금 지급액의 최고 한도액을 산정할 경우 과거 몇 년간의 기준소득월액의 평균액인가?

① 최종 2년간
② 최종 3년간
③ 최종 4년간
④ 최종 5년간
⑤ 최종 10년간

28 다음 중 국민연금 관련 용어해설로서 적절하지 못한 것은?

① 연금보험료란 국민연금사업에 필요한 비용으로서 사업장가입자의 경우에는 부담금 및 기여금의 합계액을, 지역가입자·임의가입자 및 임의계속가입자의 경우에는 본인이 내는 금액을 말한다.

② 기준소득월액이란 연금보험료와 급여를 산정하기 위하여 가입자의 소득월액을 기준으로 하여 대통령령으로 정하는 금액을 말한다.

③ 평균소득월액이란 매년 사업장가입자와 지역가입자 전원의 기준소득월액을 평균한 금액을 말한다.

④ 임의계속가입자는 국민연금 가입자 또는 가입자였던 자로서 60세가 된 자를 말한다.

⑤ 부담금이란 사업장가입자가 부담하는 금액을 말한다.

29 의료보험 관리운영에 있어 조합주의 방식의 문제점으로 볼 수 없는 것은?

① 봉급생활자와 자영업자 간 보험료 부과기준의 차이에서 제기되는 형평성에 문제가 있다.

② 조합규모가 작을수록 관리운영비의 비중이 크다.

③ 위험분산의 기능이 제한받는다.

④ 적용인구의 조합간 이동에 따라 업무의 중복성과 관리운영의 능률이 저하된다.

⑤ 각 조합에 대한 정부의 재정지출이 커진다.

30 우리나라 국민건강보험제도의 내용으로 옳지 않은 것은?

① 과잉진료를 방지하기 위해 질병군별 포괄수가제를 시범적으로 실시한다.

② 장기보험이 아닌 단기보험이다.

③ 차등부과 – 균등급여방식으로 운영된다.

④ 단일보험자 방식이 아닌 다보험자 방식으로 분리·운영된다.

⑤ 의료수가의 항목별 불균형을 조정하기 위해 상대가치수가제를 실시한다.

31 산업재해보상제도에 관한 설명으로 부적절한 것은?

① 유족연금의 기본연금은 평균연금의 60%이다.

② 산재보험의 관리주체는 고용노동부이다.

③ 보험료율은 매년 고용노동부장관이 수개의 등급으로 정한다.

④ 급여요건은 반드시 업무수행성과 업무기인성이 동시에 충족되어야 한다.

⑤ 휴업급여는 평균임금의 70%를 받는 것이 원칙이다.

32 다음 중 수혜자가 보험료를 부담하지 않는 사회보험은?

① 고용보험　　② 건강보험

③ 산재보험　　④ 국민연금

⑤ 군인연금

33 산업재해보상보험에 대한 설명으로 옳지 않은 것은?

① 보험료는 고용주가 부담한다.

② 산재급여의 2대 요건은 업무수행성과 업무기인성이다.

③ 공무원 및 사립교직원은 사업주가 부담한다.

④ 고용주가 부담하는 것이 아니라 국가가 부담한다.

⑤ 휴업급여제도가 시행되고 있다.

34 고용보험법상 취업촉진수당의 종류로만 옳게 묶은 것은?

① 이주비, 광역구직활동비, 직업능력개발수당, 조기재취업수당

② 이주비, 광역구직활동비, 휴업수당, 지역고용촉진장려금

③ 직업능력개발수당, 재취직 수강장려금, 휴업수당

④ 조기재취직수당, 고용촉진장려금, 구직활동비, 이주비

⑤ 교육훈련비, 조기재취직 수당, 이주비, 광역구직활동비

35 사회복지에 관한 헌법재판소나 대법원의 결정 또는 판결 내용인 것은?

① 국민연금가입 연령을 18세 이상 60세 미만으로 제한한 것은 헌법상의 행복추구권, 평등권, 인간다운 생활을 할 권리를 박탈한 것이다.

② 사회복지법인의 대표자가 이사회의 의결없이 법인의 재산을 처분한 경우에 그 처분행위는 이사회의 의결 여부를 알지 못한 선의의 제3자에게는 효력이 있다.

③ 국민건강보험법에서 보험료 체납의 경우에 보험료를 완납할 때까지 보험급여를 실시하지 아니할 수 있도록 한 것은 헌법상 행복추구권 등 기본권의 직접적 침해이다.

④ 헌법 제34조 제5항의 신체장애자 등에 대한 국가의 보호 의무에서 장애인을 위한 저상 버스를 도입하여야 한다는 구체적인 내용의 의무가 발생하는 것은 아니다.

⑤ 국민연금 보험료의 강제징수는 헌법상 재산권의 침해이다.

36 다음 중 입법 후 시행이 보류되었던 법률은?

① 국민복지연금법
② 산재보험법
③ 고용보험법
④ 건강보험법
⑤ 국민기초생활보장법

37 국민기초생활보장법상 급여를 받을 수 없는 경우가 발생할 수 있는 급여는?

① 생업자금의 융자
② 취로사업
③ 의료급여
④ 교육급여
⑤ 생계급여

38 기초생활수급대상자의 의무사항으로 보기 어려운 것은?

① 대상자는 이사를 갔을 경우 이를 지체없이 해당 보장기관에 신고하여야 한다.

② 대상자는 세대의 구성에 변동이 있을 경우에 이를 신고하여야 한다.

③ 대상자는 지급된 보호금품이 낭비되지 않도록 노력하여야 한다.

④ 대상자는 소득이나 자산상황 등에 대해 매월 정기적으로 신고해야 한다.

⑤ 보호대상자는 보호기관의 필요한 지도와 지시에 따라야 한다.

39 의료급여법령에 관한 설명으로 옳지 않은 것은?

① 국민기초생활 보장법에 따른 수급자는 의료급여 수급권자이다.

② 수급권자가 다른 법령에 따라 의료급여를 받고 있는 경우에는 의료급여법에 따른 의료급여를 하지 아니한다.

③ 관할 시장 · 군수 · 구청장은 수급권자가 되려는 자의 인정 신청이 없더라도 직권으로 수급권자를 정할 수 있다.

④ 지역보건법에 따라 설치된 보건지소는 제1차 의료급여기관이다.

⑤ 의료급여기관은 의료급여를 하기 전에 수급권자에게 본인부담금을 청구하여서는 아니 된다.

40 국민기초생활보장법령상 차상위계층에 관한 설명으로 옳지 않은 것은?

① 소득평가액이 최저생계비의 100분의 130 이하인 자를 말한다.

② 특별자치도지사 · 시장 · 군수 · 구청장은 차상위계층에 대하여 조사할 수 있다.

③ 차상위계층에 대한 조사는 다음 연도 수급권자의 규모를 예측하려는 것이다.

④ 차상위계층에 대한 조사를 하려는 경우 조사대상자의 동의를 받아야 한다.

⑤ 조사대상자의 동의는 다음 연도의 급여 신청으로 본다.

41 국민기초생활보장법에 대한 설명으로 틀린 것은?

① 인구학적 기준이 적용된다.

② 부양의무자는 수급권자의 1촌 직계혈족이 해당된다.

③ 자산조사가 필요하다.

④ 실업자도 대상자가 될 수 있다.

⑤ 근로유무와 상관이 없다.

42 다음 중 국민기초생활보장법에 대한 설명으로 옳지 않은 것은?

① 자활수급자에게는 생계급여를 지급할 수 없다.

② 권리성 급여가 이루어진다.

③ 시집간 딸도 부양능력 유무를 조사한다.

④ 연령과는 무관하다

⑤ 자산조사가 필수적이다.

43 우리나라 국민기초생활보장제도에 관한 설명으로 옳지 않은 것은?

① 조세를 재원으로 한다.
② 매년 정부가 고시하는 공식적 빈곤선인 최저생계비는 가구 중 18세 미만 아동부터 65세 이상 노인 인구만을 대상으로 한다.
③ 급여는 보충성의 원리를 따르기 때문에 가구의 소득에 따른 급여의 차등성이 존재한다.
④ 급여는 현금과 현물 2가지 형태로 구성된다.
⑤ 주거급여는 수급자에게 주거 안정에 필요한 임차료, 유지 · 수선비, 그 밖에 대통령령으로 정하는 수급품을 지급하는 것으로 한다.

44 어린이집에 관한 설명으로 맞지 않는 것은?

① 어린이집의 설치는 보건복지부장관에게 허가받아야 한다.
② 직장어린이집은 여성 상시 노동자가 300인 이상일 때 운영된다.
③ 영유아는 6세 미만의 취학 전 아동이다.
④ 국공립어린이집의 설치는 저소득 밀집 지역과 농어촌 지역에 우선 설치된다.
⑤ 가정어린이집은 상시 영유아가 5인 이상 30인 이하일 때 운영된다.

45 아동복지서비스의 내용으로 옳지 않은 것은?

① 부모님이 돌아가신 아동은 바로 시설에 수용하는 것이 최선의 방법이다.
② 보호시 필요하면 친부모와 강제 분리할 수도 있다.
③ 입양의 경우는 대리적 서비스에 해당한다.
④ 탁아보호서비스는 지지적 서비스에 해당한다.
⑤ 주간보호서비스는 보충적 서비스에 해당한다.

46 노인복지법상 노인의 날은?

① 매년 3월 15일
② 매년 5월 8일
③ 매년 9월 1일
④ 매년 10월 2일
⑤ 매년 12월 1일

47 노인복지법령에 관한 설명으로 옳은 것은?

① 60세 이상의 노인은 국가 또는 지방자치단체의 수송시설을 무료로 또는 할인하여 이용할 수 있다.

② 자격이 취소된 요양보호사는 취소된 날로부터 3년이 경과되지 않으면 요양보호사가 될 수 없다.

③ 노인요양공동생활가정은 노인주거복지시설이다.

④ 중앙노인보호전문기관은 노인인권보호정책을 제안할 수 있다.

⑤ 노인인력개발기관은 노인에 의한 재화의 생산·판매 등을 직접 담당하는 기관이다.

48 정신보건법령의 기본이념으로 옳지 않은 것은?

① 모든 정신질환자는 최적의 치료와 보호를 받을 권리를 보장받는다.

② 모든 정신질환자는 정신질환이 있다는 이유로 부당한 차별대우를 받지 않는다.

③ 입원치료가 필요한 정신질환자에 대하여는 보호의무자에 의한 입원이 권장되어야 한다.

④ 입원 중인 정신질환자는 가능한 한 자유로운 환경이 보장되어야 한다.

⑤ 입원 중인 정신질환자는 다른 사람들과 자유로이 의견교환을 할 수 있도록 보장되어야 한다.

49 한부모가족지원법상 정의규정에서 "모" 또는 "부"에 해당하는 자를 모두 고른 것은?

> **보기**
>
> ㄱ. 배우자와 이혼한 자로서 아동인 자녀를 양육하는 자
> ㄴ. 교정시설에 입소한 배우자를 가진 사람으로서 아동인 자녀를 양육하는 자
> ㄷ. 배우자로부터 유기(遺棄)된 자로서 아동인 자녀를 양육하는 자
> ㄹ. 미혼자(사실혼 관계에 있는 자를 제외한다)로서 아동인 자녀를 양육하는 자

① ㄱ, ㄴ, ㄷ   ② ㄱ, ㄷ
③ ㄴ, ㄹ   ④ ㄹ
⑤ ㄱ, ㄴ, ㄷ, ㄹ

50 다음 중 미혼모에 대한 복지서비스 제공이 법적 근거는?

① 모자보건법
② 미혼모법
③ 한부모가족지원법
④ 영유아보육법
⑤ 모성보호법

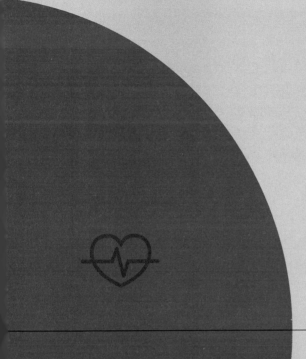

정답 및 해설

SOCIAL WORKER

[적중문제]
정답 및 해설

▌ 1교시 사회복지기초

1과목 인간행동과 사회환경

01	⑤	02	④	03	②	04	④	05	②
06	③	07	④	08	③	09	④	10	③
11	②	12	③	13	①	14	①	15	④
16	①	17	①	18	④	19	②	20	④
21	②	22	⑤	23	①	24	⑤	25	④
26	③	27	①	28	②	29	④	30	①
31	②	32	⑤	33	①	34	②	35	④
36	①	37	⑤	38	②	39	⑤	40	①
41	⑤	42	④	43	④	44	①	45	②
46	②	47	①	48	⑤	49	③	50	④

01 　　　　　　　　　　　　　정답 ⑤

인간발달은 전 생애에 걸쳐 신체적 · 운동적 · 정서적 · 도덕적 · 사회적 측면 등을 포함한 인간의 모든 측면에서 이뤄지는 일련의 양적 · 질적 변화를 의미하는 것으로, 분화와 통합의 과정이다. 발달의 원리에는 기초성의 원리, 적기성의 원리, 누적성의 원리 등이 있으며, 발달은 유전과 환경의 상호작용에 의해 이뤄지며, 상승적 변화뿐 아니라 하강적 변화까지 포함한다.

02 　　　　　　　　　　　　　정답 ④

인간행동의 독립변수는 생물학적 특성뿐만 아니라 심리학적인 부분 등이 같이 존재한다.

03 　　　　　　　　　　　　　정답 ②

인간발달이론은 전 생애를 통한 발달단계별 과업의 특징적인 발달요인에 대해 설명한다.

04 　　　　　　　　　　　　　정답 ④

• 성장 : 신체 크기의 증대, 근력 증가 등과 같은 양적인 확대를 의미한다.
• 학습 : 경험, 훈련 또는 연습의 결과로써 일어나는 개인 내적인 변화이다.
• 발달 : 크기 · 구조 · 비율 · 기능의 변화를 모두 포함하며 양적 감소, 구조의 단순화, 기능의 무능화 현상과 관련된 퇴행적 변화까지도 포함한다.

05 　　　　　　　　　　　　　정답 ②

인간이 공격성과 성적 충동이 강하다고 보는 것은 프로이트(Freud)의 정신분석이론이다. 에릭슨의 심리사회적 이론에서는 성적 충동은 약하고 사회적 충동이 강하다고 본다.

06 　　　　　　　　　　　　　정답 ③

방어기제란 심리적 불균형이 초래될 때 심리 내부의 항상성을 유지하려는 상태이다.

07 　　　　　　　　　　　　　정답 ④

융의 분석심리이론에 따르면 성격발달은 자기를 실현하는 과정으로, 융은 인간발달의 궁극적 목표를 자기실현으로 보았다. 즉, 인생을 전반기와 후반기로 나누어서 전기에는 자아의 방향이 외부로 지향되어 분화된 자아를 통해 현실 속에서 자기를 찾으려고 노력하며, 중년기를 전환점으로 자아가 자기에 통합되면서 성격발달이 이루어진다고 보았다.

08 　　　　　　　　　　　　　정답 ③

고착이란 다음 단계로 진행하지 못하고 특정단계에 머무르게 되는 것을 말하며 좌절과 방임으로 대별된다.
• 좌절 : 아동의 심리성적 욕구를 양육자가 적절히 충족시키지 못하는 것
• 방임 : 아동의 심리성적 욕구를 양육자가 과잉 만족시킴으로써 아동에게 의존성이 생기는 것

09 정답 ④

방어기제 중 합리화는 자신의 실패나 약점이 자기무능 때문임에도 불구하고 이를 은폐하기 위해 이유를 붙여 정당화하는 것을 의미한다.

10 정답 ③

미국정신치료협회에서 정의한 방어기제에 관한 설명이다.

11 정답 ②

에릭슨은 인간은 일생동안 여러 단계의 심리사회적 위기를 경험한 결과 성격이 발달하는 것이라고 보았다. 즉, 사회가 개인에게 미치는 영향과 개인이 개인적 · 사회적 위기를 극복하면서 '나는 누구인가? 내가 무엇을 해야 하는가?'에 대한 답을 발견하는 과정에 초점을 두었으며, 심리적 위험을 극복하는 인간의 능력에 관심을 가졌다.

12 정답 ③

신뢰감 대 불신감의 단계는 0~1세에 해당하며, 프로이트의 심리성적발달 단계로는 구강기에 해당한다.
① 자율성 대 수치심 – 항문기
② 근면성 대 열등감 – 잠복기
④ 친밀감 대 고립감 – 생식기
⑤ 정체감 대 정체감 혼란 – 생식기

13 정답 ①

방어기제는 안나 프로이트가 제시한 것이다.

14 정답 ①

아들러는 개인심리이론을 통해 인간은 목표를 통해 움직이는 창조적이고 책임감 있는 존재라는 '창조적 자기' 개념을 제시하면서 인간행동의 객관성과 보편성보다는 개인이 고유한 생활양식을 창조해 나간다는 점을 강조하였다.

15 정답 ④

반두라는 사회학습이론에서 타인의 행동이나 상황을 관찰 ·

모방함으로써 학습이 이루어진다고 주장하였다.

16 정답 ①

반두라의 사회학습이론의 주요개념
- 모방(모델링) : 다른 사람의 행동을 관찰한 후 그 행동을 학습하여 따라 하는 것을 의미한다.
- 인지 : 학습된 반응을 수행할 인지의 통제 아래 있기 때문에 사회적 학습은 인지적 학습이라고 할 수 있다.
- 자기조정(규제) : 자기의 행동을 감독하고 스스로 자부심을 가지는 것으로 수행과정, 판단과정, 자기반응과정으로 구성된다.
- 자기강화와 자기효능감 : 자기강화란 개인이 자신의 감정 · 사고 · 행동을 통제할 수 있는 능력을 가지고 있다고 보고 이러한 능력으로 자신의 행동을 유지하거나 변화시키는 과정을 말하며, 자기효능감이란 바람직한 효과를 산출하는 행동을 성공적으로 수행할 수 있다는 개인의 믿음을 말한다.
- 상호결정론 : 개인 · 행동 · 환경이라는 개념을 사용하여 이들 요소들이 지속적으로 상호작용을 하며 서로 영향을 주고받으며 발달한다.
- 관찰학습 : 주의집중과정, 보존과정, 운동재생과정, 동기화 과정

17 정답 ①

라. 엘리스의 합리적 · 정서적 치료는 인간의 감정과 문제가 대부분 비합리적인 사고로부터 발생한다고 보았다.

18 정답 ④

자기효율성(자기효능감) : 바람직한 효과를 산출하는 행동을 성공적으로 수행할 수 있다는 개인의 믿음을 말하며 자신이 행동해야 할지 여부와 얼마나 오래 수행할 수 있을지를 결정하는 근거가 되기도 한다. 이러한 자기효율성은 인간의 사고, 동기, 행위를 관장하는 데 있어서 핵심적인 역할을 한다.

19 정답 ③

고전적 조건화는 파블로프식 조건형성으로 파블로프의 개 실험을 통한 고전적 조건반사연구에서 그 유래를 찾을 수 있다. 스키너는 파블로프의 고전적 조건반사연구에서 영향을 받았

다.

20   정답 ④

개인이 자신의 감정, 사고, 행동을 통제할 수 있는 능력을 가지고 있다고 보고 이러한 능력으로 자신의 행동을 유지하거나 변화시키는 과정을 자기강화라고 한다. 스스로 통제할 수 있는 보상을 자신이 주는 것으로 각 개인이 수행 또는 성취의 기준을 설정하고 자신의 기대를 달성·초과하거나 혹은 수준에 못 미치는 경우 자신에게 보상이나 처벌을 내린다는 개념이다.

21   정답 ②

강화계획
- **연속적 강화계획** : 행동이 일어날 때마다 강화물을 주는 것이다.
- **간헐적 강화계획** : 행동이 일어날 때마다 그 행동을 강화하지 않고, 간헐적으로 강화함으로써 그 행동이 지속되게 하는 것이다.
- **고정비율 강화계획** : 어떤 특정한 행동이 일정한 수만큼 일어났을 때 강화를 주는 것이다.
- **가변비율 강화계획** : 여러 가지 반응이 일정한 평균적 비율로 강화된다.
- **고정간격 강화계획** : 일정한 시간이 지난 뒤에 일어나는 특정한 첫 번째의 행동을 강화하는 것이다.
- **가변간격 강화계획** : 강화가 일어나는 간격은 보통 간격으로 무작위적으로 변한다. 이는 강화받지 않는 시간간격을 어떤 평균을 중심으로 변화시키며 강화를 제공하는 것이다.

22   정답 ⑤

피아제의 인지발달단계
- 0 ~ 2세 : 감각운동기
- 2 ~ 7세 : 전조작기
- 7 ~ 12세 : 구체적 조작기
- 12세 이후 : 형식적 조작기

23   정답 ①

피아제의 인지발달이론의 단계별 특징
- **감각운동기(0 ~ 2세)** : 대상영속성
- **전조작기(2 ~ 7세)** : 상징적 표상 사용, 상징놀이, 물활론, 자기중심성, 물활론적
- **구체적 조작기(7 ~ 12세)** : 분류, 연속성(서열화), 보존개념, 간단한 산술과 연산이해
- **형식적 조작기(12세 이후)** : 추상적 사고가 최고로 발달, 체계적인 사고능력, 논리적 조작에 필요한 문제해결능력 발달

24   정답 ⑤

보존 : 질량이나 무게 등 물질의 한 측면이 동일한 기간에 형태나 위치 등 물질의 다른 측면으로 변할 수 있다고 생각하는 능력을 말한다. 이러한 보존개념을 완전히 획득할 수 있는 시기는 구체적 조작기이다.

25   정답 ④

스키너는 대부분의 인간행동이 외적 자극에 의해 동기화되고, 그것에 따르는 강화에 의해 행동 빈도와 강도가 결정된다고 하였다. 또한 인간행동은 보상과 처벌에 의해 유지되며 인간을 기계적 존재라고 보았다.

26   정답 ③

칼 로저스는 사회적 책임을 강조하기보다는 자기 자신을 신뢰하는 실재적 본성에 따라 완전히 기능하며 살아가는 것을 강조한다.

27   정답 ①

모방은 반두라의 사회학습이론의 내용이다.

28   정답 ②

로저스와 매슬로우는 인본주의이론, 프로이트는 정신분석이론, 스키너는 행동주의 이론을 주장하였다.

29 정답 ④

다운증후군은 21번째 염색체가 하나 더 있어서 염색체 수가 47개이다.

30 정답 ①

자아개념이 형성하기 시작하는 단계는 청소년기이다.

31 정답 ②

일반적으로 2세 정도가 되면 유아는 볼 수 없고 들을 수 없는 대상의 이미지를 생각할 수 있으며, 그것을 활용하여 간단한 문제를 해결할 수 있다.

32 정답 ⑤

학령 전기의 인지발달은 피아제의 전조작기에 해당하는 시기로서 언어습득, 상징적 표상능력, 개념적 사고 시작, 수 개념의 발달 등이 그 특징이다.

33 정답 ①

콜버그는 도덕성 발달단계를 3수준 6단계로 구분하였는데, 후 인습적 수준은 13세 이후인 3수준으로 사회계약지향(5단계)과 보편적 원리지향(6단계)이 해당된다. 유아기(3~6세)는 1수준인 전인습적 수준의 도구적 상대주의(2단계)에 해당한다.

34 정답 ②

학령기는 에릭슨의 근면성 대 열등감, 프로이트의 잠재기와 생식기 초기 단계이다. 상징놀이와 물활론은 피아제의 전조작기로 학령 전기의 특징이다.

35 정답 ④

• ①, ⑤ : 유아기
• ②, ③ : 청소년기

36 정답 ①

라 : 걸음마 단계이다.

37 정답 ⑤

청년기는 친밀감 대 고립감의 시기이다.

38 정답 ②

청년기의 사회성 발달은 직업선택과 결혼이며, 자녀양육은 중년기의 발달과업이다.

39 정답 ⑤

유동성 지능은 10대 후반에 절정에 도달하고 성년기에는 중추신경구조의 점차적인 노화로 인해 감소하기 시작하는 반면, 결정성 지능은 성인기에서의 교육경험의 결과로 생의 말기까지 계속 증가한다.
① 중년기 이후에도 계속적인 교육이 필요하다.
② 여성호르몬인 에스트로겐의 감소가 일어난다.
③ 자아통합의 시기는 노년기이다.
④ 중년기일수록 어휘력과 언어능력이 높고 사고능력이 최고조에 달한다.

40 정답 ①

중년기의 사회적 특성에는 부부관계, 자녀양육, 노인부양, 직장의 전환, 여가활동의 개발, 사회환경과의 상호작용 등이 있다. 역할변화는 노년기의 특성이다.

41 정답 ⑤

① 노년기에는 수면시간이 감소하며 숙면을 취하기 어려워지는 경우가 많다.
② 노년기에는 장기기억보다 단기기억과 최근기억이 더욱 약화된다.
③ 일반적으로 65세 이상을 노년기로 분류하나 명확한 합의에 따른 것은 아니다.
④ 노년기에는 공식적 · 제도적 지위와 역할이 축소된다.

정답 및 해설

42   정답 ④

생태체계 관점은 체계론(systems theory)과 생태학 이론 (ecological theory)을 결합한 것으로, 환경이 인간에 영향을 미치는 방식과 인간이 환경에 영향을 미치는 방식을 보는 준 거틀을 제공하며 개인 혹은 집단, 환경의 변화를 위한 다양한 가능성과 다양한 체계를 변화표적으로 설정, 개입하기 위한 시각을 제공한다. 즉, 특정한 개입 방법이나 기술을 제시해 주는 것이 아니라, 문제현상을 사정·평가할 수 있는 구조와 준거틀을 제공함으로써 실천가들에게 일반적이고 통합적인 관점을 제공하는 것이다.

43   정답 ⑤

혼합가족은 인척이나 혹은 인척이 아닌 사람들이 함께 동거하면서 전통적인 가족 역할을 수행하는 형태의 가족이다.

44   정답 ①

집단 : 단일한 행동을 할 수 있는 능력이 있는 2인 이상(혹은 3인 이상)의 사회적 집합체로서 소속감이 있고, 공동의 목적이나 관심사가 있으며, 목적달성을 위해 상호의존적인 의사소통, 인지, 반응의 상호작용을 한다.

45   정답 ②

쿨리의 집단분류
- **1차적 집단** : 인간본질의 온상으로서 가정이나 어린시절 또래집단 같은 범주, 자연적으로 형성된 집단, 소규모, 개인이 성격형성에 전대적 영향을 미치는 집단
- **2차적 집단** : 인위적으로 형성된 집단

46   정답 ②

집단의 역동성이란 집단이 발달함에 따라 나타나는 속성으로 의사소통, 지위와 역할, 집단기준, 집단분위기 등이 작용한다.

47   정답 ①

조직에 대한 관점
- **개방체계관점** : 조직을 상호작용하는 관련 부분과 외부환경의 집합으로 본다.
- **행동주의 관점** : 조직 내의 사람의 행동과 선택에 중점을 둔다.
- **경제적 관점** : 최선의 결과를 얻기 위한 이성적인 결정에 중점을 둔다.
- **문화적 관점** : 기본적 가설, 기대치, 관습에 지배되고 있으며 이러한 것들은 오랜 시간을 두고 발전해 온 것으로 서서히 인간의 감지의식에서 분리되어 나오는 것들이라고 보는 시각이다.

48   정답 ⑤

지역사회개발모델에서는 민주적 절차와 합의, 자발적 협조, 토착적인 지도력의 개발, 자조 등을 강조한다.

49   정답 ③

사회행동모델은 힘과 자원의 재분배를 요구하며, 민주주의와 사회정의에 따라 자원과 처우를 향상하도록 지배계층에 압력을 가하는 것으로 소외된 집단을 조직하는 것이 중요하다.

50   정답 ④

문화는 외형적으로 드러나는 것 외에 속으로 품고 있는 의미가 있다. 이러한 상징적 의미 체계로서의 문화는 사람들의 경험을 해석하고 행동을 유도·규제하는 기능을 수행한다.

2과목 사회복지조사론

01	①	02	③	03	⑤	04	③	05	③
06	④	07	②	08	④	09	③	10	⑤
11	③	12	①	13	③	14	①	15	⑤
16	①	17	③	18	①	19	②	20	⑤
21	②	22	②	23	④	24	③	25	①
26	③	27	③	28	⑤	29	④	30	⑤
31	⑤	32	②	33	②	34	⑤	35	②
36	③	37	①	38	②	39	⑤	40	①
41	③	42	①	43	④	44	⑤	45	①
46	⑤	47	①	48	④	49	②	50	②

01　정답 ①

관습에 의한 방법은 시대에 따라 변하고 사회적 관심이 같지 않다는 점에서 한계가 있다.

02　정답 ③

과학적 지식의 특징
- **재생 가능성** : 과학적 지식은 입증이 가능하고 신뢰성이 높기 때문에 어떤 결론에 대해 그것을 획득하기까지의 과정과 절차를 반복하면 동일한 결론을 얻을 가능성이 높다.
- **경험성** : 궁극적으로 인간의 감각기관에 의해 지각될 수 있는 성질로서 과학은 경험적으로 증명된 것을 대상으로 한다.
- **객관성** : 인간의 이해관계, 가치판단의 편견 등을 최소화할 수 있도록 일정한 규칙이나 절차에 의해 객관적임이 입증된 정도를 말한다.
- **간주관성** : 과학적 지식은 다른 연구자들에게도 연구과정과 결과가 이해되어야 한다.
- **체계성** : 내용의 전개과정이나 조사과정이 일정한 틀, 순서, 원칙에 입각하여 진행되어야 한다.
- **변화 가능성** : 기존의 신념이나 연구결과는 언제든지 비판되고 수정될 수 있다.

03　정답 ⑤

① 귀납법과 연역법은 상호 보완적이다.
② 가설 → 조작화 → 관찰 → 검증의 과정을 거치는 것은 연역법이다.
③, ④ 귀납법에 대한 설명이다.

04　정답 ③

연역법은 실증주의자들이 주로 사용하는 방법이다.

05　정답 ③

논리적 실증주의는 스펜서의 고전적 실증주의와 베이컨의 경험주의를 결합한 철학으로 일반적인 진술과 명제는 경험적으로 검증될 때 의미가 있다고 주장한다.

06　정답 ④

사회과학은 개인의 가치와 선호가 개입된다는 한계가 있다.

07　정답 ②

호손 효과란 연구의 대상이 되는 사람이 연구자가 원하는 방향으로 행동을 변화시키는 현상을 말한다.

08　정답 ④

설명적 가설은 인과관계를 밝히는 가설로서 'Why'에 대한 해답을 구한다.

09　정답 ③

매개변수 : 두 변수가 서로 직접적인 관계가 없는데 제3의 변수가 두 변수를 중간에서 연결시켜서 두 변수가 간접적으로 관계를 가지는 경우 둘 사이에 놓인 변수를 말한다. 즉, 매개변수는 독립변수의 결과인 동시에 종속변수의 원인이 되는 변수이다.

10　정답 ⑤

조사문제의 선정기준 : 독창성, 경험적 검증 가능성, 윤리적 배려, 현실적 제한 등을 고려하여야 한다.

정답
및
해설

11   정답 ③

① 질적조사는 평가연구에 활용될 수 있다.
② 시계열설계는 일정한 시간간격을 두고 연구 대상을 지속적으로 관찰하는 것으로, 평가연구에 활용될 수 있다.
④ 코호트(Cohort)조사는 일정한 시간 간격에 의하여 여러 표본을 만드는 것으로, 처음 조건이 주어진 집단에 대하여 이후의 경과를 알기 위해 미래에 대해 조사하는 것이다. 구축된 패널을 매회 반복 조사하는 것은 패널조사이다.
⑤ 종단연구는 동일 연구 대상을 장기적으로 관찰·연구하는 것으로, 변화 양상의 추이를 구체적으로 분석할 수 있다.

12   정답 ①

탐색적 조사 : 예비조사라고도 하며 조사설계를 확정하기 전에 예비적으로 실시되는 경우가 많다. 탐색적 조사의 종류에는 문헌조사, 경험자 조사, 특례조사가 있으며, 융통성 있게 운영될 수 있고 수정이 가능하다는 장점이 있다.

13   정답 ③

사전조사는 본래 작성된 질문지를 가지고 소수의 표본을 대상으로 실시하는 것이다. 즉, 질문지의 타당성과 신뢰도를 검증하는 것이므로 약식 질문지로 수행하지 않는다.

14   정답 ①

② 상대적으로 비용이 많이 드는 것은 종단연구이다.
③ 한 시점에서 관찰하는 것은 횡단연구이다.
④ 동일대상을 반복관찰하는 것은 종단연구이다.
⑤ 특정 집단의 변화에 대한 연구는 코호트(cohort)연구이다.

15   정답 ⑤

⑤ 횡단적 조사의 특징이다.

16   정답 ①

현지조사방법
• 연구문제를 설정하거나 가설을 형성하기 위해 현장에 나가서 직접 면접을 통해 자료를 수집하는 조사이다.
• 조사대상은 개인적 요인과 사회적 요인을 조사하여 이들의 관계를 연구한다.
• 현지의 영향요인에 대해 실험조작을 하지 않고 있는 그대로 조사한다.
• 현지조사에는 관찰, 면접, 사례연구방법 등이 있다.

17   정답 ③

기술적 조사는 현상의 모양이나 분포, 크기, 비율 등 단순 통계적인 것에 대한 조사로서 횡단적 조사와 종단적 조사로 구분된다.

18   정답 ①

표본조사는 횡단적 조사의 종류이다.

19   정답 ②

비체계적 오류를 줄이는 방법
• 측정도구의 내용을 명확히 한다.
• 측정항목수를 늘린다.
• 측정자들의 측정방식에 일관성을 유지한다.
• 동일한 질문 또는 유사한 질문을 2회 이상 제기하여 일관성 있는 응답을 유도한다.
• 신뢰할 수 있는 측정도구를 사용한다
• 측정자에게 측정도구에 대한 교육과 훈련을 충분히 실시한다.

20   정답 ⑤

리커트 척도는 서열척도로서 각 문항이 모두 하나의 척도이고 전체의 문항에 대한 총평점을 태도의 측정치로 보므로 문항의 수가 많지 않아도 된다.

21   정답 ②

Q분류 척도는 특정자극에 대해 비슷한 태도를 가진 사람이나 대상을 분류하기 위한 방법으로, 한 가지 현상을 설명하기 위해서 단일 현상을 여러 가지 현상으로 세분하는 방법이다.

22　정답 ②

신뢰성이란 측정의 일관성을 의미하는 것으로, 반복되는 측정에서 어느 정도 동일한 결과를 얻어내는지의 정도를 의미한다. 안정성, 일관성, 예측 가능성, 정확성, 의존 가능성 등으로 표현할 수 있는 개념이다.

23　정답 ④

리커트 척도 : 여러 개의 문항으로 응답자의 태도를 측정하고 해당 항목에 대한 측정치를 합산하여 평가대상자의 태도점수를 얻어내는 척도를 말한다.

24　정답 ③

대안법은 서로 다른 두 가지 형태의 측정도구로 동일한 대상을 차례로 측정하고 그 점수들 사이의 상관관계를 통해 신뢰도를 검증하는 방법이다.

25　정답 ①

리커트 척도는 하나의 변수를 측정하는 데 있어 많은 질문문항들을 적극적 동의에서부터 적극적 비동의까지 코딩하여 가능한 점수의 변량을 증가시키는 척도이다. 장점으로는 용이성, 일관성, 객관성, 단순성, 정밀성 등을 들 수 있으며, 단점으로는 서열적 측정차, 일치성 결여, 구분의 난이성, 표본의 대표성 확보의 어려움 등을 들 수 있다.

26　정답 ③

서열척도는 측정대상 간의 순서를 밝혀주는 척도로 지체장애 등급, 소득수준, 석차 등을 예로 들 수 있다.

27　정답 ④

이 방법은 소집단 내에서 최소한 두사람 이상의 사이에 맺어지는 인간관계를 측정할 때 많이 이용된다.

28　정답 ⑤

거트만 척도는 두 개 이상의 변수를 동시에 측정하는 다차원적 척도로서 사용되기에는 거의 불가능하다.

29　정답 ④

비실험설계는 인과적 추론의 세 가지 조건을 갖추지 못한 설계로, 진실험, 준실험을 제외한 인과관계의 추론방법이다.

30　정답 ⑤

실험효과의 종류

시험효과	• 사전검사와 직접 관계되는 효과 　- 주시험효과 : 독립변수와 관계없이 사전검사가 사후검사에 미치는 효과 　- 상호작용 시험효과 : 실험조치를 가하기 전에 실시한 검사가 독립변수에 미치는 효과 • 주효과 : 순수실험 효과로 독립변수 각각이 종속변수에 미치는 영향 • 상호작용효과 : 두 개 이상의 독립변수들이 결합되어 종속변수에 미치는 영향

31　정답 ⑤

단일사례연구는 반응성 연구의 한 유형이다. 비반응성 연구란 연구 대상자의 반응성에서 오는 오류를 피하기 위해 연구자가 조사하고자 하는 행위나 사건으로부터 완전히 분리되어서 자료를 수집하는 방법을 말한다.

32　정답 ②

복수요소설계는 다중요소설계라고도 하며 하나의 기초선 자료에 대해서 여러 개의 각기 다른 방법을 개입하는 방법이다.

33　정답 ②

ABCD(복수요인)설계

- 장점 : 각기 다른 사회복지 서비스들의 효과성을 측정하는데 실용적인 방법이다.
- 단점 : 각기 다른 개입방법들에 대한 비교가 각각에 대한 기초선이 요구되지 않는 상태에서 가능하므로 매우 비효율적이다.

34 정답 ⑤

ABCD디자인(설계)은 각기 다른 사회복지서비스들의 효과성을 측정하는 데 실용적인 방법이다.

35 정답 ②

빈도기록은 정해진 관찰기간 동안에 일어난 표적행동의 빈도를 기록하는 것이다.

36 정답 ③

가, 다. 자기기입식 설문조사의 장점이다.

37 정답 ①

비구조화된 면접은 시간, 인력, 비용이 많이 소요된다.

38 정답 ②

③ 개방형 질문의 장점이다.

39 정답 ⑤

체계적 표집은 확률적·객관적 표집방법으로 양적 연구에서 사용되는 표집방법이다.

40 정답 ①

표본조사 설계는 모집단 설정 → 표집틀 설정 → 표집방법 결정 → 표집크기의 결정 → 표본추출의 순으로 이루어진다.

41 정답 ③

계통표집방법은 모집단의 각 구성단위에 일련번호를 붙이고 어느 숫자를 무작위로 추출한 다음 나머지 표본들을 기계적으로 정해진 추출간격에 따라 추출한다.

42 정답 ②

층화표집은 무작위 추출방법이기는 하지만 하부단위로의 추출과정들을 계층화시켜 놓는다. 이는 소규모의 하위 집단들이 연구에 적절한 크기로 포함되는 것을 확실시하기 위한 방법이다.

43 정답 ④

표집은 일반화 가능성이 낮다는 단점이 있다.

44 정답 ⑤

모집단이란 연구대상이 되는 집단으로 연구자가 직접적인 방법이나 통계적 추정에 의하여 정보를 얻으려는 대상 집단이다. 연구목적에 부합되는 자료를 얻기 위해서는 정확한 모집단의 규정이 필요한데 이는 연구대상, 표본단위, 범위, 시간의 4가지 요소를 명확히 하여야 한다.

45 정답 ①

- 사회지표조사 : 지역사회에 대한 기존 통계를 이용하여 그 지역의 욕구를 파악하는 방법이다.
- 델파이조사 : 전문가 또는 관련자들에게 우편으로 의견이나 정보를 수집하여 결과를 분석한 후 그것을 다시 응답자들에게 보내어 의견을 묻는 방법으로, 불확실한 사항에 대한 전문가들의 합의를 얻으려고 할 때 적용할 수 있다.
- 지역사회 서베이 : 욕구사정을 위한 1차적인 자료수집방법으로서 지역사회에 잠재적인 클라이언트 가능성을 가진 지역사회 주민들의 욕구를 직접 파악하는 데 유익하다. 반면 시간과 비용이 많이 들고 연구조사에 전문적인 능력이 요구된다는 단점이 있다.

46 정답 ⑤

델파이기법의 원리는 익명성, 반복성, 통제된 환류, 통계적 처리, 합의 등이다.

47   정답 ①

평가조사의 종류

목적에 따른 평가	• 형성평가 : 프로그램 운영 도중에 이루어지는 평가로서 프로그램의 형성에 초점을 둔 평가이다. 이는 서비스 전달체계 향상 및 서비스의 효율성 증진을 도모한다. • 총괄평가 : 프로그램의 종료 후 실시하는 평가로 프로그램의 지속, 중단, 확대 등에 관한 총괄적인 의사결정을 할 경우 사용한다. • 통합평가 : 형성평가와 총괄평가를 합친 것으로 총괄평가적 접근으로 평가를 한 후 과정평가적 접근을 통해 평가한다.
평가규범에 따른 평가	• 효과성 평가 : 프로그램의 목적달성 정도의 평가 • 효율성 평가 : 투입과 산출을 비교평가 • 공평성 평가 : 프로그램의 효과와 비용이 사회집단 간에 공평하게 배분되었는지 평가

48   정답 ④

내용분석의 경향
- **질적 분석** : 정책의 변화, 정치지도자의 태도 및 군사정책은 통계적이며 공식적으로 알아낼 수 없다. 이러한 것을 알아내는 정보적·지적 분석경향이 질적 분석이다.
- **횟수분석** : 양적 분석의 초기 형태로 언어나 주제의 발생빈도, 지면의 단위나 길이, 세련된 방법으로 율의 K의 방법이 있는데 이는 l.Pool이 신문사설을 분석할 때 사용하였다.
- **분할분석** : 부수적으로 나타나는 다른 상징적 단위를 확보하는 분석이다. 한 주제가 얼마나 자주 나타나는가를 알려는 것이 아니라, 다른 주제와 함께 얼마나 자주 나타나는가를 알아보려는 방법이다.
- **원자분석** : 말의 상징과 맥락 간에 존재하는 연계와 그 밀도를 찾아내는 방법이다.
- **강도분석** : 상기의 4가지 방법으로는 강도를 분석하기 어려우므로 단어의 빈도가 많다고만 해서 강도가 높다고 할 수 없다. 강도분석은 상징이 갖는 적대감·우월감 등의 제 개념을 통하여 강도를 분석하는 것이다.

49   정답 ②

기술적 조사보고서 : 조사문제와 관련된 사회적 현상의 특성과 변수 간의 상호 관계성을 서술하기 위해서 수행된 조사의 결과보고서이다. 기술하는 내용이 모집단 전체에 관한 것인지 표본에 한정된 것인지를 제시하여야 한다. 또한 변수 간의 관계를 기술함에 있어 통계적 오차의 범위에 관해서도 기술해야 한다.

50   정답 ②

가. 정성적 차원이란 연구자료에서 수량이나 수치가 아닌 언어적인 부분을 의미한다. 질적 연구에서는 연구자료를 정성적 차원에서 분석하는 반면 양적 연구에서는 연구자료의 수량, 수치로 측정된 부분을 분석한다.
나. 신뢰도란 측정도구가 일관적이고 안정적으로 검사를 하는 정도를 말하며, 질적 연구에서도 신뢰도가 중요하다.
라. 구조화와 조작화의 과정을 거치는 것은 양적 연구이다.

정답
및
해설

2교시 사회복지실천

3과목 사회복지실천론

01	⑤	02	③	03	①	04	④	05	④
06	②	07	②	08	①	09	③	10	③
11	①	12	③	13	①	14	①	15	②
16	①	17	②	18	②	19	⑤	20	②
21	①	22	④	23	①	24	⑤	25	①
26	④	27	④	28	①	29	①	30	⑤
31	①	32	②	33	⑤	34	④	35	①
36	⑤	37	①	38	③	39	②	40	⑤
41	①	42	④	43	①	44	①	45	①
46	④	47	④	48	③	49	③	50	①

01 정답 ⑤

사회사업의 철학적 기반은 인간존중사상으로 인간이 스스로 선택하고 결정함에 인간 주체성을 회복하여 기회균등의 원리에 입각한 자립정신으로 권리와 책임을 수행토록 강조하고 있다. 그러나 자선행위는 시혜적 성격을 가진 종교적 동기에 입각하고 있다.

02 정답 ③

차등적 가치란 낙태의 찬성 여부, 동성애의 찬성 여부처럼 개인의 가치가 개입되어 찬반이 가능한 가치를 말한다.

03 정답 ①

인도주의는 인간은 모두 동등한 자격을 갖추고 있다는 측면에서 인류의 공존을 꾀하고 복지를 실현시키고자 하는 박애적인 사상이다. 빈곤이나 장애의 책임을 클라이언트에게 돌리는 것은 개인주의적 시각이라고 할 수 있다.

04 정답 ④

워커는 클라이언트의 우위 입장이 아니라 대등한 위치에서 관계형성이 이루어지고, 클라이언트 자신이 원하지 않는 프라이버시 영역은 최대한 존중되어야 한다.

05 정답 ④

교육자로서의 역할은 클라이언트의 문제해결 능력을 강화함으로써 의도하는 변화를 야기시키는 것으로 이는 사회복지사가 자신이 모범을 보임으로써 클라이언트에게 새로운 행동을 가르쳐 주는 것으로 직접적 개입이다.

06 정답 ②

사회적 책임은 사회구성원들이 공동체 의식을 가지고 법과 규범을 준수하는 것이다.

07 정답 ②

사회복지의 제도적 개념과 잔여적 개념

사회복지의 제도적 개념	사회복지의 잔여적 개념
• 개인과 사회의 복지를 국가가 책임진다는 것을 강조한다. • 국가와 사회는 모든 사람들이 각자 능력을 최대한 발휘하고 사회기능을 향상할 수 있도록 사회복지 서비스를 제공할 책임이 있다고 본다. • 서비스는 포괄적으로 제공한다.	• 사회복지를 하나의 독립된 제도가 아니라 응급적이고 일시적인 지원체계로 본다. • 일정한 수준 이하의 사람들에게 한시적·선택적으로 제공된다. • 낙인감을 준다.

08 정답 ①

②, ③, ④는 기능주의와 진단주의에 대한 설명이고, ⑤는 행동주의 모형의 내용이다.

09 정답 ③

우애 방문, 자산 조사는 자선조직협회(COS)와 관련된 내용이다. 자선조직협회는 우애방문원이 개별방문에 의해 개별적으로 자산을 조사하여 가치 있는 자에 한정하여 원조를 하였다. 인보관 운동은 지역주민들 간에 서로 배우고 가르치고 돕는 것을 기본으로 하는 지역사회운동으로 지역사회 내의 빈민들과 함께 거주하면서 사회문제를 해결하는 데 힘썼다.

10 정답 ③

자선조직협회(COS)는 빈곤자의 환경조사를 통해 낙인감이나 수치심을 초래한다 할지라도 빈곤의 관점은 보수적인 성향이 강한 개인 책임을 강조하였다. 사회개혁을 하려고 한 것은 인보관 운동이다.

11 정답 ①

인보관운동은 소외계층의 역량강화 또는 권한부여를 주장하여 소외계층도 스스로 문제를 해결할 수 있는 능력이 있으며, 따라서 해결할 수 있도록 도와주어야 함을 강조한다.

12 정답 ③

자문가의 역할은 한 명의 전문가가 다른 전문가에게 동료로서 충고를 제공하는 것이다. 사회복지사는 다른 직종의 전문가에게 클라이언트의 문제해결을 위한 자문을 제공하거나 동료 사회복지사에게 지도 · 감독을 제공하는 역할을 한다. 또한 사회복지사는 자문을 제공하는 것 이외에 자신의 클라이언트를 위해 다른 전문직종의 종사자나 자격을 갖춘 타 사회복지사에게 지도 · 감독을 받을 수 있다.

13 정답 ①

2차 현장
- 사회복지실천의 2차 현장은 부가적인 역할을 수행하는 사회복지현장을 말한다.
- 보건 및 정신보건, 교육, 주택공급, 고용, 사법체계, 소득이전 등이 해당된다.

14 정답 ④

① 클라이언트의 위기상황에서 다양한 스트레스에 대처하도록 돕는 역할을 한다.
② 클라이언트를 위하여 일을 진행하고 대변하는 것으로 특히 클라이언트가 필요한 것을 얻을 힘이 거의 없을 때에 적절하다.
③ 클라이언트와 다른 체계에 정보를 제공하며 기술을 가르치는 일을 포함한다.
⑤ 어떻게 다양한 체계들이 기능하는가에 관한 폭넓은 이론적 기초를 가진 사회복지사는 프로그램과 체계가 제대로 기능하는지를 분석하거나 평가할 수 있으며 자신이 개입하는 것의 효과성도 평가하게 된다.

15 정답 ②

사회복지전담공무원은 국민기초생활보장법에 따라 수급대상자 선정과 생활보장급여 전달 등 생활보장업무, 아동복지법에 따른 아동복지업무, 노인복지법에 따른 노인복지업무, 장애인복지법에 따른 장애인복지업무, 한부모가족지원법에 따른 업무를 담당한다.

16 정답 ①

폐쇄형 가족체계의 특징은 외부와의 상호작용과 출입을 엄격히 제한한다는 것이다.

17 정답 ②

개방형 가족체계에서 가족의 경계는 유동적이다.

18 정답 ②

로스만의 지역사회모델 중 사회계획은 근본적인 사회문제나 복잡성으로 인한 문제는 전문적 지식을 갖춘 전문가에 의해 해결을 도모하는 활동의 전반을 말한다.

19 정답 ⑤

전통적 사회사업에서는 과거의 심리 내적인 정신역동적 측면에 초점을 두고, 사회사업의 개입에서도 주로 인간에게 초점을 두거나 환경에 초점을 두는 이분법적 형태를 강조하지만, 통합방법론은 사회와 문화적인 면, 즉 상황 속에 인간을 이해하고 설명하는 데까지 확대된 개념이다.

20 정답 ②

표적체계란 변화매개인이 목표를 달성하기 위해 영향을 주거나 변화를 시키는 것이 필요한 사람들을 말한다.

21 정답 ①

통합적 사회사업실천의 시각
- 문제의 원인을 내부 + 외부요인
- 순환론적 사고체계
- 환경 속의 개인을 파악
- 개방체계
- 거시적 사회사업실천 강조

22 정답 ④

생태체계모델에서는 인간과 생태적 환경이 지속적으로 상호작용한다고 보므로, 클라이언트의 문제를 체계 내의 문제로 파악한다는 것은 적절하지 않다.

23 정답 ①

핀커스와 미나한의 4체계는 변화매개체계, 표적체계, 행동체계, 클라이언트체계인데 그 이후 콤튼과 갤러웨이가 전문가체계와 문제인식체계를 추가하여 6체계를 주장하였다.

24 정답 ⑤

면접은 워커와 클라이언트와의 관계를 형성시켜 주고 정보를 획득하여 원조방법을 찾아내는 기본적인 도구이다. 따라서 면접과 대화와는 구별이 된다. 면접은 형식에 있어 공식적이고 전문가의 개입이 요구되어 비상호적 관계에 해당된다. 그러나 대화는 비공식적이자 전문가의 개입이 불필요하므로 관계의 특성을 지닌다.

25 정답 ①

해석 : 클라이언트가 잘 알지 못하는 상태에서 전달한 것을 명백히 하는 것이다. 즉, 클라이언트가 의식하지 못하는 표현을 의식의 언어로 바꾸는 것으로서 정서적 이해가 중요시된다.

26 정답 ④

적극적 경청이란 말하는 사람의 생각, 감정, 사고 모두에 대하여 이해를 동반한 듣기를 말한다. 가장 효과적인 방법은 클라이언트에게 최대한 말할 기회를 제공하는 데 있다. 그러나 미숙한 사회복지사는 클라이언트의 문제를 듣는 순간 조언이나 의견제시 등을 통해 성급하게 도와주려는 경향이 있다.

27 정답 ④

사회복지실천에 있어서 면접은 사회복지실천과정에서 사회복지사가 클라이언트와 함께 특정한 원조 목적을 결정하고 계약한 후 그 목적을 달성하기 위해 의사소통하는 모든 것을 말한다.

28 정답 ①

폐쇄형질문은 확실한 사실에 대해서만 묻는 방식으로서, 일반적으로 "예", "아니오"와 같이 주어진 선택지 중에서 고르는 것만을 허용한다. "결혼하셨습니까?"의 경우 사실여부에 따라 "예", "아니오"로 대답할 수 있는 폐쇄형 질문이다.

29 정답 ①

면접과정에서 피드백의 목적은 동기부여적 · 교정적 · 확인적이다.

30 정답 ⑤

면접기술 중 분위기 설정기술은 클라이언트의 이해, 개방성, 정직성을 끌어낼 수 있는 상황의 특성으로 공감, 진실성, 온화함이다.

31 정답 ①

사회사업이 기술적 접근 및 전문적 실천학문으로 자리잡는 데 크게 기여하는 원칙인 개별화의 개념은 각 인간마다 성장과정에서 사회화 과정이 다르므로 나타나는 독특한 자질, 특성, 기능에 대하여 알맞은 상이한 방법이나 원리가 적용되어야 한다는 원칙이다.

32 정답 ②

재보증이란 클라이언트 능력에 대해 워커가 신뢰를 표현하는 것으로 클라이언트에게 자신감을 키워 주는 지지적 기법 중 하나이다. 그러나 보증되지 않는 재보증을 하는 경우에는 워커와 클라이언트에게 신뢰 상실을 가져오므로 수용의 장애요인이 된다. 이 외에 수용의 장애요인으로서 클라이언트의 존경심 상실, 편견과 선입견 등이 있다.

33 정답 ⑤

클라이언트의 자기결정의 한계로는 능력 여부, 도덕률, 사회기관, 법률에 의해 제한을 받게 된다.

34 정답 ④

④ 수용의 원칙을 설명하는 것이나. 중요한 것은 선한 것이 되도록 격려하는 것이 아니라 있는 그대로의 현실을 받아 들이도록 한다.
① 의도적 감정표현의 원칙
② 통제된 정서적 관여의 원칙
③ 자기결정의 원칙
⑤ 개별화의 원칙

35 　　　　　　　　　　　　　정답 ①

개별화는 클라이언트가 가진 특성. 자질. 성격이 다르기 때문에 사회복지사는 이들의 특성을 고려하여 각기 다르게 처우해야 한다는 원칙이다.

36 　　　　　　　　　　　　　정답 ⑤

⑤ 관계론 중 의도적 감정표현을 위한 사회복지사의 역할이다.

37 　　　　　　　　　　　　　정답 ①

① 전이가 아니라 의뢰이다. 전이는 클라이언트 자신이 과거 어떤 사람에게 느꼈던 감정이 워커에게 전이되어 느껴지는 것이다.

38 　　　　　　　　　　　　　정답 ③

③ 접수과정단계의 업무가 아니라 개입과정에서의 업무내용이다.

접수의 내용
- 클라이언트의 요구와 욕구와의 관계
- 현실환경의 적응상태
- 클라이언트가 기관을 찾아올 상황의 성질
- 클라이언트가 문제를 보고 느끼는 방식
- 문제에 관해 기관이 해야 할 일
- 기관이 제공할 원조를 받아들일 능력이 있는가 여부에 대한 예비적 평가
- 기관의 기능에 대한 설명

39 　　　　　　　　　　　　　정답 ②

접수과정에서의 사회복지사의 역할
- 클라이언트의 문제확인
- 원조관계 형성
- 파악한 문제를 해결할 수 없는 경우 의뢰
- 클라이언트의 저항 감소와 양가감정을 해소
- 클라이언트의 동기화
- 진행과정에 대해 기본적인 사항의 결정 등

40 　　　　　　　　　　　　　정답 ⑤

치료에 있어서는 직접치료와 간접치료인 환경치료의 양자가 혼합되어 사용된다. 기본적으로 직접치료는 클라이언트 문제가 심리적 · 내적 · 주관적인 원인에서 발생되는 경우이다. 반대로 간접치료는 문제를 만들어낸 욕구가 근본적으로 환경적, 외적 조건에서 초래하는 경우이다. 그러므로 직접치료와 간접치료의 기준은 구체적으로 서비스를 활용할 수 있는 능력이 있느냐 없느냐에 따라 좌우된다.

41 　　　　　　　　　　　　　정답 ①

인테이크란 클라이언트가 기관을 처음 찾아왔을 때 사회복지사가 클라이언트의 라포 형성을 통해 욕구와 문제를 확인한 후 그 기관에 적격성을 판단하는 과정이다.

42 　　　　　　　　　　　　　정답 ④

④ 생태도에 관한 것이다.

43 　　　　　　　　　　　　　정답 ①

사회복지사가 원하는 결과가 아니라 클라이언트가 원하는 결과와 관련이 있어야 한다.

44 　　　　　　　　　　　　　정답 ①

시간적 조건도 계약에 반드시 포함되어야 하는 요소이다(개입기간, 세션의 빈도와 시간 등). 하지만 개입기간에 대해서는 시작할 때 그 기간을 정하는 형태가 있고, 개입기간을 정하지 않는 형태가 있다. 최근에는 대략적인 개입기간을 정하는 형태를 선호하는 경향이 있다.

45   정답 ①

사회복지실천과정에서 계약이란 목표설정을 달성하기 위한 전략, 역할, 개입기법, 평가방법 등 구체적인 활동용어로 기술한 계획에 대하여 사회복지사와 클라이언트가 동의한 것을 말한다. 이에 포함될 내용은 서비스 기간, 서비스 종류, 개입기법, 비용, 약속취소 및 변경조건, 성취할 목표, 참여자의 역할 등이다. 개입기법을 어느 정도까지 구체적으로 명시할지에 대해서는 사정에 따라 달라지게 된다.

46   정답 ④

생태도는 외부환경과 클라이언트와의 상호작용을 그림으로 표현한 것으로서 포괄적 파악에 유용하고, 실선은 긍정적 관계, 점선은 소원한 관계를 의미한다.

47   정답 ④

원조과정의 구분

1단계	• 탐색, 사정, 계획, 계약 • 자료수집과 문제탐색 • 라포의 형성과 동기강화 • 문제사정 및 체계와 관련된 자원확인 • 목표설정과 계약 • 의뢰
2단계	• 실행과 목표 성취 • 자기효능성 강화 • 진행과정 조정 • 목표달성에 대한 장애물 제거 • 관계의 반작용 인식 • 클라이언트의 자기인식 강화 • 자아의 활용
3단계	• 종료, 계획유지 선택, 평가 • 성공적인 원조관계의 종결 • 변화유지 전략에 대한 계획 • 결과 평가

48   정답 ③

소시오그램은 사람과 상호작용에 대한 상징을 사용함으로써 집단성원들 간의 관계와 패턴화된 제휴관계 등을 그림으로 설명해 준다. 이러한 소시오그램은 집단성원 간에 일어나는 유인력과 반감을 포착해 준다.

49   정답 ③

구조적 가족치료의 주요기법
- **실연** : 가족의 갈등을 치료상황으로 가져와 성원들이 어떻게 갈등을 처리하는지 보고 상호작용을 수정하고 구조화하는 것
- **경계만들기** : 개별적인 개인의 경계와 하위체계의 경계를 만드는 것
- **긴장의 고조** : 가족의 긴장을 고조시켜 갈등 해결방법의 대안을 찾도록 돕는 기법
- **과제부여** : 가족이 시도해 볼 필요가 있는 상호작용을 개발하도록 과제를 내주는 것
- **가족조각** : 가족원들이 공간에 스스로 위치하여 가족관계를 몸으로 표현하는 기법

50   정답 ①

일반적으로 사례관리의 구성요소는 사례관리자, 사회적 자원, 기관, 클라이언트이다. 또한 학자에 따라서 기관을 기능으로 대신하는 경우도 있다.

4과목 사회복지실천기술론

01	①	02	②	03	⑤	04	②	05	①
06	②	07	③	08	⑤	09	③	10	⑤
11	①	12	③	13	⑤	14	④	15	④
16	④	17	④	18	①	19	②	20	④
21	④	22	④	23	②	24	②	25	①
26	①	27	③	28	④	29	③	30	④
31	④	32	②	33	③	34	①	35	①
36	③	37	①	38	③	39	③	40	③
41	③	42	①	43	⑤	44	⑤	45	②
46	④	47	③	48	④	49	②	50	③

01 정답 ①

보엠은 사회사업의 구체적인 기능을 3가지로 요약한다. 즉, 사회적 기능의 회복, 사회적·개인적 자원의 제공, 사회적 기능장애의 예방을 지적하고 있다. 여기에서 유의하여야 할 점은 사회사업과 사회복지 자체의 실천개념은 예방적 기능이 아닌 소극적·사후적·치료적 개념이다. 따라서 여기서 말하는 예방적 기능은 사회적 기능을 저해하는 조건이나 상황을 조기에 발견하여 통제하거나 제거하는 일을 말하는 것이다.

02 정답 ②

일반적으로 사회복지에 대한 관점이나 접근은 정책적 접근, 전문적 접근, 통합적 접근으로 대별된다. 여기에서 전문적 접근은 전문기술적 접근으로 부르기도 한다. 즉, 기술론적 사회사업은 인간관계를 조정하는 기술로서 클라이언트의 성격이나 심리적 결함에 대하여 환경조건의 개선이나 퍼스낼리티의 발달 및 문제해결에 초점을 둔다.

03 정답 ⑤

마일리의 개입수준에 따른 사회복지사의 역할 분류
- **미시차원(개인, 가족)** : 개별 클라이언트 차원에서 문제해결 과정에 참여
- **중범위 차원(조직, 공식집단)** : 기관 내부의 상호작용이나 기관 사이의 연결망을 강화하며, 조직차원에서 전문성을 개발하기 위해 교육을 담당함
- **거시차원(지역사회, 사회)** : 지역사회의 문제를 해결하고 사회 불평등을 줄여나가기 위한 역할
- **전문가 차원(사회복지전문가 집단)** : 이론적·실천적으로 전문직을 발전시킴

04 정답 ②

1920 ~ 1960년대에 이르기까지 중심이 된 모델로서 프로이트 정신분석이론에 기반을 두고 개발된 진단주의 학파의 대표적인 학자는 해밀턴, 홀리스 등이다.

05 정답 ①

④의 기본적 가치는 수용과 자기결정이다.

06 정답 ②

심리사회모델의 직접 개입기법 및 목표
- **지지하기** : 클라이언트의 불안을 감소시키고 동기화를 촉진하여 원조관계를 수립
- **직접 영향주기** : 클라이언트의 사회생활기능에 있어 장애가 되는 요인을 제거
- **탐색·기술·환기** : 진단적인 이해를 얻고 감정표출에 의한 긴장완화를 시도
- **개인·환경 간의 관계에 관한 반성적 고찰** : 문제를 보다 더 잘 이해하기 위해 또는 행동의 변화를 초래하기 위해 클라이언트가 잘못 받아들이는 제반사항들을 현실적으로 파악
- **유형·역동성 고찰** : 변화의 동기를 촉진시키면서 자신의 성격유형, 행동유형, 방어기제, 자아기능수행 등 심리내적 역동에 대해 이해하도록 원조
- **발달적 성찰** : 유년기의 문제와 현재 행동의 인과관계를 클라이언트에게 자각시킴

07 정답 ③

심리사회모델에서는 인간의 문제를 심리적 또는 정서적이고 사회적인 문제로 이해한다.

08 정답 ⑤

클라이언트 중심모델의 인간관에서는 인간을 합목적적·전진적·건설적·현실적인 존재인 동시에 아주 신뢰할만한 선한 존재로 본다.

09 정답 ③

③은 인지행동모델의 개입원칙이다.

10 　　　　　　　　　　정답 ⑤

인지행동모델의 특징은 단기적, 시간제한적, 구조화된 치료, 목표지향적이고 문제중심적 치료 등이다.

11 　　　　　　　　　　정답 ①

체계적 탈감법 : 단계적 탈감법 또는 체계적 둔감법이라고도 하는 것으로 행동수정기법의 하나로 처음에는 낮은 자극을 사용하며 점차 강도 있는 자극(강화)을 사용해 간다.

12 　　　　　　　　　　정답 ③

행동주의는 클라이언트의 문제행동을 관찰을 통해 확인하고 문제행동을 수정하며 바람직한 행동을 강화함에 따라 인간행동은 외부조건에 따라 보상강화에 의해 결정되므로 인간을 수동적인 존재로 본다. 즉, ABC 패러다임으로 제시하면 인간의 모든 행동은 선행사건에 자극을 받고 행동결과가 어떤 보상이나 제재에 의해 특정행동을 감소 내지 증가시키는 기계적 반응을 보인다는 점이다.
① 과업중심모델, ② 위기개입모델, ⑤ 사례관리

13 　　　　　　　　　　정답 ⑤

인지에 대한 명확한 정의가 없다.

14 　　　　　　　　　　정답 ④

과제중심모형은 이론보다는 경험적 자료를 통한 시간제한적인 단기치료에 중점을 둔다.

15 　　　　　　　　　　정답 ④

실행단계는 실제로 과제를 수행하는 단계로 사회복지사는 회기마다 클라이언트가 수행한 과제의 내용을 점검하여 과제수행과정에서 나타나는 장애물이나 예상하지 못했던 상황에 따라 과제를 수정·보완해야 한다.

16 　　　　　　　　　　정답 ④

과제중심모델은 표적문제에 초점을 두고 목표지향적이며 계획된 단기 치료방법이다.

17 　　　　　　　　　　정답 ④

① 2명 이상이 함께 수행하는 과제를 말한다.
② 한 사람이 수행하는 것으로 단일과제라고도 한다.
③ 목적달성과 관련된 상위의 과제이다.
⑤ 클라이언트가 수행해야 하는 구체적인 활동이다.

18 　　　　　　　　　　정답 ①

문제해결모델은 클라이언트가 표현하고 도움을 요청한 욕구를 우선시하며 문제 해결에 대해 스스로 해결자가 되도록 조력한다. 따라서 클라이언트의 동기부여에는 클라이언트의 자아가 적극적으로 활용된다.

19 　　　　　　　　　　정답 ②

임파워먼트(역량강화)란 전통적인 힘, 통제력 보유, 다른 사람에 대한 영향력, 법적 또는 행정적 권위 등을 말한다. 이 모형은 사회사업실천의 통합적 모형의 한 유형에 해당한다. 이 모형의 기본전제는 클라이언트의 문제를 자신이 해결할 수 있다는 잠재역량을 인정하고 클라이언트가 자신의 삶을 결정할 수 있도록 권한이나 힘을 부여해주자는 이론이다.

20 　　　　　　　　　　정답 ④

역량강화모델에서는 클라이언트를 강점관점으로 보고 그 잠재력과 자원을 인정하므로 사회복지사는 협력적인 파트너로 클라이언트의 능력을 지지·강화하는 역할을 한다.

21 　　　　　　　　　　정답 ④

강점관점의 원조목적은 그 사람의 삶에 함께 하며 가치를 확고하게 하는 것이다.
④ 인지행동주의 모델의 내용이다.

22 　　　　　　　　　　정답 ④

위기는 보편성과 고유성을 가지며, 위기의 구성요소는 위험한 사건, 취약한 상태, 위기를 촉진시키는 인지, 실제적인 위기상태, 재통합 등이다.

23 　　　　　　　　　　정답 ②

과거의 생활경험과 갈등이 현재의 스트레스와 연결되는 것이다.

24 　　　　　　　　　　정답 ③

집단을 구성하는 단계에서 프로그램의 목표, 현실성 등을 고려하여 모임회기를 운영한다. 참여자의 만족도를 위해 모임회기를 운영하는 것은 집단을 구성하는 단계에서 고려되는 사항은 아니다.

25 　　　　　　　　　　정답 ①

케이스워크는 개인을 매개로 하여 상담을 통해 조정 · 치료하지만, 그룹워크는 소집단을 매개수단으로 하여 집단 토의를 통해 집단구성원들의 문제를 해결한다.

26 　　　　　　　　　　정답 ①

그룹워크는 집단구성원 간의 참여를 통한 집단토의와 프로그램을 통해 집단경험과 집단역학으로 사회적 기능을 향상시킨다. 따라서 워커와 1 : 1 관계로 친밀성이나 문제해결에 초점을 맞추는 케이스워크의 관점과는 성격을 달리한다.

27 　　　　　　　　　　정답 ③

집단발달단계 중 탐색 및 시험단계는 〈보기〉 외에도 집단의 규범과 가치를 위한 통제기제의 발달, 투쟁적 리더자의 집단목적에 부합된 리더로의 전환 등이 있다.

28 　　　　　　　　　　정답 ④

해당 문항은 오리엔테이션 단계에 해당하는 내용이며 그 밖에 집단구성원들은 투쟁적 리더자에 의해 의사소통이 이루어진다. 따라서 워커의 개입전략은 집단구성원의 불안해소와 신뢰구축을 후원하면서 리더십 구조를 수정하여 집단목적에

알맞은 공통적 가치와 태도를 집단의 행동양식으로 이끌어준다.

29 　　　　　　　　　　정답 ③

'상황 속의 인간'이란 인간 혹은 인간의 문제를 이해하기 위해서는 인간의 심리 내적인 특성만을 고려할 것이 아니라 환경 혹은 상황까지 모두 고려를 해야 한다는 것이다. 특히 인간과 환경 혹은 인간을 둘러싼 상황이 서로 상호작용하는 과정이나 결과를 간과해서는 안 된다고 하였다.

30 　　　　　　　　　　정답 ④

이외에도 집단대상 사회복지실천의 장점으로는 희망의 고취, 사회화기술 발달, 대인관계학습, 집단응집력, 카타르시스 등이 있다.

31 　　　　　　　　　　정답 ④

초기단계에서는 신뢰감의 형성, 목표의 설정, 모델링 등이 필요하다.

32 　　　　　　　　　　정답 ②

초점화는 사회복지사가 사회복지실천에서 주요한 어떤 부분을 강조하거나 집중시킬 때 사용하는 표현적 의사소통기술이다. 즉, 클라이언트가 초점화하도록 도움을 주는 방법으로는 직접적인 질문방법, 비평, 암시가 있다.

33 　　　　　　　　　　정답 ③

집단활동의 장점은 집단성원의 참여와 탈퇴가 쉬워 집단 내의 상호조와 감정해소가 용이하다는 것이다. 또한 집단성원의 개별면접의 시도가 용이하여 잠재력 개발 및 태도변화에도 유리하다.

34 　　　　　　　　　　정답 ①

집단구성의 기본원칙으로는 동질성의 원칙, 이질성의 원칙, 집단구조화, 집단의 크기, 집단유형, 인구사회학적 특성 등을 들 수 있다.

정답
및
해설

35 　　　　　　　　　　정답 ①

집단은 2인 이상의 집합체이다.

36 　　　　　　　　　　정답 ③

집단구성의 4대 구성요소에는 집단구성원, 집단, 워커, 프로그램을 말하고 여기에 장소와 목적을 더하여 6대 요소라고 한다.

37 　　　　　　　　　　정답 ①

지지집단은 생활에서 장차 일어날 사건에 좀더 효과적으로 적응하기 위하여 대처기술을 발전시켜 성원들이 삶의 위기에 대처할 수 있게 돕는 집단을 말한다. 이혼가정의 취학아동 모임, 암환자 모임 등을 들 수 있다.

38 　　　　　　　　　　정답 ③

상호작용모델과 관련이 깊은 집단은 지지집단이다.

39 　　　　　　　　　　정답 ③

치료모델은 집단을 통해 개인을 치료하는 것으로, 집단은 개인의 목적을 달성하는 하나의 방법이거나 관계상황이고 집단구조와 집단과정에서의 변화는 목적이 되기보다는 목적달성을 위한 수단이 된다.

40 　　　　　　　　　　정답 ③

성장집단은 능력과 자의식을 넓히고 개인적 변화를 끌어낼 수 있는 기회를 제공하거나 자아향상에 있는 집단이다. 그리고 질병의 치료보다는 사회정서적 건강의 증진이 중요하며 성원 간 자기노출의 정도가 높다.

41 　　　　　　　　　　정답 ③

집단의 연속성, 신뢰감 형성의 용이, 높은 자기개방, 강한 응집력은 폐쇄집단의 장점이다.

42 　　　　　　　　　　정답 ①

보웬은 대부분의 가족문제가 가족성원이 자신의 원가족에서 심리적으로 분리하지 못하는 데 기인한다고 보았다. 부모의 어느 한쪽이나 양쪽 모두가 자신의 원가족의 부모문제에 강하게 휘말려 있으면 원가족의 자아집합체의 일부가 부부관계를 약화되게 한다. 그러므로 치료목표는 가족성원을 자아집합체로부터 분리시켜 자율적으로 기능할 수 있도록 돕는 것이다.

43 　　　　　　　　　　정답 ⑤

기능적 가족의 특성은 이 외에도 가족발달단계에서 요구되는 과업 수행시 융통성을 발휘하며 환경체계와 분명히 구분되는 동시에 개방적이고, 융통적이며, 적응적인 경계를 가진다는 것이다. 또한, 가족체계는 상호작용을 통해 일정한 가족규칙을 설정한다.

44 　　　　　　　　　　정답 ⑤

기대는 적당해야 하며 전문적인 거리를 유지하여야 한다.

45 　　　　　　　　　　정답 ②

경계만들기
- 구조적 가족치료기법으로 가족성원 각자가 체계 내에서 적절한 위치에 있도록 가족내 세대 간의 경계를 분명히 유지하게 한다.
- 밀착된 가족 하위체계 간의 경계선을 강화시키고 각 개인의 독립성을 기여 준다.
- 분리된 가족의 성원 간에 지지적·통제적 기능을 강화하여 하위체계 간의 교류를 촉진시키고 경직된 경계선을 완화시킨다.

46 　　　　　　　　　　정답 ④

- **경계만들기** : 가족성원 각자가 체계 내에서 적절한 위치에 있도록 가족 내 세대 간의 경계를 분명히 유지
- **합류하기** : 사회복지사가 가족의 분위기를 파악하여 행동하거나 감정표현을 하는 것
- **재정의** : 어떤 사물이나 대상에 대한 새로운 정보를 수집하고 현상적인 사건에 대해 긍정적인 의미를 만들어내는 것

• **재구조화** : 과거의 관계상황과 장소에서 새로운 관계상황
으로 옮기는 것

---

47 정답 ①

과정기록은 클라이언트가 실제로 말했던 것을 정확하게 상기
할 수 있도록 그대로 기록하는 것으로 사회복지사와 클라이
언트의 의사소통을 있는 그대로 기록하는 방식이다.

---

48 정답 ④

요약기록은 주로 클라이언트에게 일어난 변화에 초점을 두어
기록한다.

---

49 정답 ②

② 시계열기록의 특징이다.

---

50 정답 ③

이야기체 기록은 클라이언트 및 상황이나 서비스에 대해 이
야기를 풀어가듯이 서술체로 기록하는 방법으로 시간이 많이
소요되고 정보를 쉽게 복구할 수 없다는 단점이 있다.

5과목 지역사회복지론

01	④	02	①	03	①	04	④	05	①
06	⑤	07	②	08	③	09	④	10	①
11	①	12	④	13	④	14	②	15	③
16	⑤	17	⑤	18	⑤	19	③	20	②
21	⑤	22	①	23	④	24	②	25	⑤
26	③	27	③	28	①	29	①	30	④
31	②	32	②	33	②	34	③	35	②
36	②	37	①	38	⑤	39	③	40	③
41	⑤	42	①	43	②	44	⑤	45	①
46	④	47	③	48	④	49	①	50	③

---

01 정답 ④

④의 비판의식의 지양은 억압을 조장하는 사회의 매커니즘을
이해하고 사회구조 및 의사결정 과정에 중의를 집중하는 비
판의식의 개발이다.

---

02 정답 ①

사회복지를 실천하는 데 있어서 클라이언트의 개인적 비밀은
보장되지만 클라이언트의 비밀보장 그 자체가 사회복지실천
의 기능이라고 볼 수는 없다. 더구나 클라이언트의 비밀보장
도 상대적 비밀이다.

---

03 정답 ①

지역사회의 기능(길버트와 스펙트)
• **생산 · 분배 · 소비의 기능** : 일상생활을 영위하는 데
  필요로 하는 재화와 서비스를 생산하고, 분배하고, 소
  비하는 과정과 관련된 기능
• **사회화의 기능** : 사회가 향유하고 있는 일반적인 지식,
  사회적 가치, 행동양식을 사회구성원들에게 전달시키
  는 과정
• **사회통제기능** : 지역사회가 그 구성원들에게 사회의
  규범에 순응하게 하는 기능
• **사회통합의 기능(사회참여의 기능)** : 사회체계를 구성
  하는 사회 단위조직들 간의 관계와 관련된 기능으로
  특정 제도의 구성원이나 전 사회체계의 구성원들은
  상호 간에 충성을 하여야 하며, 사회체계는 정상적인
  기능을 하기 위해서 어느 정도의 결속력과 사기를 가
  져야 한다.

- **상부상조의 기능** : 사회구성원들이 주요 사회제도에 의해서 자기들의 욕구를 충족할 수 없는 경우에 필요하게 되는 사회적 기능

04 정답 ④

기능주의 이론적 관점에서 사회문제는 사회적 기준에서 벗어난 일탈행위로 일부의 문제들에게만 적용할 수 있다. 즉, 기능주의 이론적 관점에서는 사회문제를 일정한 사회적 기준에서 벗어난 일부의 문제들에게만 적용할 수 있는 관점으로 포괄적인 문제인 빈곤, 결손가족, 박탈, 실업 등의 문제는 규정하기 어렵다는 것이다. 말하자면 사회적 기준이 보다 명확한 것으로부터 파생되는 일부의 문제들을 대상으로 삼는 것이 기능주의적 관점이므로 '탈선행동'의 경우 보편적인 사회적 기준으로부터 벗어난 작은 문제에 해당된다.

05 정답 ①

지역사회 상실이론
- 1차 집단의 해체, 공동체의 쇠퇴, 복잡한 도시산업에서의 비인간적 사회관계의 발전 등을 그 특성으로 한다.
- 지역사회 상실이론의 배경에는 과거 전통사회의 유기적 공동체에 대한 로맨틱한 향수가 깔려 있다.

06 정답 ⑤

지역사회복지계획의 원칙
- 지역의 개별화 존중의 원칙
- 이용자 주체의 원칙
- 네트워크화 원칙
- 공·사 협동의 원칙
- 주민참가의 원칙

07 정답 ②

나 : 실용주의의 내용
라 : 급진주의에 대한 설명

08 정답 ③

사회보장용어를 최초로 제시한 법은 미국의 사회보장법(1935), 사회사업방법론을 최초로 제시한 법은 영국의 자선조직협회(1869), 생존권적 기본권을 최초로 헌법에 규정한 법은 독일의 바이마르 헌법(1919), 빈곤자를 국가가 책임지는 최초의 공공부조는 엘리자베스 구빈법(1601)이다.

09 정답 ④

①, ②, ③, ⑤는 인보관운동에 대한 설명이다. 헐 하우스는 미국 최초의 인보관으로, 인보관은 개인문제가 아닌 사회환경 문제 관점에서 다루므로 지역사회에 거주하면서 빈민자와 함께 사회개량운동을 하였다.

10 정답 ①

보란 일반적으로 신라와 고려 때 공공사업을 운영하기 위해 재단을 설정하고 그 이익으로 경비를 지출하던 공적인 이식기관을 말한다. 보에는 사업의 성격에 따라 빈민의 구제를 목적으로 하는 제위보, 학교의 장학·육영을 목적으로 하는 학보, 사원 승려들의 권한을 목적으로 하는 팔관보가 있다. 제위보는 조선시대에 제생원으로 부활되어 백성을 구제하였으나 후에 혜민국으로 합속되었다.

11 정답 ①

사회복지실천모델 유형별 목표

지역사회 개발	**과정중심목표에 역점** : 지역사회가 기능적으로 통합을 이루고 자조적으로 협동적인 문제해결에 참여하며, 민주적인 능력을 배양한다.
사회계획	**과업완수를 더 중요시함** : 주요 사회문제의 해결 목적
사회행동	• 과업·과정 모두 추구 • **과업중심목표** : 특정 입법이나 복지혜택 추구, 공공기관의 정책변경 등 • **과정중심목표** : 집단성원의 정치적 영향력 증대 • 소규모적이고 단기적인 문제상황을 해결하는 것보다 체제변화에 따른 결과를 중요시한다.

12 정답 ④

지역사회개발은 주민이 주체의식을 가지고 스스로 지역사회 문제를 해결하는 자조성을 강조한다. 따라서 지역사회개발에 있어 가장 중요한 요인은 지역사회주민의 자발적 노력에 달려 있다. 그러므로 지역사회조직사업의 궁극적인 목적은 지역주민의 공동체 의식을 함양하고 지역주민을 결속하는 통합능력의 향상이다.

13 정답 ④

지역사회조직의 과정중심적 목표는 지역사회의 주민참여를 통한 민주적 의사결정능력을 향상시켜 지역사회를 통합하는 데 있다.

14 정답 ②

로스만의 지역사회모델별 변화매개자의 내용
- **지역사회개발모델** : 과정지향적인 소집단 간의 합리적인 조종
- **사회계획모델** : 공식집단과 자료의 조종
- **사회행동모델** : 대중조직과 정치적 과정의 조종

15 정답 ③

사회계획모형은 지역사회에서 특정한 문제, 즉 주택, 보건, 고용, 비행문제 등에 대하여 전문지식을 갖춘 전문가에 의해 해결을 도모하는 활동을 말한다.

16 정답 ⑤

⑤ 사회행동모델에 관한 내용이고, 나머지는 지역사회개발모형에 대한 설명이다.

17 정답 ⑤

지역사회실천모형 운동
- **지역사회개발** : 새마을운동, 인보관운동, 지역사회복지관, 근린조직 사업, 평화봉사단, 성인교육 분야 등
- **사회계획** : 소비자, 정부, 지역사회복지협의회, 도시계획 등
- **사회행동** : 소비자보호운동, 노동조합운동, 학생운동, 여성운동, 복지권 운동, 여권신장운동 등

18 정답 ⑤

사회행동모델은 사회정의와 민주주의에 입각하여 지역사회의 불우계층에 대한 처우개선을 지역사회에 요구하는 것으로, 클라이언트 집단을 체제의 희생자로 보며 지역사회의 기존 제도와 현실에 대한 근본적인 변화를 추구하고 체제변화에 따른 결과를 중요시한다.

19 정답 ③

모델별 클라이언트 집단에 대한 견해

지역사회개발	사회계획	사회행동
• 아직 완전히 개발되지 않은 상당한 잠재력을 가진 시민 • 잠재력을 발휘할 수 있기 위해서는 전문가의 도움이 필요하다.	서비스의 혜택을 받는 소비자	체제의 희생자(고통받는 집단)

20 정답 ②

사회계획모형 : 사회계획모형은 비행청소년, 주택, 고용, 정신건강 등과 같은 사회적 문제해결을 위한 전문적인 기술과정을 강조하는 것이다. 전문적인 계획자에 의해 체계적이고 합리적인 계획수립과 계획된 변화 시도로 복잡한 산업사회환경을 변화시켜 보자는 전제하에서 중앙정부나 지방정부 수준에서의 도시 재개발계획과도 밀접한 관계를 맺고 있는 모델이다.

21 정답 ⑤

사회계획모델에서는 수급자의 개념을 소비자로 보며, 사회행동모델에서는 체계의 피해자로 본다.

22 정답 ①

- 사회계획모델은 지역사회의 특정문제인 보건, 청소년 비행, 교육, 주택, 위생문제는 전문가에 의해 해결되어야 한다는 것이다.
- ②와 ⑤는 지역사회개발모델, ③과 ④는 사회행동모델에 대한 내용이다.

23 정답 ④

아동복지법상 아동복지시설에 속하는 것은 아동양육시설, 아동일시보호시설, 아동보호치료시설, 공동생활가정, 자립지원시설, 아동상담소, 아동전용시설, 지역아동센터 등이 있다.

24 정답 ⑤

재가복지사업의 3대 핵심사업 : 주간보호서비스, 단기보호서비스, 가정봉사서비스이다.

25 정답 ⑤

노인복지의 실천원칙은 아동복지 실천원칙의 5가지를 도입하고, 시대적 욕구반영의 원칙, 개별화의 원칙, 존엄성과 개성 존중의 원칙, 자기결정의 원칙을 추가한다.

26 정답 ③

재가복지는 탈시설화를 기본방향으로 하므로 가족의 부양책임을 경감하며 지역사회의 통합을 강조한다. 즉, 재가복지봉사센터의 설립으로 시설중심의 재활에서 재가복지를 하게 되어 가족들로 하여금 시설에 입소시키는 경우, 많은 경제적 부담이 소요되는 바 이로부터 가족의 부양책임이 경감(감소)된다는 의미이다.

27 정답 ③

안내자로서의 역할
- 1차적인 역할로 문제해결을 위한 목표를 설정하고 해결방안을 마련하도록 돕는다.
- 문제해결 과정에 주도적인 능력을 발휘해야 한다.
- 지역사회의 조건에 대하여 객관적인 입장을 취해야 한다.
- 지역사회와 동일시하여야 한다.
- 자기역할을 수용해야 한다.
- 자기역할에 대한 설명을 해야 한다.

28 정답 ①

사회복지사의 행정가로서의 역할은 프로그램 및 기관이 설정한 목표를 효과적 · 효율적으로 달성하기 위하여 인적, 물적 자원을 관리하는 것이다.

29 정답 ①

웨일과 갬블의 사회계획모델에서는 지역계획에 사회적 욕구를 통합하고 휴먼서비스 관계망 조정이 관심영역이며, 사회복지사는 조사자, 사업계획 제안자, 정보전달자, 관리자로서의 역할을 한다.

30 정답 ④

사회계획모델에서 샌더스의 전문가로서의 역할은 분석가, 계획가, 조직가, 행정가 등이다.

31 정답 ②

옹호자(대변자)는 사회정의를 지키고 유지하려는 목적으로 지역주민이나 지역사회의 입장에서 직접적으로 대변, 보호, 개입, 지지를 하며 일련의 행동을 제안하는 역할을 한다.

32 정답 ②

지역복지협의체는 지역의 복지관련 단체들의 자발성에 기초한 자율적 협의체이어야 한다.

33 정답 ②

통제회기 이니니 협의체이다.

34 정답 ③

① 사회복지공동모금회의 설립 근거법은 사회복지공동모금회법이다.
② 사회복지공동모금법이 1999년 사회복지공동모금회법으로 개정되면서 독립법인이었던 지역공동모금회가 시 · 도별 지회로 변경되었다.
④ 사회복지공동모금회법(제20조)에 따라 공고된 2015년도 사회복지공동모금회의 배분사업은 신청사업, 기획사업, 긴급지원사업, 지정기탁사업의 4가지로 구성된다.
⑤ 선진국에서는 개인모금액 비중이 큰 반면 우리나라는 개인모금액보다 법인모금액의 비중이 크다.

35 　　　　　　　　　　정답 ②

사회복지공동모금회법 제28조에 의해 사회복지공동모금회의 회계연도는 1월 1일부터 12월 31일까지로 한다고 규정하고 있다.

36 　　　　　　　　　　정답 ②

① 사회복지공동모금회의 재원은 순수한 민간재원이다.
③ 현금뿐만 아니라 유류 등의 물품도 모금활동이 이루어지고 있다.
④ 모금사업은 연중 이루어지고 있으며 효율적인 모금을 위해 기간을 정하여 집중모금을 할 수 있다.
⑤ 전체모금에서 기업모금이 차지하는 비중은 상대적으로 크다.

37 　　　　　　　　　　정답 ①

지역사회복지관의 일반후원금(비 지정후원금)의 50% 범위 내에서 지출할 수 있고, 초과 근무수당, 홍보비, 프로그램 개발비, 공공요금, 기능 보강비, 잡비 지출 등 간접비에도 사용할 수 있다.

38 　　　　　　　　　　정답 ⑤

사회복지사업법 시행규칙에 따르면 사회복지시설의 위탁계약기간은 5년 이내로 한다. 다만, 위탁자가 필요하다고 인정하는 때에는 선정위원회의 심의를 거쳐 계약기간을 갱신할 수 있다.

39 　　　　　　　　　　정답 ⑤

지역적 특성이 프로그램에 제대로 반영되지 못하고 있다.

40 　　　　　　　　　　정답 ③

사회복지공동모금회에서 배분하는 테마기획사업이란 모금회에서 각 기관들이 제출한 제안서를 통해서 모금액을 배분하는 경우에 테마(주제)를 정하고 그것에 맞춰서 접수를 받은 후 선정된 기관에 금액을 지원하는 사업이다.

41 　　　　　　　　　　정답 ⑤

주민참여는 지역주민들이 공식적인 정보의 의사결정과정에 관여하여 주민들의 욕구를 정책이나 계획에 반영하도록 하는 적극적인 노력을 말한다.

42 　　　　　　　　　　정답 ①

자원봉사활동의 조직성이란 서비스의 효과성과 효율성을 증대시키기 위해 지역사회의 잠재된 자원봉사자들을 모집하여 활동에 필요한 인력과 재원을 마련하는 등 체계적인 일련의 활동을 말한다.

43 　　　　　　　　　　정답 ②

자원봉사활동은 특정 정당의 활동이나 사회제도를 개혁하는 기능이 있지 않다. 다만, 불합리적인 사회제도의 인식에 대한 여론형성의 첫 단계에 해당된다.

44 　　　　　　　　　　정답 ①

> **지역공동모금제도의 조직유형**
> - **연맹형** : 자율성을 최대한 보장하여 지역공동모금회들의 상호연락 및 업무조정 기능
> - **중앙집중형** : 중앙 위계구조에 입각하여 지역공동모금회는 중앙의 지침에 따라 활동
> - **자율형** : 정해진 법률 내에서만 활동하게 되며 국가의 통제를 배제
> - **정부주도형** : 국가의 적극적인 후원 및 지지
> - **협의회형** : 공동모금회가 사회복지협의회 기능을 수행하거나 사회복지의 한 부서로서 기능
> - **공존형** : 상호 별개의 기관으로서 협력하거나 역할을 분담
> - **독립형** : 협의회와 관계없이 공동모금회 자체적으로 모든 활동을 수행하는 유형

45 　　　　　　　　　　정답 ①

사회복지기관협의회와 사회복지협의체
- **사회복지기관협의회** : 사회복지기관이나 사회복지를 전담하는 위원회나 부서를 가진 여타의 단체들로 구성
- **사회복지협의체** : 한국사회복지협의회가 협의회로서의 역할과 기능을 제대로 수행하지 못한 것에 대한 비판과 개선방안으로 등장한 조직

프로그램 과정
- **투입** : 클라이언트, 직원, 물적자원, 시설장비
- **전환** : 상담, 직업훈련, 주간보호, 치료제공, 음식물 제공, 정보제공과 의뢰 등을 말하며 이에 필요한 요소에는 서비스에 대한 정의, 서비스 과업내용 설정, 개입방법 설정 등
- **산출** : 클라이언트가 실제로 제공받고 이용 가능한 서비스의 양 측정, 설계에 명시된 클라이언트의 치료 완료 또는 서비스 보완의 제공을 규명함
- **결과** : 총계, 표준화된 척도, 기능척도, 클라이언트의 만족도 등을 통해 측정

46   정답 ④

시·군·구의 지역사회복지계획 수립 절차는 욕구를 파악하여 의견을 수립하고, 이를 지역사회복지협의체를 통해 심의를 받은 후 이를 시행한다. 시행 후에 지역사회복지계획의 시행결과를 평가한다.

47   정답 ③

버나드쇼는 인간의 사회적 욕구에 대해 4가지 유형을 제시하였다. 즉, 규범적 욕구, 느껴진 욕구, 표현된 욕구, 비교적 욕구를 말한다. 이 중에서 전문가나 행정가에 의하여 결정되는 욕구는 규범적 욕구이다.

48   정답 ⑤

지역사회복지기관 평가의 기본원리
- 평가도 일종의 서비스이다. 즉, 평가는 재판을 하는 것이 아니다.
- 평가는 평가자와 피평가자 측의 상호작용의 성격을 가진다.
- 평가주체와 피평가자 사이는 동등한 협력관계이다.
- 기관평가는 기관 전체의 질을 다차원적으로 평가할 수 있어야 한다.

49   정답 ①

50   정답 ③

지역사회복지계획의 필요성
- **지역사회복지의 제도화** : 지역에 필수적인 사회복지가 제도적으로 정착될 수 있음
- **지역사회복지서비스 공급주체의 다원화** : 지역사회의 다양한 복지욕구의 해결을 위해 기존의 사회복지기관이나 복지단체뿐 아니라 자원봉사, 시민단체, 전문가 단체 등도 가능함
- **사회자원의 조달과 적정 배분** : 다양한 물적·인적 자원을 개발하고 조달·배분하는 방안을 제시

3교시 사회복지정책과 제도

6과목 사회복지정책론

01	③	02	①	03	③	04	②	05	①
06	②	07	③	08	①	09	②	10	④
11	①	12	②	13	④	14	③	15	①
16	①	17	③	18	①	19	④	20	②
21	④	22	④	23	④	24	①	25	②
26	④	27	①	28	⑤	29	③	30	②
31	④	32	⑤	33	①	34	④	35	④
36	⑤	37	②	38	④	39	④	40	⑤
41	④	42	①	43	④	44	④	45	①
46	④	47	④	48	⑤	49	②	50	②

01   정답 ③

베버리지 보고서(1942)는 영국이 사회복지의 보편주의 이념을 가져다 주는 데 가장 기여하였다. 여기에서 영국병이라고 칭한 5대 사회악은 궁핍, 질병, 무지, 나태, 불결을 말한다.

02   정답 ①

사회복지정책은 일반시장에서처럼 교환관계와 달리 일방적 이전을 통해 욕구를 충족하는 경우가 일반적이다.

03   정답 ③

시장실패의 유형에는 불완전성, 규모의 경제, 외부효과, 공공재, 소득분배의 불공평, 정보의 비대칭성 등이 있다.

04   정답 ②

사회복지는 전 국민을 대상으로 하는 보편주의, 사회사업은 문제를 가진 특정인을 대상으로 하는 선별주의에 적용된다.

05   정답 ①

사회복지의 일반적 목적은 모든 인간은 인간으로서 존엄과 가치를 가진 존재이므로 국가는 사회구성원의 생존권 보장을 위하여 노력함은 당연하다. 그러나 이러한 목적을 달성하기 위해 정치적·사회적 개혁운동을 주도하지 않는다.

06   정답 ②

마샬의 사회복지정책
- **협의의 사회복지정책** : 소득보장정책, 건강보장정책, 주택정책, 사회복지서비스, 교육정책
- **광의의 사회복지정책** : 조세정책, 노동정책

07   정답 ③

1795년 영국의 스핀햄랜드의 버커셔카운티는 임금보충제도를 채택하였다.

08   정답 ①

개정 구빈법의 중요3원칙
- **열등처우의 원칙** : 구빈법으로 구제받는 빈민의 상태는 구제받지 않는 최하층의 노동자보다 낮은 수준이어야 한다.
- **작업장제도의 재설립(시설 외 구제금지)** : 노동능력이 있는 빈민에 대한 재가구호를 폐지하고 구제를 작업장 내에서의 구제로 제한하는 것이다.
- **전국적 통일의 원칙(균일처우의 원칙)** : 각 교구에 따라 상이하게 시행되고 있는 구빈행정을 전국적으로 통일시키는 것이다.

09   정답 ②

길버트법의 시행으로 교구연합이 결성되었는데, 교구연합은 최초로 유급 구빈사무원(오늘날의 사회복지사)을 채용하였다. 이 법은 하원의원인 길버트에 의해 주도된 새로운 인도주의적 구빈제도라고 평가된다.

10   정답 ④

우리나라는 현재 가족수당제도인 아동수당제도는 시행하고 있지 않다.

11   정답 ①

구제도감(1109) ; 대기근, 질병 등으로 백성들이 재난을 당했을 때 곡물, 반숙, 소금, 간장, 참기름, 의류, 베, 솜 등으로 이들을 진휼하고 구료하기 위한 관설기관이다. 그러나 경내에 전염병이 발생하여 대비원이나 제위보만으로 빈민을 치료할 수 없을 때 임시로 설치하였다.

12 　　　　　　　　　　　정답 ②

1601년 영국의 구빈제도는 1차적 목표가 노동을 통제하고, 구빈대상을 열등처우하여 대다수 노동자들에게 두려움을 유발시켜 노동이탈을 억제하였다. 따라서 사회복지제도는 인도주의적 관점이 아니라 빈민의 억압책이며, 구빈정책은 시민적 무질서를 해결하고 노동법규를 강제하기 위한 억압책으로 보고 있다. 이를 사회복지발달이 급진주의 복지에 해당하는 음모론이라고 한다.

13 　　　　　　　　　　　정답 ④

현대사회복지의 패러다임 변화를 인식하여야 한다. 즉, 시설복지에서 지역복지로, 클라이언트 중심에서 소비자 중심으로, 원조 중심에서 자조자립으로, 기관 중심에서 이용자 중심으로의 전환 등이다. 따라서 현대 복지국가에서는 시설화가 아닌 탈시설화를 강조한다.

14 　　　　　　　　　　　정답 ③

신자유주의는 복지국가가 국민들을 국가에 예속시키고 시민적 자유를 박탈한다고 본다. 즉, 복지국가는 복지에 시민들을 종속하게 만들어 시민들이 나태해지게 만듦으로 복지국가를 혐오한다. 결국 복지국가를 향한 국가정책을 비관적으로 보고 있는 것이다.

15 　　　　　　　　　　　정답 ①

사회복지의 강화는 오히려 노동자의 생산성을 저해하므로 사회복지비용의 지출은 투자가 아니라 소모(보시)적인 성격이 강하다고 보았다.

16 　　　　　　　　　　　정답 ①

복지국가주의의 이념에서는 혼합복지와는 관계가 멀다. 즉, 혼합복지는 공공영역과 민간영역의 복지혼합을 통해 복지국가의 위기를 극복하기 위한 대안으로 적용되었기 때문이다.

그러나 혼합경제는 자유시장 경제체계하에서 파생된 시장의 실패의 대안으로 케인즈의 유효수요의 원리가 도입된 것이다. 그러므로 혼합경제는 오히려 복지국가주의를 더욱 발전시키기 위한 것으로 도입되지만 혼합복지라는 말은 근본적으로 복지국가주의와 배치되는 것이다. 혼합복지는 복지국가의 실패를 전제로 하여 복지국가주의를 버리고 혼합복지국가가 되어야 한다는 의미이고, 혼합경제는 본래 자본주의 경제만으로는 복지국가가 한계가 있으니 계획경제를 일부 도입하여 혼합경제를 통한 복지국가를 계속적으로 발전시키자는 의미인 것이므로 혼합복지는 복지국가주의와 완전 성격이 다른 이념이나 혼합경제는 복지국가주의를 계속적으로 발전시키기 위한 발판을 삼는 것이므로 복지국가주의 이념과 배치되지 않는다. 그리고 국가책임확대는 복지국가주의 이념으로 너무 당연한 것이며, 페이비언 사회주의는 복지국가가 기회균등의 증진과 사회균등 그리고 부의 재분배를 증진시켜 평등주의로 간다고 주장하므로 이 또한 복지국가주의 이념과 같다. 그러므로 여기에서 복지국가주의 이념과 전혀 다른 것은 혼합복지이다.

17 　　　　　　　　　　　정답 ③

사회복지의 보편주의는 사회복지의 제도적 관점으로 사회민주주의 이념에 부합되어 사회복지의 제도적 발달을 가져온다. 독일, 스웨덴 등의 북유럽 국가들이 추구하고 있는 이념이다.

18 　　　　　　　　　　　정답 ①

코포라티즘이란 2차 세계대전 이후 거리의 계급을 지양하고 자본, 노동, 국가 3자가 협력하여 연합체적으로 국가의 사회경제정책을 결정하는 체제를 말한다.

19 　　　　　　　　　　　정답 ④

사회민주주의 복지체제에서는 시장의 복지기능을 최대한 약화시키고 국가가 적극 개입하는 것이 특징이다.

20 　　　　　　　　　　　정답 ②

조지와 윌딩(George & Wilding)은 반집합주의(우파), 소극적 집합주의(중도 우파), 페이비언 사회주의(중도 좌파), 마르크스주의(좌파)로 구분하였다.

21   정답 ④

제3의 길은 좌·우 이념을 초월하는 실용주의적 중도좌파 노선으로서 공공지출 축소, 세금 인하, 사회복지개혁, 노동시장의 유연성 제고, 경제적 역동성 확보 등을 표방한다.

22   정답 ④

복지국가는 일반국민에게 인간다운 생활을 할 수 있도록 최저한의 생활수준을 보장한다. 이러한 국가의 개입은 사회복지예산 확대를 가져와 일반국민의 조세부담을 가중시킨다.

23   정답 ④

공공부문은 특정 소비자 집단의 요구에 대하여 정치적으로 대응하기 때문에 비용에 대한 인력, 기구 등이 마련되어 오히려 비용의 확대를 초래한다.

24   정답 ①

선별주의 정책은 선개인, 후국가 책임의 원칙으로서 친족부양의 원칙이 적용된다. 그리고 수급자는 자산조사를 통해 수급 적격성 여부에 따라 좌우되므로 낙인감을 받는다.

25   정답 ②

선별주의란 사회복지의 대상을 사회적 취약계층에 한정하는 것이다. 욕구 수준 또는 개인적 자산수준에 의해 수급자격이 결정되며 사회복지비용을 감소시킬 수 있다. 누리과정의 경우 소득과 상관없이 교육과 보육 기회 보장을 위해 만 3∼5세의 모든 미취학 아동들을 대상으로 하는 보편주의에 해당한다.

26   정답 ②

국민기초생활보장제도의 급여형태는 현금주의가 원칙이다.

27   정답 ①

현금부조는 수혜자의 낙인을 막을 수 있고 효용의 만족도가 극대화되면서 소비자의 주권주의가 옹호된다.

28   정답 ⑤

사회복지서비스 전달체계의 평가기준
- **적절성** : 평등, 소득재분배, 사회적 적절성을 이룰 수 있어야 함
- **통합성** : 복합적인 문제에 대해 연관된 서비스의 제공
- **지속성** : 한 서비스가 다른 서비스와 연계되어 지속적으로 받을 수 있게 함
- **효율성** : 충분한 정보를 바탕으로 한 합리적인 선택 촉진
- **경쟁성** : 가격과 질에 있어 소비자에게 유리
- **접근성** : 공간적·시간적으로 필요 하는 모든 사람이 접근하기 쉽도록 함
- **대응성, 책임성** : 욕구의 변화에 민감하게 대응

29   정답 ③

우리나라는 원칙적으로 사회보험의 재원에 일반세입이 부담하는 보험료율이 전무한 실정이다. 다만, 사회보험의 행정운영비로 일부 보조금은 지원하고 있다.

30   정답 ②

4대 사회보장성기금은 국민연금기금, 사학연금기금, 고용보험기금, 산재보험기금이다. 이는 모두 특정 위험을 대비하기 위한 사회보험성 기금에 속한다.

31   정답 ④

지방정부의 서비스전달체계에서는 오히려 재정문제로 프로그램의 불안정성이 나타나고 있다.

32   정답 ⑤

① 헌법 제34조 제1항
② 헌법 제34조 제2항
③ 헌법 제34조 제3항
④ 헌법 제34조 제4항

33   정답 ①

정답 및 해설

협의적인 사회보장은 사회보험, 공공부조, 사회서비스이다.

34 정답 ④

• **사회보험** : 형평에 의한 기여(소득재분배성)
• **민간보험** : 능력성 요구(기여비례제)

35 정답 ④

응능부담의 원칙 : 행정서비스를 받는 이익의 양과는 무관하게 그것을 부담하는 자의 능력에 따라 부과하는 것으로, 공적연금제도에 적용되는 원칙이다. 사적 연금에 적용되는 원칙은 수지상등의 원칙으로, 납입하는 기여금과 이자를 합친 금액이 지급급액과 일치하여야 한다는 원칙이다.

36 정답 ⑤

연금제도가 성숙되었다는 것은 노후소득보장제도가 자리잡아야 한다는 것을 의미한다. 따라서 노령연금은 노후소득보장으로 마련된 제도이다.

37 정답 ②

① 1988년부터 시행되었다.
② 정비례가 아니라 상한 제한이 있다.
④ 18세 이상 60세 미만인 국민이다.
⑤ 관리운영의 주체는 국민연금공단이다.

38 정답 ④

연금의 월별 지급액은 연금 수급 전년도를 기준으로 하여 최종 5년 간의 기준소득월액의 평균액과 가입기간 동안의 기준소득월액의 평균액을 조정한 각각의 금액 중에서 많은 금액은 초과하지 못하도록 되어 있다.

39 정답 ④

국민연금에 관한 사업은 국민연금법에 따라 보건복지부장관이 맡아 주관한다.

40 정답 ⑤

요양급여비용은 건강보험심사평가원에서 평가 · 심사한다.

41 정답 ③

산재보험은 1963년에 도입된 것으로 사회보험 중 가장 역사가 깊다.

42 정답 ③

공무원 등 특수직 종사자들도 국민건강보험의 가입대상이며, 의료급여 대상자를 제외한 전 국민이 대상자에 해당하므로, ③가 틀린 내용이다.

43 정답 ③

산재보험법상 산업재해로 근로자가 취업하지 못한 기간이 3일 이내인 경우는 요양 및 휴업급여를 미지급하도록 되어 있다.

44 정답 ④

산재보험의 보험료는 국가가 아닌 사업주가 전액 부담한다.

45 정답 ①

① 외에 고용보험 급여사업에는 육아휴직급여 및 산전후 휴가급여사업이 있다.

46 정답 ④

적극적 노동시장 정책의 익화은 고용안정사업과 직업능력개발사업의 경우이다.

47 정답 ④

의료급여의 현물급여를 제외하고는 현금급여로 제공함을 원칙으로 한다.

48   정답 ⑤

희망키움통장은 일하는 수급가구 및 비수급 근로빈곤층의 자
활을 위한 자금마련을 돕는 제도이다. 본인이 매월 일정하게
저축한 금액에 정부와 지방자치단체가 지원금을 추가로 지원
하여 자립을 위한 목돈을 마련할 수 있도록 한다.

49   정답 ②

① 최저생계비 계측조사는 3년마다 한다.
③ 오샨스키 방식은 반물량방식이다.
④ 반물량방식과 전물량방식은 다르다.
⑤ 수급자는 급여를 받고 있는 자이며, 수급권자는 급여를 받
   을 수 있는 자격을 가진 자이다.

50   정답 ②

최저생계비의 심의·의결은 중앙생활보장위원회에서 매년
한다.

7과목 사회복지행정론

01	②	02	⑤	03	①	04	③	05	③
06	③	07	④	08	③	09	①	10	⑤
11	③	12	④	13	④	14	③	15	⑤
16	②	17	②	18	①	19	①	20	④
21	④	22	⑤	23	②	24	③	25	②
26	①	27	④	28	④	29	④	30	④
31	①	32	①	33	④	34	⑤	35	③
36	②	37	④	38	④	39	②	40	④
41	③	42	①	43	②	44	⑤	45	③
46	④	47	①	48	⑤	49	⑤	50	①

01   정답 ②

효과성 : 욕구의 충족 또는 해결에 있어 어느 정도 유효한가
를 의미하는 것으로 욕구충족을 위해 선택된 서비스가 어느
정도 적합한가의 관점에서 판단되는 것이다.

02   정답 ⑤

사회복지사의 윤리기준
• 사회복지사의 클라이언트에 대한 윤리기준
• 사회복지사의 동료에 대한 윤리기준
• 사회복지사의 사회에 대한 윤리기준
• 사회복지사의 기관에 대한 윤리기준
• 사회복지윤리기준위원회의 구성과 운영 등으로 구성

03   정답 ①

사회복지행정의 기본적인 주요과업 : 기획, 조직, 인사, 지시,
조정, 보고, 재정 및 평가를 말한다.

04   정답 ③

사회복지조직이 사용하는 기술은 변동적이고 불안정하다.

05   정답 ③

③ 민주적 접근방법이다.

06 정답 ③

국민기초생활보장법은 2000년에 시행되었다.

07 정답 ④

애드호크라시는 일시적·임시적·동태적·유기적 조직을 말하는 것으로 다음과 같은 특징을 가진다.
- 혁신적 조직이므로 일체의 표준화에 의한 통제를 거부한다.
- 고도의 수평적 직무 전문화와 기능별 집단과 목적집단이 공존한다.
- 연결장치의 설치와 선택적 분권화 등을 특징으로 한다.

08 정답 ③

인간관계론은 조직 내의 갈등의 순기능을 인정하지 않는다. 즉, 인간관계론과 과학적 관리론은 공통적으로 체계 내부에서 한정하고 외부환경과의 상호교류를 무시하는 폐쇄체계이론이다.

09 정답 ①

TQM(Total Quality Management)은 고객만족을 제1의 목표로 하여 최고관리층에 이르기까지 팀워크를 강조하는 직원참여형 행정개혁의 한 방법이다.

10 정답 ⑤

인간관계론은 경제적 욕구보다 사회적 인간관계를 강조하는 이론으로 인간의 사회적 측면을 중시하나 궁극적으로는 능률과 생산성의 향상에 목적이 있다. 과학적 업무분석과 이윤을 중시하는 것은 과학적 관리론이다.

11 정답 ③

과학적 관리론	인간관계론
• 테일러(Taylor) • 공식적 구조 • 시간과 동작연구 • 기계적 인간 • 합리적·경제적 인간 • X이론 중시	• 메이요(Mayo) • 비공식구조 • 호손 실험 • 인간적·심리적 인간 • 비경제적 인간 • Y이론 중시

12 정답 ④

④ 대량생산을 이룬 포드시스템에 대한 내용이다.

13 정답 ④

맥그리거는 전통적인 인간관과 새로운 개념의 인간관을 동기부여하는 관점에서 비교하고 전자를 X이론, 후자를 Y이론이라고 정의한 경영관리에 있어서 인간본성에 관한 X, Y이론을 주장하였다.

14 정답 ③

서비스 전달체계 기능 : 피드백은 환류로서 시스템의 기본적인 요소이다.

투입	전환	산출
• 서비스를 제공하기 위해 외부환경으로부터 각종 자원을 확보해서 체계 내로 도입하는 기능 • 투입요소 : 고객(클라이언트), 자원, 전문요원(사회복지사 등)	• 서비스를 직접 전달하는 개입 과정 • 서비스는 고객과 전달자와의 대면적 상호관계 속에서 전달되므로 고객과 전달자 간의 신뢰감 형성이 중요하다.	• 사전에 계획하고 기대한 효과 발생 • 서비스 전달체계의 목표달성 • 산출은 개입의 결과를 나타내며 이를 통해 전달체계를 평가·분석함

15 정답 ⑤

⑤ 관료제 이론의 내용이다.

16 정답 ②

전략적 관리는 장기적으로 진행된다.

17 정답 ②

소진현상이란 일반적으로 장기간 사람들과 밀접한 관계를 유지하는 과정에서 정서적 압력을 많이 받는 인간서비스 계통 직종의 종사자에게 나타나는 신체적·정서적·정신적 고갈 상태를 말한다.

18 정답 ①

공적 전달체계의 경우 재정적으로는 안정적이지만 관료적이고 경직되어 있으며 복잡한 체계를 가지고 있는 반면, 민간체계의 경우 재정적 취약성을 극복하기 어렵지만 융통성이 있고 클라이언트에게 가깝게 위치하고 있으며 창의적이고 유연한 장점이 있다.

19 정답 ①

길버트와 스펙트가 지적한 전달체계의 문제점으로는 단편성, 비연속성, 비책임성, 비접근성이다.

20 정답 ④

ㄱ. 노인장기요양서비스 : 보건복지부 – 국민건강보험공단 – 지방자치단체 – 이용자
ㄴ. 장애인활동지원서비스 : 보건복지부 – 국민연금공단 – 지방자치단체 – 이용자
ㄷ. 보육서비스(어린이집) : 보건복지부 – 지방자치단체 – 서비스 기관 – 이용자

21 정답 ④

슈퍼비전은 교육적 기능, 지지기능, 조력기능, 행정기능, 업무촉진기능, 자문기능을 갖는다.

22 정답 ③

기능식 조직은 테일러의 과학적 관리법에서 창안하였다.

23 정답 ②

수직적 분화란 과업의 분화가 상하관계를 가지고 이루어지는 것으로 계층 또는 위계라고도 하며, 명령계통과 관련되는 개념이다. 계층의 각 수준 사이에는 지위, 역할, 직위 등에 있어 분명한 차이가 있다.

24 정답 ③

정보가 과다하게 집중되어 있는 상황에서 의사결정의 집권화는 실패 가능성을 높일 수 있다. 이러한 경우에는 정보를 적절히 분산하여 의사결정을 하는 분권화를 통해 실패 가능성을 줄일 수 있다.

25 정답 ②

이사회는 조직이 목표를 달성할 수 있도록 법률적 책임을 지고 있는 조직의 정책결정기구이다.

26 정답 ①

관료제 모형은 기계적 구조체로서 환경에 대한 적응성이 떨어진다는 단점이 있다.

27 정답 ④

유기적 구조는 내적 통제력이 부족하다는 단점이 있다.

28 정답 ④

애드호크러시는 급변하는 환경에 대한 신축적 적응, 특정문제 해결에 효과적이다.

29 정답 ④

애드호크러시 조직은 집권화 · 공식화 정도가 낮고, 전문화 정도는 높다.

30 정답 ④

조직과 환경관련 주요 용어

크리밍 현상	서비스 조직들이 접근성 메커니즘을 조정함으로써 보다 유순하고 성공 가능성이 높은 클라이언트를 선발하고, 비협조적이거나 어려울 것으로 예상되는 클라이언트들을 배척하고자 하는 현상이다.
레드 테이프	관료제의 병폐 중의 하나로 불필요하게 지나친 형식이나 절차를 만드는 것을 말한다.
목적전치	조직의 규칙과 규정이 전체 목표달성을 위한 수단으로 간주되지 않고 규칙과 규정 그 자체가 목적이 되거나 원래 목적이 다른 목적으로 변질, 대체되는 현상을 말한다.

아웃 리치	출장서비스 또는 대외 추적이라고도 하는 이 방법은 서비스 이용자들이 스스로 찾아오기를 기다리는 것이 아니라 기관이나 담당자들이 적극적으로 클라이언트를 찾아나서는 시도를 말한다.
소진	인간관계와 관련된 직무스트레스가 많은 직종의 종사자들에게서 나타나는 부정적인 현상으로 과도한 스트레스에 노출되어 신체적·정신적 기력이 고갈되어 직무수행능력이 떨어지고 단순업무에만 치중하게 되는 현상이다.

- **아웃 리치** : 출장서비스 또는 대외 추적이라고도 하며, 서비스 이용자들이 스스로 찾아오기를 기다리는 것이 아니라, 기관이나 담당자들이 적극적으로 클라이언트를 찾아나서는 시도
- **소진** : 인간관계와 관련된 직무스트레스가 많은 직종의 종사자들에게서 나타나는 부정적인 현상으로 과도한 스트레스에 노출되어 신체적·정신적 기력이 고갈되어 직무수행능력이 떨어지고 단순업무에만 치중하게 되는 현상

31　정답 ①

조직이 자금과 권위를 충분히 획득할 경우 다른 조직 간의 교환관계와 조건들에서 유리한 위치에 설 수 있다. 이와 같이 권력을 사용하여 다른 조직의 행동을 이끌고 명령을 내리는 전략이 권위주의 전략이다.

32　정답 ①

협동적 환경관리전략의 유형
- **계약** : 두 조직 사이에 자원 또는 서비스의 교환을 통해 협상된 공식적·비공식적 합의
- **연합** : 여러 조직들이 합동으로 사업을 하기 위하여 지원을 합하는 것
- **흡수** : 환경의 주요 조직의 대표자를 조직의 정책수립 기구에 참여시키는 것

33　정답 ④

조직과 환경관련 특별용어
- **크리밍 현상** : 서비스조직들이 접근성 메커니즘을 조정함으로써 보다 유순하고 성공가능성이 높은 클라이언트를 선발하고 비협조적이거나 어려울 것으로 예상되는 클라이언트들을 배척하고자 하는 현상
- **레드 테이프** : 관료제의 병폐 중 하나로 불필요하게 지나친 형식이나 절차를 만드는 것
- **목적전치** : 조직의 규칙과 규정이 전체 목표달성을 위한 수단으로 간주되지 않고 규칙과 규정 그 자체가 목적이 되거나 원래 목적이 다른 목적으로 변질·대체되는 현상

34　정답 ⑤

사회복지조직의 환경적 요인

일반환경	과업환경
• 경제적 조건 • 사회·인구통계학적 조건 • 문화적 조건 • 정치적 조건 • 기술적 환경	• 재정지원의 제공자 • 정당성과 권위의 제공자 • 클라이언트 및 클라이언트 제공자 • 보충적 서비스 제공자 • 경쟁하는 조직들 • 조직 산출물의 소비·인수자

35　정답 ③

리더십의 상황론적 접근법은 리더와 추종자 간의 상호작용에 영향을 미치는 환경적 요인을 규명하거나 리더가 지닌 특성이나 리더가 행하는 행동의 유효성이 상황적 요인에 따라 어떻게 다른가를 규명하는 이론이다. 이는 행동론의 보편성을 부정하여 리더, 부하, 조직이 서인 상황에 따라 유효한 리더십이 다르다는 개념이다.

36　정답 ②

리더십이론 중 행동이론(1950~1960)
- 다양한 상황에서 리더의 행동이 리더십의 가장 중요한 특성이라는 주장이다.
- 오하이오 연구, 미시간 연구, 관리격자이론 등이 있다.

37　정답 ④

변형적 리더십이란 부하들이 그들의 개인적 관심보다는 조직에 이익이 되는 행동을 하도록 부하들을 고무시켜주는 능력을 가진 리더를 말한다.

38 정답 ④

리더는 모든 하급자를 일관성 있게 똑같이 다루지 않으며, 하급자에 대한 취급방식의 차이가 수직쌍관계의 형성에 영향을 미친다는 것이다.

39 정답 ②

임계경로는 기획자가 최종행사에 도달하는 데 소요되는 꼭 필요한 시간으로, 행사의 연대망 속에서 가장 긴 시간이 걸리는 경로를 의미하며 주요경로라고도 한다.

40 정답 ④

의사결정은 문제를 해결하기 위한 여러 가지 대안으로부터 하나의 최선의 행동방안을 선택하는 것이라고 정의할 수 있다. 그러므로 의사결정은 조직의 업무와 목표 설정과 달성하기 위한 미래의 행동방안을 결정하는 계획수립의 핵심이 된다.

41 정답 ③

직무평가란 직무의 상대적 가치를 결정하는 것으로 그 목적은 임금격차의 합리적 책정에 있다.

42 정답 ①

Off-JT는 직장외 훈련 또는 직무외 훈련을 말한다. 이는 교육훈련을 담당하는 전문스탭의 책임하에 이루어지는 것으로 직장내 교육훈련 이외에 모든 교육훈련을 말한다.

43 정답 ②

가치재란 의무교육이나 의료서비스, 교육, 주택 등 소득수준과는 상관없이 모든 사람들이 필요로 하는 재화나 서비스이다. 즉, 경제적 수요에 의존하지 않고 사회적 고려를 우선하는 재화를 말한다.

44 정답 ③

계획 예산제도의 장·단점

장점	• 사업계획과 예산편성 간의 불일치를 해소 • 자원배분의 합리화 및 능률과 절약 • 정책결정과정을 일원화 • 조직체의 통합적 운영이 효과적임 • 장기적 시계(視界)와 장기계획의 신뢰성
단점	• 간접비의 배분문제 • 달성 성과의 계량화 곤란 • 지나친 중앙집권화의 초래 • 목표설정의 곤란 • 환산작업의 곤란

45 정답 ③

품목별 예산의 형태는 매우 단순하고 간단하다. 각 품목들은 명백하게 정의되어 있고, 상호독립적이며, 전년도 예산을 근거로 하여 일정한 양만큼 증가시켜 나가는 것으로 점진주의적인 특성을 가지고 있다.

46 정답 ④

서비스구매계약(Purchase of Service Contracting)이란 민간의 계약기관이 서비스를 제공하고 그 비용을 정부가 부담하는 것으로, 이는 사회복지기관의 책임성과 관련 있다.

47 정답 ①

경영정보시스템

경영정보 시스템의 정의	• 경영 정보의 제공을 목적으로 기업의 경영 활동으로부터 생성된 제반 데이터를 통제 • 선택, 정리, 요약하여 경영층이 의사결정을 함에 있어서 유용한 정보를 산출하여 제공하는 시스템 • 조직 내에서의 운용, 경영, 분석 및 의사결정을 지원하기 위한 정보를 제공하는 시스템 • 컴퓨터 하드웨어와 소프트웨어를 구성하여 작업 절차를 체계적으로 분석, 계획, 통제하고 의사결정을 위한 모델을 정립한 시스템 • 조직 내에서 정보를 수집, 분석, 전송하기 위해 컴퓨터 하드웨어와 소프트웨어, 인력, 정보시스템의 데이터 자원을 사용하는 하나의 시스템

정답 및 해설

경영정보 시스템의 구성요소	• **입력 시스템** : 발생한 자료를 처리하기 위해 입력하기 위한 기능 • **처리 시스템** : 입력된 자료의 가공 처리 기능 • **출력 시스템** : 정보를 활용하는 사용자에게 출력하는 기능 • **저장 시스템** : 입력 또는 처리된 정보의 체계적인 보관기능 • **통제 시스템** : 정보자원을 관리하는 기능 • 따라서 하드웨어, 소프트웨어, 처리절차, 데이터베이스 등이다.

---

48   정답 ⑤

외부 효과성 평가기준 : 주로 서비스나 프로그램을 중시하여 서비스에 대한 클라이언트의 만족도, 클라이언트의 수, 생산성, 효율성 등을 기준으로 한다. 따라서 긴장이나 부재, 조직의 유연성, 통합성 등은 내부 효과성 평가기준이다.

---

49   정답 ⑤

비용-편익(Cost-benefit)분석은 효과성이 아닌 효율성을 측정하며 타 프로그램과의 비교를 포함한다.

---

50   정답 ①

사회복지평가는 사회복지시설의 서열화가 아니라 사회복지시설의 서비스 개선 및 피드백을 목적으로 한다.

8과목 사회복지법제론

01	①	02	⑤	03	④	04	⑤	05	①
06	④	07	④	08	⑤	09	②	10	④
11	②	12	③	13	②	14	①	15	①
16	④	17	①	18	①	19	④	20	⑤
21	④	22	②	23	②	24	⑤	25	②
26	①	27	④	28	⑤	29	⑤	30	④
31	①	32	①	33	①	34	①	35	④
36	①	37	⑤	38	④	39	③	40	①
41	①	42	①	43	②	44	①	45	①
46	④	47	①	48	③	49	⑤	50	③

---

01   정답 ①

1960년대는 군사정권 시기로 실질적으로 사회복지에 관심이 부족했던 시기이다. 군사정권은 정통성을 확보하기 위한 수단을 산업화에서 찾고 있었기 때문에 사회복지를 위한 투자는 비생산적이고 경제성장을 저하시키는 요인으로 간주하였다. 이 시기에 이루어진 사회복지 관련법으로는 공무원연금법, 갱생보호법, 군사원호보상법, 생활보호법, 아동복리법, 재해구호법, 국가유공자특별원호법, 군인연금법, 산업재해보상보험법, 의료보험법 등이 있다.

---

02   정답 ⑤

성문법에는 헌법, 법률, 명령, 규칙, 자치법규, 국제조약 및 국제법규 등이 있으며, 불문법에는 관습법, 판례법, 조리 등이 있다.

---

03   정답 ④

• **정주법(1662)** : 유랑민들의 지리적 이동을 감소시키고 구빈행정의 지방주의 원칙을 강화하기 위한 법
• **길버트법(1782)** : 빈민에 대한 원외구호 확대의 원인이 된 법
• **우애조합장려법(1793)** : 영국에서 원시적 사회보험기능을 수행하는 공제조합을 장려하기 위한 법
• **신구빈법(1834)** : 스핀햄랜드가 창출한 근로의욕의 감소, 재정적 파탄은 신구빈법의 제정으로 이어짐

---

04   정답 ⑤

신구빈법의 주요 원칙
- **균일처우의 원칙** : 행정기구를 개혁해서 전국적인 행정수준의 통일과 구빈행정의 중앙집권화를 뜻한다.
- **열등처우의 원칙** : 구빈대상자의 구체수준이 자활노동자들의 생활수준보다 높지 않아야 한다.
- **작업장 활용의 원칙** : 원조를 억제할 수 있는 작업장 수용을 원칙으로 한다.

05 　　　　　　　　정답 ①

영국의 개정 구빈법의 제정목적은 구빈비용을 줄이는 데 있어 스핀햄랜드법의 폐지가 가장 급선무였다. 따라서 전국 균일의 원칙, 작업장의 원칙, 열등처우의 원칙은 구빈비용을 줄이는 핵심적인 원천이다.

06 　　　　　　　　정답 ④

자선조직협회는 1896년에 결성되었지만, 베버리지 보고서는 1942년에 고안되었으므로 19세기와 관련이 없다.

07 　　　　　　　　정답 ④

세계 최초의 사회보장법은 미국에서 1935년에 제정되었다.

08 　　　　　　　　정답 ⑤

두레는 촌락단위로 조직된 농민들의 상호협동체로 공동방어, 공동노동, 공동예배, 공동유흥, 상호관찰, 상호부조 및 다양한 공동소유의 기반을 두었으며, 우리 민족의 촌락자치질서를 이끌어 온 모체가 되었다.

09 　　　　　　　　정답 ②

조례는 주민 대표기구인 지방의회에서 제정하는 것이다.

10 　　　　　　　　정답 ④

사회보장수급권은 수급권자에게만 귀속시켜야 하는 일신전속권이다.

11 　　　　　　　　정답 ②

실업보험은 사회보험에 해당한다.

12 　　　　　　　　정답 ③

허가주의는 법인의 설립에 관하여 행정관청의 자유재량에 의한 허가를 필요로 하는 주의이다. 허가주의는 법인의 설립이 행정관청의 재량에 의해 제한된다는 점에서 자유설립주의나 준칙주의에 비하여 법인설립이 자유롭지 못하다.

13 　　　　　　　　정답 ②

사회복지관련 기관과 시설들의 설립은 사회복지사업법 및 공익법인설립에관한법률 등에 근거한다.

14 　　　　　　　　정답 ①

사회복지법인 또는 사회복지시설에 종사하는 사회복지사는 정기적으로 보수교육을 받아야 한다. 그러나 사회복지전담공무원은 그렇지 않다.

15 　　　　　　　　정답 ①

사회복지전담공무원의 의무
- **일반적 의무** : 선서의무, 성실의무, 품위유지의무, 청렴의무
- **직무상 의무** : 법령준수의무, 복종의무, 친절공정의무

16 　　　　　　　　정답 ④

장애인 권리선언은 UN 제30차 총회(1975)에서 채택하였다.

17 　　　　　　　　정답 ①

1789년에 선언한 인권선언문은 근로의 권리와 공공부조 수급권을 선언하였다.

18 　　　　　　　정답 ①

사회보장위원회의 위원장은 국무총리가 되고 부위원장은 기획재정부장관 및 보건복지부장관이 된다.

19 　　　　　　　정답 ③

사회보장수급권은 사회보장기본법 제14조제1항에 따라 정당한 권한이 있는 기관에 서면으로 통지하여 포기할 수 있으며, 이는 사회보장기본법 제14조제2항에 따라 취소할 수 있다.

20 　　　　　　　정답 ⑤

사회복지관은 지역사회의 특성과 지역주민의 복지욕구를 고려하여 서비스 제공 등 지역복지증진을 위한 사업을 실시할 수 있다. 사회복지관은 모든 지역주민을 대상으로 사회복지서비스를 실시하되, 다음의 지역주민에게 우선 제공하여야 한다.
• 국민기초생활보장법에 따른 수급자 및 차상위계층
• 장애인, 노인, 한부모가족 및 다문화가족
• 직업 및 취업 알선이 필요한 사람
• 보호와 교육이 필요한 유아 · 아동 및 청소년
• 그 밖에 사회복지관의 사회복지서비스를 우선 제공할 필요가 있다고 인정되는 사람

21 　　　　　　　정답 ④

① 사회복지법인의 설립은 시 · 도지사의 허가를 받아야 한다.
② 복지위원은 읍 · 면 · 동 단위로 위촉하여야 한다.
③ 사회복지법인은 이사 정수의 3분의 1 이상을 사회복지위원회나 지역사회복지협의체에 해당하는 사람 중 2배수로 추천한 사람 중에서 선임하여야 한다.
⑤ 사회복지시설의 장은 상근(常勤)하여야 한다.

22 　　　　　　　정답 ②

사회복지사업법 제2조에 따르면 사회복지사업의 근거가 되는 법에는 이 외에도 국민기초생활보장법, 한부모가족지원법, 영유아보육법 등이 있으며 2015년 법률 개정에 따라 발달장애인 권리보장 및 지원에 관한 법률이 추가되었다.

23 　　　　　　　정답 ②

한국사회복지협의회는 비영리 공익법인인 사회복지법인으로서 전국 단위의 중앙협의회는 서울에 두고, 16개 시 · 도에 개별 독립된 사회복지법인으로 설치되어 활동하고 있다.

24 　　　　　　　정답 ⑤

이 외에도 운영위원회의 심의 사항으로는 사회복지 프로그램의 개발 · 평가에 관한 사항, 시설 거주자의 생활환경 개선 및 고충처리 등에 관한 사항, 시설종사자와 거주자의 인권보호 및 권익증진에 관한 사항, 그 밖에 시설의장이 운영위원회의 회의에 부치는 사항 등이 있다.

25 　　　　　　　정답 ②

국민연금제도는 1973년에 제정된 국민복지연금법이 1986년에 국민연금법으로 개정되면서 1988년 1월 1일부터 시행된 노후 소득보장제도 중 대표적인 사회보험이다. 가입대상자는 국내에 거주하는 18세 이상 60세 미만인 국민으로 전국적인 일원적 조직을 갖춘 국민연금공단이 관리운영의 주체자로서 시행되고 있다.

26 　　　　　　　정답 ①

연금기여금은 대상의 소득정도에 따라 차등 적용되고 있다.

27 　　　　　　　정답 ④

연금의 월별 지급액은 연금수급전년도를 기준으로 하여 가입자였던 최종 5년 동안의 기준소득월액을 평균한 금액과 가입기간 동안의 기준소득월액을 평균한 금액을 조정한 각각의 금액 중에서 많은 금액을 넘지 못한다.

28 　　　　　　　정답 ⑤

부담금은 사업장가입자의 사용자가 부담하는 금액이고, 기여금은 사업장가입자가 부담하는 금액이다.

29 　　　　　　　정답 ⑤

조합주의는 사회복지가치를 실현할 수 있는 장점이 있지만

관리운영의 비효율성, 보험료 부과시 형평성 문제, 위험분산 등이 약하다.

30 　　　　　　　　　　　　 정답 ④

국민건강보험제도는 차등갹출-균등급여방식으로써 다보험자 방식이 아닌 단일보험자 방식으로 전달운영체계를 통합하였다.

31 　　　　　　　　　　　　 정답 ①

업무상의 사유로 사망한 근로자는 유족급여가 지급된다. 유족급여는 유족보상연금 또는 유족보상일시금으로 지급된다. 이 중에서 유족보상일시금은 평균임금의 1,300일분의 상당액이 지급된다. 그러나 유족보상연금의 기본연금액은 평균임금의 47~67%까지 받을 수 있다. 즉, 부양가족 4인까지 1인당 5%씩 상향조정하여 지급받도록 규정되어 있다.

32 　　　　　　　　　　　　 정답 ①

산재보험은 피보험자가 사용주만 해당되므로 보험료 부담은 전적으로 사용주가 부담한다.

33 　　　　　　　　　　　　 정답 ④

산재보험의 보험료는 국가가 아닌 사업주가 전액부담한다.

34 　　　　　　　　　　　　 정답 ①

고용보험법상 실업급여는 구직급여와 취직촉진수당으로 구분한다. 취직촉진수당에는 조기재취업수당, 직업능력개발수당, 광역구직활동비, 이주비의 4종류가 있다.

35 　　　　　　　　　　　　 정답 ④

국가가 장애인의 복지를 위하여 저상버스를 도입하는 등 국가재정이 허용하는 범위 내에서 사회적 약자를 위하여 최선을 다하는 것은 바람직하지만, 저상버스를 도입해야 한다는 구체적인 내용의 국가 의무가 헌법으로부터 도출될 수는 없으므로, 그러한 저상버스를 도입하지 않은 부작위를 다투는 이 사건 심판청구는 부적법하다(헌재 2002. 12. 18. 2002헌마52).

36 　　　　　　　　　　　　 정답 ①

국민복지연금법은 1973년에 제정된 것으로 대통령 긴급조치 제3호에 의하여 효력이 정지되었었다. 이후 1988년에 시행된 국민연금법의 기초가 되었다.

37 　　　　　　　　　　　　 정답 ⑤

국민기초생활보장법에서는 권리로서 긴급급여, 생계급여를 지급받는다. 그러나 자활을 통해 최저생계비 이상이 되면 생계급여는 지급되지 않는다.

38 　　　　　　　　　　　　 정답 ④

대상자는 거주지역, 세대구성, 임대차 계약내용에 변동이 있거나 소득, 재산상황 등이 현저하게 변동되었을 때에는 지체 없이 관할 보장기관에 신고해야 한다.

39 　　　　　　　　　　　　 정답 ③

의료급여법에 따르면 시장·군수·구청장은 인정 신청을 한 사람 중에서 수급권자의 인정 기준에 따라 수급권자를 정하여야 한다(제3조의3 제5항).

40 　　　　　　　　　　　　 정답 ①

차상위계층은 소득인정액이 대통령령이 정하는 기준 이하인 계층으로, 소득인정액이 최저생계비의 100분의 120 이하인 사람을 말하며, 2015년 법령 개정에 따라 조사의 주체가 시장·군수·구청장으로 바뀌었다.

41 　　　　　　　　　　　　 정답 ①

국민기초생활보장법에서 수급권 대상자 범위의 인구학적 기준이 철폐되었다. 법령 개정으로 사망한 1촌의 직계혈족의 배우자는 부양의무자에서 제외된다.

42 　　　　　　　　　　　　 정답 ①

보장기관은 대통령령으로 정하는 바에 따라 근로능력이 있는 수급자에게 자활에 필요한 사업에 참가할 것을 조건으로 하여 생계급여를 실시할 수 있다. 이 경우 보장기관은 자활지원계획을 고려하여 조건을 제시하여야 한다.

43 정답 ②

국민기초생활보장법상 최저생계비는 국민이 건강하고 문화적인 생활을 유지하기 위하여 필요한 최소한의 비용으로, 보건복지부장관은 수급권자, 수급자 및 차상위계층 등의 규모·생활실태 파악, 최저생계비 계측 등을 위하여 3년마다 실태조사를 실시·공표하여야 한다.

44 정답 ①

국공립어린이집 외의 어린이집을 설치·운영하려는 자는 특별자치도지사·시장·군수·구청장의 인가를 받아야 한다. 상시 여성근로자 300명 이상 또는 상시근로자 500명 이상을 고용하고 있는 사업장의 사업주는 직장어린이집을 설치하여야 한다. 다만, 사업장의 사업주가 직장어린이집을 단독으로 설치할 수 없을 때에는 사업주 공동으로 직장어린이집을 설치·운영하거나, 지역의 어린이집과 위탁계약을 맺어 근로자 자녀의 보육을 지원하여야 한다.

45 정답 ①

수용시설은 최후의 수단이며, 지역사회보호에 의한 서비스가 요청된다.

46 정답 ④

노인복지법 제6조 1항에 의하면 노인에 대한 사회적 관심과 공경의식을 높이기 위하여 매년 10월 2일을 노인의 날로 한다.

47 정답 ④

① 65세 이상의 노인은 국가 또는 지방자치단체의 수송시설을 무료 또는 할인하여 이용할 수 있다.
② 요양보호사의 자격이 취소된 날부터 1년이 경과되지 않으면 요양보호사가 될 수 없다.
③ 노인요양공동생활가정은 노인의료복지시설이다.
⑤ 노인인력개발기관은 노인일자리개발·보급사업, 조사사업, 교육·홍보 및 협력사업, 프로그램인증·평가사업 등을 지원하는 기관이며, 노인에 의한 재화의 생산·판매 등을 직접 담당하는 기관은 노인일자리지원기관이다.

48 정답 ③

입원치료가 필요한 정신질환자에 대하여는 항상 자발적 입원이 권장되어야 한다.

49 정답 ⑤

한부모가족지원법상의 정의규정에 의하면 모두 옳은 내용이다.

50 정답 ③

미혼모를 위한 별도의 보호조치 관련법은 없다. 미혼모, 한부모가족 모두 한부모가족지원법에서 보호를 받는다.